增訂版 THEME 48

單車 部落 溫泉

不長
21條

台祕境

U0011968

目錄

單車‧部落‧縱貫線

序

不是最近，
卻是深遊台灣最美的距離

「騎單車，讓我們看見台灣的美麗；騎進部落，讓我們了解台灣的歷史。」

「騎訪部落」這個主題，早在2012第一本書完成後就已經開始醞釀，但由於當時認為台灣從事單車旅遊人口過少，推展這種深度旅遊很容易會曲高和寡，因此一直到2013年第二本單車旅遊書完成後，才將整個企畫擬出，並很幸運地獲得台灣雲豹股份有限公司徐正能總經理大力支持並提供贊助，讓我們得以順利展開全台灣部落路線的探索。特別一提的是，這個企劃一開始，我們對於是否出版原本不太抱期望，因為畢竟所有的路線都有難度，而且有些路線走過後不久可能會因天災而改道甚至中斷，以出版市場而言實在太小眾，因此是以網路為主要的分享平台（Blog、Youtube、Facebook），台灣雲豹支持的是我們要發掘台灣單車深度旅行那分心。

在執行一段時間後，有一次跟位好友聊到騎訪

部落的樂趣，他提起前陣子恰好有去台東的鸞山村參加一個部落深度旅遊，收穫很多，興高采烈的說著那次的種種體驗，聽到一半，我也想分享一個對鸞山部落所知的故事，因此順口問他：

「你知道鸞山部落是哪一族的吧？」

這突來的問題讓他愣了一下，想了好久竟然答不出來，這讓我非常的驚訝，因為他參加的是深度旅遊，不是一般吃喝式的旅遊，一整天的體驗，卻未留下拜訪的是哪一族部落。連深度遊旅客都有可能出現這樣的狀況，更可以推想許多大眾式部落觀光，對於部落文化的推動事實上很虛弱，根本談不上能讓人真的對原住民部落有深入了解，讓文化得以流傳。

不是要說鸞山部落深度遊推得不好（事實上鸞山深度遊很受推薦），而是與好友的對話，讓我回想一開始騎訪部落，其實自己也是如此，對於拜訪過的部落一知半解，實體地理環境很深刻，文化人文則是模模糊糊，真的有具體理解，是後來累積幾個不同族的拜訪行程後，多了各族間的比較，了解了族與族之間的關係（例如賽德克族與布農族，賽德克族與太魯閣族，排灣族與魯凱族），與統治者的關係（日治時期、民國時期，甚至是荷治、清治時期），以及與土地環境的關係後，在跨時空的空間中有了定位後，才算有點初步的成果。

能有這樣的啟發，是因為單車旅遊具線性運動的特性，又與土地、部落容易有高度互動，也就是說，單車非常適合主題旅行，而台灣適合這種線性的深度主題旅遊。如最前面所述，台灣同一族部落大多在相同地理區域，串起來剛好是一條條優美的路線，以單車來進行這樣的主題式旅行，恰好可以在遊賞優美山林景色間，與部落互動中有漸進式的理解。如果您夠細心，就會發覺台灣好幾個國家公園，也是以不同原住民族來區隔：雪霸太魯閣國家公園－泰雅族、玉山太魯閣國家公園－布農族、太魯閣國家公園－太魯閣族，可見騎訪部落絕對是台灣單車運動必走的路線之一，尤其是在深度遊這塊領域。

但這有個極大的障礙，那就是騎訪部落，走一兩條只是見樹不見林，就如同好友去過鸞山部落深度遊，雖有收穫卻不知它是哪一族一樣，而台灣目前有16個原住民族被承認，居住的幅員遍佈島嶼上，尤其是山區，因此要走就是得走一、二十條路線。也就是說，單車環島了不起只要一兩周，頂多一個月，但是要騎訪台灣的部落，沒有一、兩年是騎不完的。因此，這時我要問的是：

「您準備好要騎這樣的路線了嗎？」

如果您已經準備好了，讀這本書騎過這21條部落經典路線，您就會了解：

「騎訪部落，不是最近，卻是深遊台灣最美的距離。」

如何規劃部落騎遊路線

騎訪部落路線前，首先，我們建議車友先選定幾個目標部落（以同一族為佳），選擇的方式依您對這些部落熟悉度，將目標部落串連，再找出路線的高度里程資訊，一條部落路線的雛形，算是完成了。

收集資料做足功課

部落路線沿途景物除了風景，尚有許多精采的深度風光可以讓您體驗，而部落深度遊本來就需要事前有多一些了解，才能玩出內涵。所以，「收集資料」是騎訪部落的第一步，而且這個步驟，也是領會部落旅行精髓的關鍵。

做功課的方式以閱讀相關書籍為主，網路搜尋為輔（參考本篇文末我的閱讀書單及常用原住民相關網站）。由於騎訪部落是屬於主題型路線，過程中會遇到有關部落的神話傳說、祭典信仰、藝術建築、生活習俗等有別於一般旅遊訊息。

所以建議，先找出幾本相關書籍，掌握主題架構後，不足的部分，或是書本中較無涉略的單車路程領域，輔以網路搜尋補強，搜尋時也可以多找一些路線周邊景點，讓路線內容更豐富。

整個路線脈絡掌握後，這時再跨上單車親臨現場，您會發現書本、網路上原本可能生澀有距離的內容，整個立體活化起來，絕對會讓您驚喜連連。

縮短每日里程

部落路線除了花東外，大部分位於山區，利用單車在點與點之間移動，建議您即使腳程快，也建議縮短每日行程距離，多留些時間在部落，藉著和族人、環境互動，可以有更多的收穫。就我們的經驗，台灣山林路線大約可安排在一天騎100公里，部落路線則是一天約在50～70公里的路程，但若是部落距離遠，或景觀相似時，那麼再將里程安排拉高。

多與部落互動

先前做功課，對於想要造訪的部落，能有系統的粗略了解，知道他們的文化、歷史背景、禁忌、和生活型態後，經由互動，他們會了解您不是什麼都不懂的觀光客，而是一位願意互動溝通的朋友，那麼熱情又好客的部落族人，會毫不保留的分享給您有關他們的故事。經過我們實際走訪的經驗，或許這些部落的口傳歷史，在網路或是書本上，都能讀得到，但是在與原住民近距離互動中，部落裡的故事會讓您聽不完。凡是神話典故，經由他們親口説出，加上現場的氛圍，怎麼樣也比螢幕上乾澀的文字生動千百倍。

從熟悉部落開始

大部分的車友應該跟我們一樣，大多是居於平地，對於原鄉部落的理解，多從網路、媒體的影像文字，想要進行部落單車深度探訪，我們建議由您自己最熟悉的族群，或是距離所居住的城市，跨出

第一步。

　　以住在台北的我們為例，因地之便，先由新北市烏來區的泰雅族開始造訪，逐漸擴展到桃園市復興區、新竹縣尖石鄉、苗栗泰安鄉的泰雅族，然後再推往宜蘭大同鄉、南澳鄉的泰雅族。

　　藉由實際造訪與書籍、網路交叉印證，不僅串連出泰雅族的各條經典單車路線，同時對泰雅族的風貌，有一定的認識，接著，再往中部的賽德克族以及更南邊的布農族推進。當完成超過兩個部族的路線後，就能比較出他們之間的異同處。之後再造訪其他部族，不僅愈來愈習慣，樂趣相對提高，這時，您才會發現單車賞遊原鄉部落的感動所在。

注意部落禁忌

　　各族的禁忌不盡相同，例如鄒族傳統的男子集會所「庫巴」(Kuba)，以及拉阿魯哇族的集會所，都禁止女性進入，且有時遇到部落祭典等文化活動，有外族人不可隨意闖入祭儀場的禁忌，都是我們造訪部落時，須特別注意的地方。

　　再例如台灣南方的排灣、魯凱傳統石板屋（家屋），並非平地人眼中的一般居住處所，其中也包含社會身分的指標，因此探訪時也是有其禁忌與規範。透過前述的先預做功課，抵達部落，不只不會誤觸部落禁忌，而造成當地人的反感，且容易獲得居民的協助，更豐富您每一次騎訪部落的內涵。

我的閱覽書單

珍惜台灣南島語言，作者：李壬癸，出版社：前衛（2010.02）

台灣踏查日記（上）（下）：伊能嘉矩的台灣田野探勘，作者：伊能嘉矩，譯者：楊南郡，出版社：遠流（1996.11）

山、雲與蕃人：臺灣高山紀行，作者：鹿野忠雄／著，譯者：楊南郡，出版社：玉山社（2000.02）

逐路細說臺18線：阿里山公路的古往今來，作者：江復正、趙瑜玲，出版社：典藏文創（2013.08）

能高越嶺道穿越時空之旅，作者：徐如林、楊南郡、行政院農業委員會林務局，出版社：行政院農業委員會（2011.05）

布農族部落起源及部落遷移史，作者：海樹兒‧犮剌拉菲，出版社：國史館台灣文獻館（2006.12）

台灣血統，作者：沈建德 Dr. Sim Kiantek，出版社：前衛（2009.12）

重返舊部落，作者：啟明‧拉瓦，出版社：稻鄉（2002.06）

被誤解的台灣老地名：從古地圖洞悉台灣地名的前世今生，作者：陸傳傑，出版社：遠足文化（2014.08）

探險台灣：鳥居龍藏的台灣人類學之旅，作者：鳥居龍藏，譯者：楊南郡，出版社：遠流（1996.08）

生蕃行腳：森丑之助的台灣探險，作者：森丑之助，譯者：楊南郡（2000.01）

石板屋的前世與今生：排灣及魯凱石板屋聚落—以七佳社 (tjuvecekatan)為例，作者：國立高雄大學，出版社：文化部文化資產局（2013.03）

排灣族，作者：譚昌國，出版社：三民（2007.06）

真相‧巴萊：《賽德克‧巴萊》的歷史真相與隨拍札記，作者：郭明正，出版社：遠流（2011.10）

電影‧巴萊—《賽德克‧巴萊》幕前幕後全紀錄，作者：果子電影有限公司／企劃，黃一娟、游文興／撰文，出版社：遠流（2011.09）

浸水營古道：一條走過五百年的路，作者：徐如林、楊南郡，出版社：行政院農業委員會林務局（2014.03）

被誤解的臺灣史：1553～1860之史實未必是事實，作者：駱芬美，出版社：時報出版（2013.02）

被混淆的臺灣史：1861～1949之史實不等於事實，作者：駱芬美／著、蔡坤洲／攝影，出版社：時報出版（2014.01）

台灣部落深度旅遊：中南部篇 A Foreigner's Travel Guide to Taiwan's Indigenous Areas:Central and Southern Taiwan，作者：羅雪柔，原文作者：Cheryl Robbins，譯者：陳雅莉，出版社：玉山社（2012.06）

鄒族，作者：王嵩山著，出版社：三民（2004.08）

出大武山記—山中俊傑陳天成的故事，作者：陳孝義，出版社：稻鄉（1994.10）

臺灣原住民史-魯凱族史篇，作者：喬宗忞，出版社：國史館台灣文獻館（2001.05）

常用原住民相關網站

臺灣原住民族資訊資源網 http://www.tipp.org.tw/index.asp

臺灣原住民數位博物館 http://www.dmtip.gov.tw/Index.aspx

原住民族委員會全球資訊網 http://www.apc.gov.tw/portal/index.html

臺灣原住民族歷史語言文化大辭典 http://citing.hohayan.net.tw/

臺灣原住民百年文學地圖 http://fasdd97.moc.gov.tw/default.php

原住民族文獻會網站 http://ihc.apc.gov.tw/index.php

原鄉・單車縱貫線

由北台灣往南探索部落路線過程,漸漸知道我們山間的公路,許多都以日治時期的警備道、隘勇線為基礎而改建或拓建,像是北橫的「角板山三星警備道」、中橫的「合歡越嶺道」(中橫東段曾被稱為「產金道路」)、中橫宜蘭支線的「埤亞南越嶺警備道」、南橫的「關山越嶺警備道」等。

在規劃的過程中,我們曾經好不容易串出一條感覺很棒的路線,實際騎入後,與達邦部落的鄒族朋友聊天中,得知鄒族分為北鄒與南鄒[1],而且兩者間還有有小路可以互通,這個訊息讓我們原本鄒族計畫只走一條路線,再新增加一條串起南北鄒的路線,於是我們將一條地圖上名不見經傳的「青山產業道路」,納入路線計畫中,而騎進這條道路後,又發現這條阿里山山脈越嶺道,不僅可以讓我們越到阿里山山脈與玉山山脈間楠梓仙溪岸的台21線南段[2],更可以往南進入高雄、屏東,探索魯凱、排灣的領域。也就是說,搭配上原本找出的中、北部部落路線,我們已經意外的串出一條長約800公里[3],台灣絕無僅有的原鄉路線了!

上述有關「原鄉・單車縱貫線」的描述,在騎訪完阿里山、越往台21線南段後在Facebook上分享,引起許多車友關注迴響,紛紛問起這條路徑的詳細資料,以下,就讓我由北到南,依照族群、地形,搭上路程,分段介紹這條早已存在的秘徑。

雪山山脈→匹亞南山道段(泰雅)

●路線概述

一條路線總該有個出發點,除了方便計算里程,也得考慮交通、補給等因素,因此,我們就將這路線的起點,定位在新北市新店碧潭橋畔的捷運新店站。

「原鄉・單車縱貫線」雪山山脈→匹亞南山道段是由新店捷運站,沿台9線(北宜公路)轉台9甲線(新烏公路),在烏來轉福山道路往福山,在福山部落由福巴越嶺古道接至上巴陵,下滑至下巴陵

「原鄉・單車縱貫線」高度圖

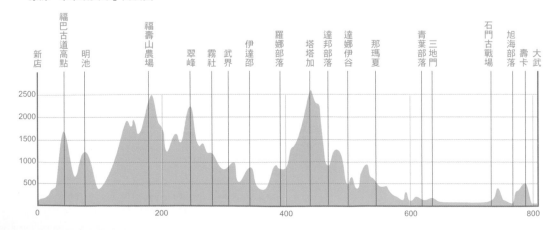

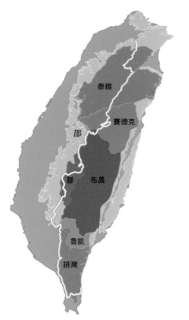

原鄉・單車縱貫線地圖

❶雪山山脈→匹亞南山道段(泰雅)

❷霧社—東埔段(賽德克、布農)

後進入台7線（北橫），越過北橫後右轉進入中橫台7甲線（宜蘭支線）；進入中橫宜蘭支線後循蘭陽溪往上游走，抵達梨山後轉往福壽山農場並進入投89鄉道（力行產業道路），穿越力行產業道路後抵達霧社。

由於福巴越嶺古道是管制區，且北往南是古道中連續爬坡，幾乎無法騎車，因此雪山山脈－匹亞南山道段的新店－巴福越嶺古道－下巴陵段可以改走三峽→北橫→巴陵（參考附圖❶），在巴陵與原路徑銜接。因此區有眾多的泰雅部落，兩個走法各有特色，都是拜訪原鄉的好途徑。

●沿途主要部落及景點

新店→福巴越嶺古道→巴陵主要部落及景區：烏來部落、烏來景區、福山部落、福巴越嶺古道風光、拉拉山景區、卡拉部落。

三峽→北橫→巴陵（替代線）主要部落及景區：角板山景區、羅浮部落、小烏來風景區、比亞外部落、高義蘭部落。

巴陵開始一直到霧社間的主要部落及景區：巴陵部落、三光部落、爺亨部落、明池景區、四季部落、南山部落、武陵農場、環山部落、梨山景區、馬烈霸（力行）部落、紅香部落、瑞岩部落。

霧社→東埔段（賽德克、邵、布農）

●路線概述

由於霧社地區是賽德克族的主要區域，因此「原鄉・單車縱貫線」經力行產業道路來到台14甲線，需先往上爬至清境或翠峰，利用農路下滑至濁水溪最上游溪畔的投85鄉道，拜訪沿途賽德克族部落，之後才接回台14甲線上的霧社；回到霧社後，再走83鄉道經萬大、曲冰到武界，到了武界走投71鄉道越嶺至埔里。

由武界越嶺至埔里後，可由131縣道或投69鄉道進日月潭；再由伊達邵轉投63鄉道，經潭南部落到台16線，經旁邊的地利村後，沿濁水溪右岸而下，在濁水溪與陳有蘭溪匯流口附近接上台21線（新中橫公路）。

路線進入台21（新中橫公路）後，在信義村轉入投59鄉道，經新鄉、羅娜、久美部落，於久美部落上千歲吊橋到望鄉，再下到同富穿過台21線（新中橫公路）轉投60鄉道，往東埔溫泉的東埔部落。

●**沿途主要部落及景點**

霧社→武界段主要部落及景點：清境景區、靜觀部落（賽德克）、平靜部落（賽德克）、廬山部落（賽德克）、廬山溫泉景區、霧社景區、萬大水庫（碧湖）、萬大部落（泰雅）、親愛部落（泰雅）、布蘭部落（賽德克）、曲冰部落（布農）、武界壩、武界部落（布農）。

日月潭→信義→東埔段主要部落及景點：日月潭景區、伊達邵部落（邵）、潭南部落（布農）、地利部落（布農）、風櫃斗梅區、新鄉部落（布農）、羅娜部落、久美部落（鄒、布農）、東埔溫泉、八通關古道、東埔部落（布農）。

特富野→那瑪夏段（鄒、卡那卡那富、布農）

●**路線概述**

離開東埔部落原路回到台21線（新中橫公路），連續爬昇越過塔塔加進入台18線（阿里山公路），到了自忠，轉特富野古道往特富野、達邦；由於特富野古道為碎石路，而且後段為長階梯需要扛車，不想扛車的車友可以經阿里山到十字路轉巴沙娜產業道路，並下滑往特富野，在此提醒此段路況不佳。

離開達邦後，沿169鄉道回到台18線（阿里山公路），到了龍美，轉嘉129鄉道，經達娜伊谷、新美，由茶山走嘉129-1鄉道（青山產業道路），越嶺阿里山山脈，進入位於高雄市那瑪夏區的台29線（前身為台21線）。

●**沿途主要部落及景點**

特富野→那瑪夏段主要部落及景點：新中橫公路景觀、特富野古道、特富野部落（鄒）、達邦部落（鄒）、達娜伊谷、新美部落（鄒）、茶山部落（鄒）、達卡努瓦部落（卡那卡那富、布農）、南沙魯部落（布農）、世紀大峽谷。

沿山公路→東海岸段（魯凱、排灣）

●**路線概述**

在那瑪夏造訪沿途部落後，經甲仙、美濃轉台28線到台27線，經高雄茂林區，進入魯凱、排灣族重要聯絡道的185縣道（沿山公路）。沿途除了沿山公路附近有眾多的魯凱、排灣族部落外，路線上切往山區也有不少值得拜訪的部落[4]。

因此路線到此需多次進出中央山脈山區，例如高雄茂林區的高132鄉道通往茂林、萬山、多納，位於屏東台24線一帶的德文、大社、神山、霧台，屏35鄉道的瑪家、舊筏灣，還有屏120-1鄉道的泰武部落、屏132鄉道的老七佳等等，最後再由199縣道，可進入牡丹鄉越嶺至中央山脈尾段。

越嶺中央山脈尾段的走法。可以由199縣道轉屏172鄉道，再接200縣道、台26線，轉199甲縣道後，再接回199縣道，抵達壽峠後，接上台9線；或直接199縣道直走到壽峠，接上台9線，兩者差異在於要拜訪的部落不同，最後再由東台灣，沿著太平洋岸北上，結束「原鄉・單車縱貫線」的探索。

在台灣南端越嶺中央山脈的道路除了前述兩個走法外，其實由185縣道（沿山公路）到屏東縣枋寮鄉新開村，轉大漢林道進入浸水營古道，由台東的大武接上台9線，也是一個走法。不過，就如福巴越嶺古道一樣，浸水營古道非舖裝道路，也是多

處要扛車,而且離開大武時,若是碰上雨季,無法走溪床,因此並不推薦,僅提出供車友參考。

●沿途主要部落及景點

沿山公路→東海岸段主要部落及景點:萬山部落(魯凱)、老鷹谷(龍頭山)、多納部落(魯凱)、沿山公路北段自行車專用道、青葉部落(魯凱)、馬兒部落(排灣)、賽嘉部落(排灣)、三地門部落(排灣)、德文部落(排灣)、大社部落(排灣)、舊達來部落(排灣)、神山部落(魯凱)、霧台部落(魯凱)、阿禮部落(魯凱)、舊筏灣部落(排灣)、太古拉筏斯瀑布、泰武部落(排灣)、老七佳部落(排灣)、四重溪溫泉、石門古戰場、台26線旭海段、東源部落(排灣)、加羅板部落(排灣)、浸水營古道東段、新化部落(排灣)、土坂部落(排灣)等[5]。

最後要特別說明的,就是「原鄉‧單車縱貫線」的規劃以串起原鄉部落為主,因此福巴越嶺古道、特富野古道、浸水營古道雖非屬一般道路,但卻是探索原住先民過往歷史的絕佳路途,因此若要落實此路線概念時,也不見得得堅持全線騎單車,部分路段改以徒步方式探索,試著依循先民足跡,進行一趟穿越時空的旅途,感覺也不賴。

❸特富野→那瑪夏段(鄒、卡那卡富、布農)

❹沿山公路→東海岸路(魯凱、排灣)

「原鄉‧單車縱貫線」影片
https://www.YouTube.com/watch?v=bfoC2MdoHOE

註①原為南鄒的拉阿魯哇族(Hla'alua)、卡那卡那富族(Kanakanavu)已於2014年6月被政府承認其為台灣原住民族族群之一。
註②本段(台21線南段),2014年7月重編為「台29線」,起點為高雄市那瑪夏區(Namasia)達卡努瓦(Takanua),終點高雄市林園區汕尾。
註③在屏東沿山公路段若有繞往多納、霧台等沿線魯凱、排灣部落,實際里程應該會超過一千公里。
註④沿山公路沿途部落路線請參考本書有關高屏地區的紀錄。
註⑤由沿山公路一直到牡丹繞至東海岸,沿途部落非常多,在此僅依時間路程等因素作部分拜訪,也未全數列出。

上巴陵下福山，
騎繞福巴越嶺古道

進入古道，突然看到雲瀑正由越嶺點方向快速的飄動，
超興奮的，想到我們要騎走入雲裡，怎麼說都是個很棒的體驗！

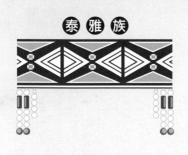

泰雅族

福巴越嶺古道一直是我心目中的夢幻道路，這樣的概念起源於想多了解泰雅族群的移動路徑。北部大漢溪上游以及新店溪主要支流南勢溪上游，均為泰雅族主要聚居地，大漢溪上游的行政區多在桃園市復興區，而南勢溪的泰雅部落群則在新北市烏來區。這兩地區的泰雅族可以說是系出同源，而這兩區上緣的福山部落與上巴陵之間，就是極為著名的福巴越嶺古道。

這古道早期是獵徑，後來成為兩地泰雅族來往、通婚的路徑，而後更被日本人開拓為較寬的警備道，設有多處駐在所。福巴越嶺古道兩端相距甚遠，古道長達17公里，若是要一睹它的丰采，通常得透過兩地接駁，方能順利完成。

要前往上巴陵，會走北橫，而北橫沿途盡是泰雅部落，而且部落距離北橫公路主線不會太遠，行程安排在第一天途中選擇幾個重點部落造訪，第二天來到越嶺烏來福山後，也造訪那區域的部落，相信兩日的行程絕對會收獲滿滿才對！

環線高度圖

路線圖　　右側即是利用往上巴陵途中，造訪北橫沿途的泰雅部落的示意圖

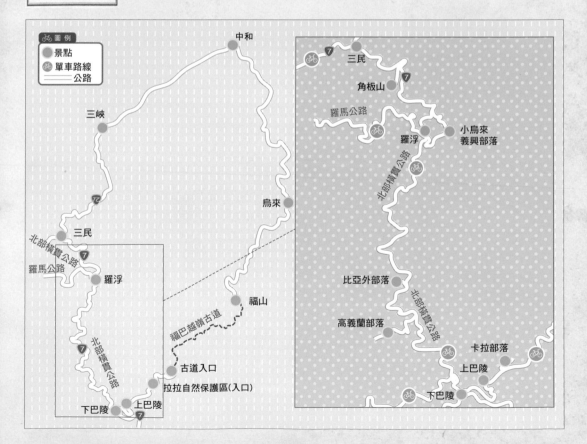

前往夢幻道路

　　這次路線極為單純，第一天由台北出發，進入北橫後先到小烏來義興部落，然後造訪比亞外部落以及高義蘭部落，離開北橫到上巴陵後，轉往卡拉部落，晚上住在上巴陵，目標是找距離福巴越嶺古道最近的旅館或民宿。

　　第二天清晨由拉拉山遊樂區入園，接上福巴越嶺古道，越嶺到烏來後，沿福山部落、信賢部落、烏來、忠治部落走新烏公路回到台北，完成一個深度賞遊泰雅族風貌的環形越嶺路線。

　　和阿標在三峽會和，吃了豐盛的早餐，開始往北橫前進。只是今天恰好有個冷鋒報到，即便已經雨過天晴，但四周溫度仍低，一直騎進北橫主線後，身體才漸漸轉熱。再加上為了要越嶺，我們都用巧克力胎，摩擦力大，因此騎來倍感辛苦，但為了明天可以安全地騎在濕滑的古道上，還是得硬著頭皮踩下去了。

　　到了北橫、角板山岔路，想到角板山是以前平地進入泰雅族領域，一個極為重要關口，所以就順道進入了。果然不出所料，

這裡有個泰雅文化館，只可惜我們來得太早尚未開放。

　　隨意地晃了一會，意外地走到一條巷內，這條巷子名為「時光廊道」，路旁掛滿角板山自日治時代到近代的老照片，還有詳細的文字解說，我以相機拍下紀錄，打算回家後，再來慢慢研讀。

　　欣賞角板山公園盛開的梅花後，我們為回到北橫，繼續接下來的旅程。沿途空氣乾淨、陽光閃耀，一路在滾滾雲瀑陪襯下，已經可以看見橫跨大漢溪的復興橋、羅浮橋。不過今天不走這兩座橋，而是要轉往小烏來，造訪這趟第一個泰雅部落——義興部落，然後取道義興吊橋回到北橫。

　　剛轉入往小烏來的桃115鄉道，就被兩旁黃澄的楓香大道所吸引。雖然已經是一月，但這時的楓香顏色正美，陽光透過葉間灑落的溫暖，搭著壓過路上落葉的窸窣聲，似乎告訴我這樣的規劃是可以看到這裡最美的一面。

行上電影場景

　　我們順著桃115鄉道，途中特地停在小烏來瀑布觀瀑平台，欣賞美麗風光。接著進入義興部落，範圍不大的部落裡，小路錯雜而且都很陡，我們繞了一圈後才切回大路往義興吊橋方向前進。往義興吊橋時順著「小烏來天空步道」指標走，經過小烏來

❶一進角板山，就被路旁可愛的泰雅壁畫吸引。
❷往義興吊橋途中回望義興部落。
❸往吊橋有指標，下切後是一條極陡的水泥路。

收費停車場後，約2公里爬坡，就會看到右側下切的小徑，路口有指標不算難找，只是那段路的坡度不算低，因此又耗費掉不少時間。

義興吊橋是電影《賽德克‧巴萊》中主要場景之一，除了吊橋本身，橋下台地當時也有搭建賽德克族房舍，不過現在已是一片荒蕪，看不出當時的痕跡了。

回到北橫小繞一下羅馬公路上的樂信瓦旦紀念公園，開始認真趕路了，這時向來體力充沛的阿標，速度慢了下來，原猜想或許是因為2.1的巧克力胎摩擦力大導致。但是到了比亞外部落時，比較晚到的阿標停下來說：「Eddie，我的膝蓋有些不舒服，這裡我不上去，你自己先上去，我在底下休息一下，應該不礙事才對！」我安慰他：「好，你不要勉強，我自己先上去，等等下來再來看看能不能繼續騎。」

分道揚鑣續行程

進入比亞外部落，儘管不認為阿標能繼續行程而感到可惜，但仍然被這個美麗小部落深深吸引。

回到北橫上，阿標的膝蓋果然還是不舒服，看他很自責打斷了行程，我繼續安慰著他：「反正山隨時都在，要越嶺下次再來就行啦！」我勸阿標原地休息，然後打道回府，我自己則盤算，既然放棄了越嶺，就往高義蘭部落逛逛吧。

告別阿標後，繼續踩上踏板，來到北橫往高義蘭入口，時間在連續3公里的爬坡中漸逝，午後的陽光不時被山遮住，這時冷風一吹，汗水頓時變成冰的，真是難搞的一段路啊！

由北橫岔路口花了快40分鐘才抵達，而站在部落高處的教堂旁，往對山看去，即是原來要造訪的上巴陵卡拉部落，看起來高度相差無幾，隱約還可以看到卡拉部落裡造型特別的船型教會，好令人心動。

這時已經快下午3點，陽光更斜了些，溫度也降得更快了，於是打算在部落裡找點熱食補充一下熱量。幸好部落路旁有家雜貨店，親切熱心且健談的老闆娘幫忙煮了開水，讓我得以吃碗熱呼呼的泡麵，當下，簡直要喜極而泣了。吃飽後，和她打探這帶部落的狀況，她很自豪的說：

「其實我們部落很漂亮，絕對不輸巴陵，你們可以等櫻花開的時候再騎過來，我雜貨店前這株櫻花，是每位遊客一定會停下來拍照的喔！」

的確，就我騎過北部那麼多泰雅部落，這裡的景色真的很不錯，而且也不難看出居民很努力維護環境，以後有機會，一定還要專程造訪此處。看到時間已經不早，再聊下去恐怕要夜騎北橫了，就此和老闆娘道別，開始踏上返家的路途。

離開高義蘭已經下午快4點，為了避免天黑後還在山裡面，開始拼命往回騎，終於在夜幕低垂前趕回到三峽。

❶往高義蘭的坡度實在不低，幸好有路旁操場中小朋友喊著：「加油！」激勵，也就漸漸踩上去了。

再闖福巴古道

　　好不容易捱到三月，礙於春天天氣說變就變，一直等到週五晚上天氣預報，確定週六、日天氣OK，我們決定隔天前往。或許是過度期待，週五一整夜竟然失眠，到了3點才迷迷糊糊地睡著，一醒來已經5點，超過預計要起床的4點，趕緊叫醒也還在睡夢中的Toby，兩個人匆匆的打理好趕快出發。路上兩個人直聊著這次路線的特色：

　　「北橫沿途都是泰雅族部落，他們和烏來的泰雅族關係密切，以前互相是透過福巴越嶺古道往來，我們這次就是要沿著大漢溪畔的北橫上溯到上巴陵，然後由經過福巴越嶺古道到烏來，體驗他們曾經走過的途徑。」

　　經過上次半途中止、撤回後檢討，認為若是要完成上巴陵下福山環狀路線，決定這趟輪胎改採較具效率的防刺胎，因此一路騎上北橫，整個一路輕鬆。即便一早天空雲層很厚還有些冷，但在穩定的踏頻中熱身，一夜沒睡好的不適感，已經逐漸被興奮情緒取代了。得宜的調整，讓我們中午之前就抵達了下巴陵，在這裡的餐廳吃頓豐盛午餐、休息，接著準備攻往上巴陵了。

　　由於這路線主軸是探訪北橫及越嶺烏來沿途泰雅部落，今天計劃為了在巴陵到上巴陵之間多看看。下巴陵地方不大，只有沿北橫公路兩側有些旅館、商店，也看不太出是個泰雅聚落，先前經過，也有看到原住民部落內必然存在的教會。沒想到，這回竟然在不起眼的電線桿上，發現有個小小的牌子寫著：

　　「華陵教會出入處請勿停車」

　　哈哈，看來這回我找到了！！原來下巴陵的教會躲在一條小弄內，難怪每回經過都沒看到。

和雲瀑相逢

　　由下巴陵到上巴陵的爬坡路程約7公里，距離不遠，但由海

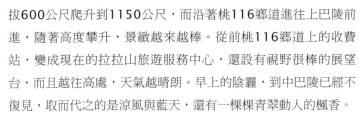

拔600公尺爬升到1150公尺，而沿著桃116鄉道進往上巴陵前進，隨著高度攀升，景緻越來越棒。從前桃116鄉道上的收費站，變成現在的拉拉山旅遊服務中心，還設有視野很棒的展望台，而且越往高處，天氣越晴朗。早上的陰霾，到中巴陵已經不復見，取而代之的是涼風與藍天，還有一棵棵青翠動人的楓香。

到了中巴陵，路旁的居民看到我們，聲聲加油，讓有些疲憊的身心為之一振，繼續奮力往上爬，在即將抵達上巴陵停下來環顧四週，大漢溪上游的玉峰溪溪谷清楚可見，還有不同方向山隘口滾滾雲瀑正向另一邊湧溢，這樣的景象如何不叫人感動！

抵達上巴陵後，我們將明天要到福巴越嶺古道的入山證交到派出所，接著往巴陵國小方向，牽著單車、沿著陡坡，走到位在最高點的巴陵山馬崙砲台遺址。這處砲台遺址平台上，除了有一家似乎都沒人住的民宿，還有一個沒有標註的木塔，看起似一根紀念塔。不過四周已經被林木遮住，沒有較好的展望視野，我們稍微休息，就繼續下滑往今天另一個重要目標前進。

剛要離開上巴陵街區，路邊盛開的水蜜桃花，給我們一個視覺上的驚喜，而我們要去的卡拉部落就在下方，去程是輕鬆下滑，回程則是艱困的爬坡，但聽說每個去過的人都說讚，所以我們決定拼了！

❶與上回經過時隔兩個月，路旁的樹木已經發出綠芽或結了果實，讓北橫充了滿綠意盎然的生機。
❷哇！沒想到今天登高可以望雲瀑。
❸底下火柴盒般的屋子是剛剛經過的中巴陵，下方山腰的路徑，即是延伸往宜蘭方向的北橫公路。
❹到了到了，左邊牌樓往下的小岔路就是入口了

　　還沒滑到部落就已經是驚喜連連，我們雖然錯過櫻花季，卻遇到了水蜜桃花季。在賞心悅目的下滑中，進到了部落，趕快問問部落裡小朋友傳說中的教會在哪？

　　順著小朋友的指示，我們轉進小路後，同時驚呼：「原來在北橫深山，有這麼美的地方啊！」

　　在卡拉部落的加拉教會繞了一圈，正要離開，恰好碰到牧會的亞馥·誄宥牧師向遊客解說，我們湊過去一起聽。當下了解包含卡拉部落及加拉教會的歷史淵源，以及台灣目前幾個像這樣的方舟造型的教會，他都如數家珍地一一解說，讓我們度過了一個充實的深山午後光陰。

　　要不是等等還得要往更深山走，還真想繼續聊下去！依依不捨地跟他道別後，才再度踏上踏板，與回上巴陵那段陡到傻眼的小徑奮鬥許久，終於再度回到大路上，我們開始要找住的地方了。

民宿不供晚餐

騎回桃116鄉道上，拿出先前找好的旅館民宿的電話，打算預約，挑了距離拉拉山入口最近的一家打過去，得到的答案是有房間，價錢不貴，但是僅供泡麵，沒有其他餐食選擇，民宿附近也沒有餐廳、商店，得在上巴陵事先準備。兩個人簡單討論後決定騎過去，而晚餐就吃泡麵，然後在路上買些水果，留著餐後和明天古道裡吃。

4點半，終於抵達這家位於桃116鄉道終點、拉拉山森林遊樂區入口附近的金喜悅民宿。一進門，先跟老闆確認明天早餐與中餐的問題，幸好只要付費，他們願意幫我們準備隔天早餐、中餐的便當。接著，兩人開開心心卸下背包、停好單車，享用泡麵以及途中買的水果。

深夜，窗外濃霧，搭著山谷裡的大風，讓我不禁有點擔心隔日天氣狀況。清晨天剛亮，看見太陽露出頭來，頓時放下心中大石頭！打理好背包，吃過豐富早餐，個性老實的老闆另外幫我們準備兩個便當，作為午餐，就這樣啟程進入古道了。

入口開始前面2公里，是水泥道路，過了拉拉山生態教育館停車場後，轉為碎石路段，沿途連續坡道，一旁入口到碎石路開始的拉拉山生態教育館停車場約2公里水泥林道，一入園，就是一段連續坡，熱身的同時，路旁不時有不知名的鳥類鳴叫聲此起彼落，陽光由樹梢灑下，伴著車輪壓過路面的跳動，我們已經置身這個大自然美妙的劇場中。

融入霧風中景

過了拉拉山生態教育館後，開始進入碎石路段，牽車走一小段後，覺得防刺胎沒問題，開始改回用騎的，改為用騎的後很快就進入巨木區，這裡開始，高聳入天的檜林棵棵都是千年以上的歷史，見證了這個美麗島嶼的風風雨雨。

❶路 雖陡，美景可是不能錯過喔！

　　順著巨木區左側小徑進入，就可看到福巴古道入口的木柵欄，行進不久即看到標示17K的指示石碑，走到第0K就是烏來的福山。日據時代，福巴越嶺古道是警備道，途中設有駐在所，路幅算寬，起伏也算不大，只是年久失修，有多處坍塌需要繞高而行，再加上往往旁邊就是深谷，若不是騎雙避震專業登山車，很容易因操控不慎，摔到山谷。我們進到古道後，除了幾個路段夠寬敞，採用騎行方式行進外，其它多數時候都牽車而行。

　　突然間，看到雲瀑正由越嶺點方向快速的飄動，超興奮的，這也意味等等要進入霧區，想到要騎走入雲裡，怎麼說都是個很棒的體驗。而福巴越嶺古道上，巨木數量驚人，每走幾步就是一株高大的巨木，如果硬要和拉拉山巨木區相較，古道內簡直比外面精彩多了！

　　牽牽騎騎走了約莫2公里，已然進入雲霧區，也意味即將通過越嶺點，路途轉為下坡。越嶺點霧濛濛的，風勢也不小，巧遇一大群行經山友，看到我們牽著單車，大家驚呼聲連連，讓我們相當不好意思。解釋著：「今天選用這款車胎，不敢騎在古道路面，只能把單車牽到福山去！」

①

　　走累了，就坐在巨木下稍作休息，這樣近距離地靠著千百年的巨木發呆，是很享受的經歷。　過了9K後，遇到第一組由福山上來的山友，他們看到竟然有人帶著單車走這段，相當驚訝，接受了他們的鼓勵，精神為之一振！

　　清晨7點由民宿出發，11:40抵達古道中點8.5K的檜山駐在所遺址，我們選在這裡休息並午餐。檜山駐在所如今只剩一個大平台，當年日本人設駐於此，監管這條泰雅族人往來獵道和通婚之徑，無論是日本人或泰雅族人，能在這裡生活是相當不容易。

　　我們席地而坐，大啖民宿主人所準備的便當，配嚐昨天買的有機橘子，並享受這難得的霧林饗宴。吃飽並休息一陣子後，我們扛起單車，繼續下半場的路段！之後要連續下坡10幾公里，扛了單車重量增加，加上下坡讓腳趾頭受力大大提高，雙腳在連續不斷的壓迫後，越來愈不舒服，我們只好利用騎乘方式，通過較為平坦的路段，隨著路標里程數字漸漸減少，越來越接近終點了。

　　在靠近福山段時，突然後方有喊叫聲，一隊快速移動的車友正追上我們，過了一會，遠遠已經看到是有4、5位，我們開心地吶喊：「哇嗚！他們是騎單車耶，太棒了，我們遇到同好啦！」

❶放慢腳步邊牽邊扛邊做森呼吸！
❷眼前這段不騎太可惜了。
❸這是我們中午的大餐，夠豐盛吧^^。

　　這群車友是由上巴陵，順著古道騎下來，在追上我們之後，因為遇到好幾處需要扛車接力的崩塌點，他們很熱心的協助幫忙接駁單車，讓我們省了不少力氣，直到再度是可騎路段時，才帥氣的跨上車，繼續飛馳在綠林古徑間，也讓我有機會拍下一組難得的飛躍古道鏡頭。

　　經過最後一段的努力，我們下午三點半終於抵達古道出口的吊橋，完成這段夢幻越嶺路線，再來，就剩下40公里大部分是下坡的回程！

造訪未來方舟教會

　　離開古道後，沒急著下山，我們往福山逛進去，繞到部落最後方的福山教會。聽說電影《賽德克‧巴萊》飾演壯年莫那魯道的林慶台牧師，目前在這裡牧會，可惜抵達時間較晚，門已經上了鎖，無緣見到盧山真面目。據卡拉部落加拉教會的亞馥‧誒宥牧師所言，福山教會將來是台灣第四座船型教會，目前教會後方已經搭棚建構，或許不久的將來，一座嶄新的方舟教會，將現於烏來深山了。

　　離開福山部落，順著南勢溪左岸往烏來下滑。這段路景色與北橫相似，公路一樣是沿溪谷，山景也非常類似，更不用說兩地好幾個部落都屬泰雅族群。

　　經過信賢部落時，特別停下來回頭看，想到最近拜讀的一本楊南郡先生譯作《台灣踏查日記》，作者是日本著名人類學家——伊能嘉矩，他在1897年5月，曾經到過烏來，造訪信賢部落(Rahao)，一探泰雅族風土民情，差點發生睡夢中被獵頭的險境。一想到我們踏過百年前他所走過的路，儘管時空迥異，還是有特別的感受。踏訪部落路線，就是這麼有趣，除了山水風光，還能挖掘被遺忘的歷史小故事，每每造訪，都有不同的收穫。

Youtube影片紀錄

https://www.youtube.com/
watch?v=5xXg6dh_ceI
由部落出發，北橫泰雅小品
《台灣·用騎的最美》

https://www.youtube.com/
watch?v=fCyEBVbwbWw
上巴陵，下福山，騎越雲端走一回/
day 1《台灣·用騎的最美》

https://www.youtube.com/
watch?v=VgTTYWR3olk
上巴陵，下福山，騎越雲端走一回/
day 2《台灣·用騎的最美》

路線規劃參考

交通接駁、住宿補給

◎整個行程分為兩大重點，一是拜訪沿途泰雅部落，二是走一趟福巴古道，如果目標是要走福巴古道，建議採4+2接駁方式，直接由拉拉山森林遊樂區出發，再請人由福山接回為佳，這樣可以將單車設定為最適合Off Road的狀態，完全不需要考慮柏油路面的問題。有了接駁，單日即可完成這個路程。

◎若目標是以拜訪沿途部落，體驗泰雅風情為主，則建議要多安排兩天，並全程都用騎車的方式。由於到上巴陵前沿途補給、住宿安排，都不困難，只要進入古道的前一晚抵達最靠近拉拉山森林遊樂區的住宿點，方便第二天可以一早出發即可。沿途可以住宿的地點有角板山一帶、北橫之星、下巴陵、上巴陵，較靠近拉拉山森林遊樂區除了金喜悅民宿外，也尚有一、二家旅館可以選擇，距離遊樂區入口不會差太遠。

◎由於拉拉山森林遊樂區海拔遠高於福山，因此路線繞行方向以逆時針為佳，把上升段放在有柏油的路段，尤其在古道中愈需扛車段時，以右手扛起單車是靠山谷側，前進時較不會受山壁植物等障礙干擾。

行程資訊

Day 1

單車段 中和→羅浮→巴陵→上巴陵(民宿)，約79公里。

住宿：金喜悅民宿

地址：桃園市復興區華崚里11鄰巴陵203號

電話：03-3912239

Day 2

單車段 上巴陵(民宿)→拉拉山森林遊樂區→福巴越嶺古道→福山部落→中和，約58公里。

時程紀錄

日期	地名	里程(KM)	海拔(M)	方式	時間	備註
	中和	–	15		5:20	
	三民	32.4	311		7:45	
Day 1	巴陵	67.8	599		11:45	羅浮部落停留
	上巴陵	75.0	1,142		14:15	另前往巴陵山馬崙砲台
	金喜悅民宿	78.6	1,375		16:30	往民宿前先遊覽卡拉部落
	拉拉山生態教育館	81.0	1,577		7:00 7:30	
	越嶺鞍部	84.6	1,751		9:05	
Day 2	檜山駐在所	90.6	1,334		11:37	午餐休息點
	福山部落	99.5	398		15:30	
	烏來	116.0	134		17:07	
	中和	136.2	15		18:35	

註：此紀錄不含第一次前往北橫義興、比亞外及高義蘭等部落，為第二次前往之時程。

泰雅族

新光森林教室，
鎮西堡巨木步道

今天，我們要拜訪藍天白雲下，
瀰漫著芬多精的那一邊……

高度圖

秀巒部落→新光部落→鎮西堡巨木步道口

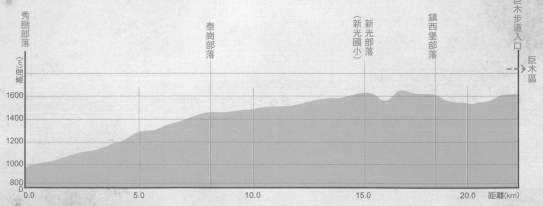

2009由新光國小森林教室出發，越過山谷騎往對山的司馬庫斯部落。（上圖）新光國小（下圖）司馬庫斯

約莫四年前，第一次前往位在新竹尖石鄉新光部落、新光國小的森林教室[1]，是要帶小朋友騎往司馬庫斯部落，當時是以新光國小校園中的森林教室為出發點，藉往司馬庫斯道路的挑戰，讓他體驗原住民小朋友得揹著一周的食物、衣服，翻過溪谷去上學的辛苦。

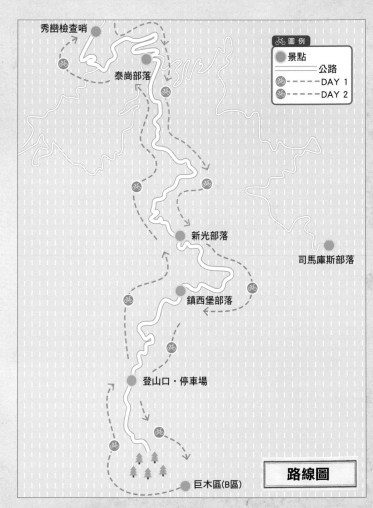

路線圖

圖例
- ● 景點
- ── 公路
- DAY 1
- DAY 2

秀巒檢查哨
泰崗部落
新光部落
司馬庫斯部落
鎮西堡部落
登山口・停車場
巨木區(B區)

計劃騎往森林教室

今年暑假，和車友Rita和Gavin打算再度前往，特別將時間訂在暑假一開始，希望不會因遇到颱風而延期或取消。敲好了時間，路線規劃則是依每個人腳程不同，分為三個出發點，最後就相約在新光國小的森林教室會合（以下摘自FB活動頁）：

路線建議A：內灣→宇老→秀巒→泰崗→鎮西堡(原路返程)，內灣06:00出發(內灣橋前的7-11)

路線建議B：秀巒→泰崗→鎮西堡(原路返程)，秀巒10:00出發(山地管制站)

路線建議C：宇老–秀巒→泰崗→鎮西堡(原路返程)，宇老09:30出發(派出所)

後來，想到這路線和未來一系列與原住民部落有關的行程重疊，因此把原本行程延伸，第一天探訪秀巒、泰崗、新光等部落，與大夥同樂，結束後留宿新光部落的民宿，隔天再騎往鎮西堡部落，並探訪更深山的神木步道。

路線概要：

Day 1 台北4+2先到秀巒部落，再組車騎往新光部落，夜宿新光部落。

Day 2 新光部落單車出發－鎮西堡部落－神木區登山口，改徒步往神木B區，結束後原路騎回秀巒部落。

我們第一日選擇路線B，途中經過錦屏大橋，從橋上看著泰雅勇士的小雕像深慮的眼神，想到去年蘇拉颱風造成後山嚴重的災情，不禁有些感慨，要在山裡與大自然共存實在不容易啊！快到那羅部落時，碰到竹60鄉道坍方，只好改道，卻也讓我有機會看到那羅部落，不同角度之美。

開著車沿著竹60鄉道，很快到了宇老，途中遇到了也是提前

出發的Jakee夫妻檔，兩組人在宇老，已經忙著四處搶拍眼前美麗的景色。這時另一組人馬Rita和Gavin夫妻檔也悄悄的在後面出現，看來大家都很不守時，明明約好10點碰面，卻通通七早八早，就耐不住腳癢衝上來⋯⋯

美景拖延了速度

抵達秀巒約莫8點多，組好車先熱身，騎往剛剛在軍艦岩附近看到的控溪吊橋。過了吊橋是一個短陡坡，陽光透過濃密的楓香林灑下，果然是一個值得到訪的好地方。不過可以騎的路段很短，轉個彎就是路的盡頭了。由於距離出發時間還久，大家就以

註①新光國小森林教室，是位於學校操場後方的一片杉林中。以下是新光國小網站中對於森林教室的描述：
森林教室和祖先的遺產
學校在窗外，大自然就是一所廣闊無垠的學校，而森林就是一座沒有圍牆、不穿制服、不帶課本、就地取材，枯木成為椅子的教室。教室前頭，是資源回收的老舊黑板，而「森林教室」也是本校學生公認最棒的教室。古木參天的台灣杉，錯落在校園中，豐富的生態環境，成為學校最要的的自然生態課程的教學場域，看著孩子在自然、開放的環境中學習，開心的笑容展現臉龐，得感謝祖先留給我們這麼豐富的生態環境，是大自然最珍貴的資產，也是自然課程最好的教室。原文出處：http://www.hkps.hcc.edu.tw/front/bin/ptlist.phtml?Category=43
這個森林教室有段時間還因被飲料廣告作為場景，後來吸引許多遊客造訪，在Youtube上可以搜尋到相關影片。

秀巒檢查哨為集合點，先各自四處逛逛。大部分的車友跑去溪底找野溪溫泉，我則繞進秀巒部落，探訪這處泰雅聚落，打算為此行多留下一些影像。

隨著時間接近，抵達秀巒的車友越來越多。雖然這時是盛夏，但秀巒往泰崗的路途上綠蔭處處，偶而轉個彎還有拂面而來的涼風，吹得大家喜孜孜的，一看到有好景就停下拍照。

和車友邊騎邊聊，不一會功夫已經爬到非常高了，回頭看看騎過的道路，視線穿過竹林綿延的山坡，心裏滿是成就感。據聞天氣預報今天有雷雨，看到遠方朵朵積雨雲不斷冒出，判斷距離大雨時間不會太久，是該加速了！

一路上，途經的果園裡、路旁賣的通通都是水蜜桃，許多車友都被熱情的果農請吃免費的水蜜桃。就過往經驗，果農請車友吃水果，並不是就為了要銷售，而是熱情的天性使然。真要買個一、兩個，他們還真的不知要如何計算價錢呢！因此，若是覺得

好吃，可以買個一兩箱，透過宅配服務送到家，把在山中品嚐的美味，和城市裡的親友分享。就這樣，在歡笑聲中，不知不覺的終於抵達泰崗部落牌樓啦！

騎過往司馬庫斯路線的車友，對於眼前牌樓肯定印象深刻，因為往左切，則開始面臨無法反悔的巨大考驗。但今天我不騎山路，決定向右轉！

抵達新光部落

離開泰崗部落，坡度不再陡上，而是沿著稜線邊的等高線前進，左邊深谷裡淙流的是泰崗溪，一路上騎騎停停，約莫在中午12點半，抵達了新光部落。這時，肚子飢腸轆轆，開始拉警報，趕緊加速往部落裡前進，希望先到的車友，已經備好餐食了，讓我們大快朵頤！

才剛抵達新光國小外頭，就看到森林教室已經是熱鬧非凡，即刻衝進教室，此行的同學們，熱絡著準備野餐，內容除了水果、咖啡，還有好幾種自製土司，在此同場較勁，這些都是同學們在家精煉的成果，就待今日讓大家好好品鑑一番。

除了用餐，大家也輪番用影像記錄這天。這時，天色漸暗，不久閃電交加、下起豆大的雨，大夥趕緊換場地移到操場旁的劇

❶竹子也是原住民重要的經濟作物，不管是近看還是遠眺，也都是在山裡令人賞心悅目的一片綠。
❷Yes！「台灣・用騎的最美」2013返校日。

場，繼續聊天哈拉，沒想到這時雨勢風勢愈來愈強，連校內的狗都向我們靠過來。由於氣溫速降，加上強風把雨帶進四周沒有遮蔽的劇場，大家趕緊穿上雨衣，並且移往教室旁的樓梯間，讓身體稍暖。

大雨下了約1個半鐘頭，雨勢才逐漸轉小，儘管雨還沒停，但大家還是深受森林教室美景的吸引，打算在離開前，多拍幾張照片留念。

就這樣，在互相加油與鼓勵的道別聲中，結束今天的返校，其他人帶著歡笑踏上返途。我則與Toby和廖老師夫妻、Rita、Gavin留下來，打算明日騎往更深山的行程。

在新光部落辦好入住民宿的手續，原打算利用民宿吹風機，吹乾已經受潮的相機，試試能否修復無法關機的問題，沒想到先前的雷雨造成當地沒電、沒水，當下真的擔心，若是相機徹底掛點，往後路程，該如記錄？！

直到天快黑時，電力終於恢復了，即刻利用吹風機將相機受潮部分吹乾，就這樣相機也正常運作了！這時，整個人心情大好，感覺民宿準備的晚餐，也特別好吃。

睡前上網看看明天的天氣預報，看來明天與今日差不多，一到中午就會下雨。這下子真的有壓力了，因為繞一圈鎮西堡神木步道，所需的時間不算短，而我竟然計畫要騎到登山口，還要將B區逛一圈！

向鎮西堡前進

經過一夜好眠，和Toby快速梳洗好，在太陽尚未越過山頭前，先騎往鎮西堡教堂逛逛，之後回到民宿用早餐，再騎往巨木登山口，希望能在下雨前，走完步道並趕回來。

因為台北連日高溫，我們竟然忘記要帶風衣上山，幸好往鎮西堡教堂是一段陡坡，讓我們趁此機會暖身。到了鎮西堡教會，

原本想看陽光撒下教堂的景象，但今天太陽似乎昇得很慢，擔心錯過民宿6點的早餐時間，只好放棄等待了。

經過新光國小時瞄到廖老師夫妻，正在森林教室做起早操，我們也順勢進到學校逛逛，在杉林間大力地多吸幾口新鮮空氣。昨天在穀倉劇場和我們一起躲雨的狗，也跑到森林教室中曬第一道陽光，讓校園裡瀰漫著動人的光采。

終於等到早餐時刻！民宿幫我們準備的是6人份，但Rita和Gavin已出發去司馬庫斯，所以豐盛的菜色，就留給我們4人享用了，而我們經過早上的熱身，肚子已經很餓，桌上的佳餚幾乎全部掃光。另外，我們把剩下的饅頭包上肉鬆、炒蛋放入背包，留作行走巨木區時充飢之用。

就這樣，一切都準備好，期待已久的鎮西堡巨木，我們來啦！

清晨6點50分，陽光剛躍上山頭不久，我們帶著愉悅的心情，往鎮西堡部落前進，在翠綠的深山小徑中，欣賞眼前美景，真的好感動！而這時山谷對面的司馬庫斯也被陽光籠罩了，想必Rita和Gavin這時應該也正享受著清晨好時光！

騎往鎮西堡部落路上，已經有好多台小貨車、小巴載著要到巨木步道的遊客經過，由於不熟悉前往步道的路程，於是在路上向一位原住民朋友打探，了解抵達部落，只要跟著電線桿前行，即可到達，這時才感到心安。

沿途鼓勵不斷

一台接一台載著遊客的遊覽車、小巴、小貨車，和載著一家大小的轎車，絡繹不絕的穿梭在不算寬敞水泥路，每次聽到後面有大車接近，都會停下來讓車先通行，每當看到遊覽車搖搖晃晃開過去時，腦袋瓜就會一陣暈眩，總覺得坐在上面不暈都很難，還是騎單車來好，只是一路陡坡，得要有心裡準備才行。

騎過鎮西堡部落，出現的景色愈來愈叫人驚訝，尤其路旁的小徑兩旁，更是讓人目不轉睛。所以不打算為了避雨而拼命趕路，打算好好欣賞路上風景。尤其是經過一處田園時，讓我忍不住喚回已經超前的Toby，讓她看看我們昨天所吃到的高麗菜，就是種在這處。

儘管已經有經驗的Rita、Gavin和廖老師都告知，前往登山口的路途很陡，而實際騎來，發現除了陡度很高外，也有不少路

段是碎石路，加上昨天的驟雨，路徑更顯泥濘易滑，讓我們騎得滿頭汗。每當有巴士、遊覽車來的時候，就得停下來讓他們先通行，我們也趁機喘喘氣，而車上遊客豎起大拇指幫我們加油，讓我們獲得莫大的鼓勵！

巨木群令人驚豔

　　由民宿出發到登山口前停車場，約莫8點，總計花了1小時10分鐘。登山口前停車場採收費制，但單車例外，於是我們把單車放在收費處旁鎖好，然後開始徒步出發，目標要把B區走一圈！由於先前已經費了不少體力，且踏入步道後，又是連續上坡，所以漫步初時有些力不從心。

　　隨著走在綠幽幽步道中，吸取芬多精，加上適當調節步伐和呼吸，也就逐漸習慣，這時能融入穿梭森林，心靈頓時沉浸此景帶來的感動。就這樣，步過落葉小徑，跨過淙淙溪澗，約莫35分鐘時間，抵達A、B區分岔口。

　　今天的目標是往B區走一圈，A區則放入下回的計劃中！過了岔路續往B區，陽光灑入林間，雖然還沒抵達巨木區，但四周巨碩樹身和光影交錯，已經讓我們驚呼連連，實在是太美太美了！

由A、B分岔點走了20分鐘，前方出現一棵巨木，旁邊有個木刻指示牌，原來我們已經抵達B區環形路線分岔點。我們決定聽從昨夜民宿工作人員的建議，採逆時針方向繞行，約莫5分鐘的路程，我們就碰上了第一棵令我們目瞪口呆的巨木了！而繼續再往下走不到2分鐘，則是可看到數棵串連的巨木群，直聳參天，連相機24mm廣角鏡頭，也無法將樹幹全數攝入，實在太驚人了！

原來打算拍下行程中的每一棵巨木，但數量實在太多，加上步道濕滑，摔了幾次後，就放棄這想法，還是多一些時間，用身心、靈感受這難得的一刻吧！

沈浸芬多精

走累了，找一處有陽光的地方，將放在背包中的饅頭、咖啡取出，在充滿芬多精和負離子小瀑布下享受野餐。之後，再以輕快的步伐踏上旅程，約莫1個小時10分鐘走到了環形步道的分岔口，再循原途走往登山口。

由於回程一直趕路，雙腿已經相當疲憊。雖然很想休息一下，但看到天空積雨雲不斷騰起，以這樣旺盛的對流來看，推測應該快下雨了。因此，我們只好拼命趕路，希望在下雨前，能夠回到昨晚住的民宿。

回程有些陡坡，但騎起來倒不覺得太累，行至新光部落較平緩的路段時，看到司馬庫斯方向的天空，已經烏雲籠罩，不知廖老師夫妻和Rita、Gavin是否也已經在回程的路上了。

剛抵達民宿不到3分鐘，外頭就嘩啦啦下起大雨，我們停留約莫半小時，雨勢轉小，就選在此刻和民宿老闆告別，開始下山之路了。

雨中的山情，又是另一番詩意的美景，在美麗山嵐為伴中，我們慢慢騎到了秀巒，回到昨天停車的地方，帶著依依不捨的心情，開車返回台北，並且和Toby約定，一定要再回到這裡！

Youtube影片紀錄

https://www.youtube.com/
watch?v=qJUu_B7Nahk
2013森林教室返校日
《台灣・用騎的最美》

https://www.youtube.com/
watch?v=YHI6MYDOlkY
由部落出發，鎮西堡巨木步道2+2
《台灣・用騎的最美》

路線規劃參考

加碼路線
往秀巒、新光、鎮西堡沿途均為泰雅族聚落，風景優美怡人，如果時間充裕，可以將出發點提前於內灣，而目的地除了新光、鎮西堡巨木步道外，也把此區另一著名的司馬庫斯加進來，形成一次更豐富的泰雅部落深度旅。不過要注意內灣到宇老以及往司馬庫斯的坡度均不低，需有相當的體力與補給才能完成。

鎮西堡巨木群步道
鎮西堡巨木群可分兩條路線，A區開發較早但難度較高，且路線較不明顯；B區路線較為平緩遊客也較多。由於由步道入口抵AB兩區岔路就得花約40分鐘，以較快的腳程走完B區回到步道入口得需至少3小時，因此時間規畫上得保留適當時間以利下山。

注意天氣及路況
此區大雨或颱風後道路容易中斷或遇落石，因此安排前往時務必確認天氣狀況，避免於雨季或豪雨後造訪。由於道路屬產業型，路況無法由網站上即時查知，因此可以利用區域內的派出所、民宿先去電探詢確認。

宇老派出所
地址：尖石鄉玉峰村1鄰宇老1號 電話：03-5847238
秀巒派出所
地址：尖石鄉秀巒村4鄰控溪20號 電話：03-5847523
秀巒檢查哨
地址：尖石鄉秀巒村4鄰控溪52-1臨號 電話：03-5847561
泰崗派出所
地址：尖石鄉秀巒村7鄰泰崗88號 電話：03-5847322

行程資訊
Day 1
汽車段🚗 台北→宇老部落→秀巒部落，約93公里。
單車段🚲 秀巒部落→泰崗部落→新光部落，約15公里。
住宿：森籟園民宿
地址：新竹縣尖石鄉秀巒村新光8鄰11號 **電話**：035-847723
Day 2
單車段🚲 新光部落→鎮西堡木步道→秀巒部落，約28.7公里。
汽車段🚗 秀巒部落→台北，約93公里2.5小時。

時程紀錄

日期	地名	里程(KM)	海拔(M)	方式	時間	備註
Day 1	台北	計約93KM		🚲🚗	4:50	途中多處停留
	宇老				7:15	
	秀巒				8:10	
		–	845	🚲	10:07	
	泰崗	8.6	1,433		11:45	
	新光國小	14.9	1,631		12:40	森林教室活動
Day 2	新光部落				6:50	
	鎮西堡	18.1	1,592		7:10	
	巨木步道入口	21.8	1,646		8:08	改為步行，里程未計入
	返巨木步道入口				11:12	
	新光部落	28.7	1,631		12:06	
	秀巒	43.6	845		13:30	
		計約93KM		🚲🚗	14:00	
	台北				16:30 (約)	

賽夏族

悠訪五峰，
南庄部落好風光

註①分布於苗栗縣南庄鄉向天湖等部落。
註②分布於新竹縣五峰鄉大隘村。
註③苗栗縣南庄鄉的鹿場部落雖然屬泰雅族，但部落中有個賽夏、泰雅抗日紀念碑「故新竹廳巡查五十嵐長輝外拾名之碑」，而且沿途景色秀麗，因此也特地納入此次路線中。

在這次規劃賽夏族路線時，為了將南賽夏[1]和北賽夏[2]串聯，在Google Map上搜尋了好久，終於找到一條五峰大隘通往南庄東河部落的聯絡道，如願在一次行程中，騎訪賽夏族兩個擁有矮靈祭場的部落，也讓長居台北的我們，一次就能騎遊五峰、向天湖、鹿場[3]，形成了一條超棒的單車路線。

Day 1：竹東→五峰→大隘祭場→山上人家→東河→向天湖
Day 2：向天湖→東河→神仙谷→鹿場部落→南庄→北埔→竹東

向天湖周邊水氣重，牆上長滿苔癬，斜射光線讓翠綠葉子晶亮動人，試著拍下照片，看能不能將泥土和水氣的清香氣味帶回家。

高度圖

五峰→山上人家→向天湖、鹿場部落

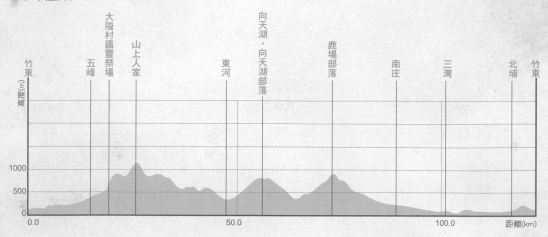

路線圖

圖例

● 景點
● 單車路線
── 公路
─── DAY1
--- DAY2

❶騎過田梗旁看到這一幕,心裡浮現出一種「傳遞生命,播種未來」的感動。

五峰路上好風光

　　這次我們計劃由竹東出發,一早抵達,先在122縣道與台3線交叉口附近停好汽車,組好單車騎上122縣道,準備開始兩日的賽夏之旅路程。

　　騎往五峰、清泉的122縣道上,一邊欣賞竹東充滿綠意的田園風光,約莫在122縣道的26公里處,我們轉入了軟橋社區,當地除了發展有機農業外,許多房舍牆面都有彩繪,獨特的畫風,為這遠離塵囂的小社區,增添特色。

　　由竹東入山後一路東看西轉,騎了1個多鐘頭後到了五峰,當地以泰雅族、賽夏族及部分客家人為主。既然是以拜訪原住民部落為主要目的,所以五峰鄉公所所在的大隘村是絕對不能錯過的景點。

　　一進村裡,跟Toby二話不說,就往左邊社區小路鑽去,這已經是我們騎訪原住民部落的習慣,因為許多讓人開心的小驚喜,都是這樣發現的。

　　果然,一下滑幾秒鐘,就看到一個令人驚喜的天主堂,靠近時看到鐵門的扣栓是拉上的,正跟Toby站在鐵門前拍著照時,天主堂中走出一位男士,我們向他詢問可否進入參觀,沒想到他

❶

不但答應，還請我們喝咖啡、吃麵包呢！

　　這位男士是天主堂[4]的丁神父，來自韓國。隨他進入天主堂中參觀。陽光穿透教堂五彩琉璃窗戶，化作充滿祥和靈光，讓我們溶入一種寧靜的平和感受，我慶幸自己規劃了進入部落的遊訪路線，不然就與這麼美的天主堂失之交臂了，當然，也不會遇到這位帥氣的神父。

　　順便提醒讀者，要在網路上搜尋「五峰基督救世主堂」的關鍵字眼，才能搜到這個隱身五峰大隘村社區角落的教堂，下次經過五峰，可千萬別錯過，相信我，您一定會愛上這裡！

尋訪矮靈祭場

　　繼續騎往位於40.5公里的朱家莊部落，這裡有一條切往矮人祭場的岔路，小徑藏於大片樹林綠蔭中，在這樣夏日的悶熱天氣，即便是連連續陡坡，每逢轉彎還有涼爽氣流，儘管汗水涔

註④
五峰基督救世主堂
新竹縣五峰鄉大隘村180號
電話：(03) 585-1014

涔，但卻是越流越清爽，越爬越開心。

　　不一會功夫，已經抵達大隘的賽夏族祭場，在祭場看台上，有座「祭屋」，待我們走上去瞧瞧，卻發現「祭屋」門關著，雖然無法進入，但能由「祭屋」前台俯瞰整個祭場，也稍稍能想像舉辦祭典時，那股神秘氛圍。

　　稍作休息，我們打算繼續前往更高處的「山上人家」，向附近賽夏族朋友問路[5]的結果，了解祭場後方有條形勢微陡的水泥路，是抵達目標的捷徑，於是欣然前往！

　　約莫40分鐘的時間，終於由小徑接上隘蘭聯絡道路，這時，太陽被雲遮掩，氣候轉為涼爽，回頭望去，那條劃過山腰際的線條，即是隘蘭聯絡道路[6]。聽說過兩天潭美颱風可能來襲，近午時刻已經風起雲湧，雖然雨具準備齊全，但還是希望這風雨別太大呀！

　　沿著隘蘭聯絡道路，經由坡度還能夠接受的路段，抵達涼山，也就是要往「山上人家」的門戶了。由於早已耳聞「山上人家」的美景，這次趁探訪賽夏族區域，也將它納入路線中。「山上人家」需要買票才能入場，但門票可以抵消費！

　　就單車客而言，從涼山到「山上人家」得要經過一大段陡

註⑤據男主人表示，祭場旁的聚落是住著賽夏族長老。
註⑥據隘蘭聯絡道、南大隘環繞道路、南大隘環繞道路，應該都是指122縣道35.5公里往上至白蘭部落下122縣道50公里處土場為止的路段，只是名稱不同，是除出入口接上122縣道外，平行但高於122縣道的部落聯絡道。這條是此區除大鹿林道外，另一條具舖面的中海拔森呼質優好路線。

坡，我們上攻約半小時終於抵達，只是藍天已經被雲遮蔽，導致能見度不佳。買了門票入園後，先到餐廳報到，假日的門票是每人200元，看了套餐價位都在400元上下，因此隨意點了兩客套餐。

「山上人家」的餐廳外觀採歐式設計，屋內陳設裝潢頗具水準，若是以騎單車方式到訪，最好挑冬日且安排在此過夜，才能好整以暇感受當地風光。

繼續攻向南庄

因為擔心晚一點會下雨，我們用完餐後，只稍稍在杉林中逛了一會兒，就繼續騎往也屬於賽夏族領域的苗栗南庄、向天湖了！大致來說，南北賽夏是以苗栗南庄與新竹五峰的界山鵝公髻[7]山為界，雖說是越嶺，但「山上人家」的位置，已經比越嶺點海拔要高，因此我們得先下滑，然後再爬一點坡，即可下滑往南庄的向天湖了。

經過一段超爽快的下滑路程後，來到了涼山，並且經由陡蘭聯絡道路，繼續往南庄的岔路口前進，行間經過一段碎石爛泥路段，接著進入一段長約10幾公里的杉林林道，景象美的讓我們驚豔萬分。

時間約莫到了下午2點多，我們已經騎到苗21鄉道（風美道路），趁著天色尚早，我們打算先電話預訂「向天湖農場」民宿，讓我們今晚得以好好歇息。之後，我們繞進了東河部落，除了補給水，也四處逛逛，順著部落街道，回到了苗21鄉道，繼續往向天湖啟程。

從苗21鄉道轉往跨越東河溪的加拉彎大橋後，即開始爬坡的路段，不時還看到路邊有小巧的瀑布，而順著一旁的山谷望去，則能遠眺南庄市區。經過約莫1個小時的騎乘時間、6公里的爬坡路程，讓我們氣喘吁吁，順勢進入向天湖，停車場旁長滿雜草的廣場，即是矮靈祭祭場。

註⑦ 鵝公髻（「髻」，音「記」）是指公鵝頭頂那個肉冠，鵝公髻山由於山形似鵝公髻所以有此名稱。

向天湖是南庄一處熱門景點，設有部落市集販售農產品以及原住民工藝品，不過騎到此已經又餓又累，再加上天色向晚，且下著雨，因此決定先將住宿搞定，梳洗一番後再出來逛逛吧！

預定要住的民宿「向天湖農場」，位在向天湖入口另一側，我們順著小徑，繞到湖的對岸，就看到了農場，先前接電話的老闆娘，立刻認出今天唯二入住的單車客，親切招呼後，抓起所有的鑰匙，讓我們任選房間，她說：「今天晚上就只有你們住，隨你們挑一間，我會算你們便宜喔！」

結果，我們挑了空間不算小的房間，房價1000元還算便宜，不過因為今天沒有其他客人，所以民宿沒有備菜，但老闆娘也好心地推薦我們，晚餐可到向天湖中央的另一家民宿解決，隔天一早則可前往東河部落吃早餐，就這樣打點好我們的飲食補給了。

或許是中午在「山上人家」吃的簡餐令人失望，所以對於民宿老闆娘推薦的民宿餐廳，沒有抱持太大期待，而且也怕吃不飽，於是轉往停車場旁的「向天湖賽夏族餐廳」，店家可謂是佛心來著，不僅三菜一湯才390元，且白飯還任人吃到飽。

終於領略向天湖之美

說來有些糗，多年前我們曾經開車來此，依稀記得抵達時天氣陰陰的，湖水也不怎麼清澈宜人，也不知道這裡有否部落，所以停留不到半小時就離開。這回適巧發現老闆娘是賽夏族，所以用過餐後，順便向她打聽向天湖的祭場，並問問是否有群聚的部落。老闆娘也熱心地指出，從附近的岔路轉進去就是我們此行的目的地，且湖水漂亮幽靜，繞行一圈，剛好當作飯後散步。

於此，我稍稍介紹一下向天湖的樣貌，無論是開車、搭公車或騎機車、單車來這裡，都會由湖的北邊進到湖邊，這裡有停車場、販賣區、餐廳、賽夏文物館等設施，是遊客主要聚集的區域。而我們住的民宿，位於湖的正南邊，需要繞行濱步道一小段路，才能抵達；而部落則位於湖泊的西側及西南側，除了向天湖入口旁，有小徑可進入，附近也有一條與南庄相互通行的舊路，但聽說路況似乎不佳。

隔日一早，四周瀰漫一層薄霧，雖是盛夏，但仍有一點寒

❶這些很像是以前種香菇的香菇寮，目前看起來已經荒廢很久了。
❷部落裡的小朋友由家裡拿著裝著飯菜的碗，準備坐在門廊上吃晚餐。

①

意。賴床一會兒後，慢慢整理好行李，等到太陽微微探出頭時，我們直接騎往向天湖部落，經過昨天的探路，當下，領略了向天湖最美的一刻。

民宿距離部落不遠，兩者之間有一段幽靜且充滿芬多精的杉林小路相通，我們採逆時針而行，騎往部落途中，杉林小徑中，可看到陽光穿過樹梢撒下，薄霧觸到光線，由白茫而消散，聽著鳥語搭著一旁小河的水花聲，心靈一片清朗。我們將單車留在湖濱，走進湖中央的步道，湖中荷花已經綻放，呈現出好優雅的美感。這時深切體會，不同方式、不同心境來到向天湖，感受差異如此巨大。

繞湖一圈後，心滿意足地離開這個賽夏族聖境，很快到以下滑方式到了東河，先繞進部落尋找民宿老闆娘推薦的早餐店，飽腹之後，順道在早餐店旁買一袋在地的百香果。

石壁部落美景深刻

繼續沿著苗21鄉道，往鹿場方向前進，路標標示著到鹿場只有9.2公里，不過鹿場海拔高800多公尺，以我們目前所在約莫300公尺的海拔，再加上由高度圖看來，是連續上坡，肯定是場硬仗。

❶向天湖騎單車來最美，沒錯吧！
❷途經這片景象，讓人震撼！
❸爬升過程汗水淋漓，連小蝴蝶都
跑來身上吸取鹽分也搭了好一段便
車。

❶神仙谷吊橋，過橋可以接上石門
古道。
❷古道前有立牌禁止進入，不過網路
上仍有紀錄可以找到裡面的景象。
❸電影拍攝的場景。
❹原住民的山胡椒「馬告」，就是
長這個樣子。

　　苗21鄉道的坡度，沿東河溪逐漸爬升，左右山勢由開闊轉為
雄偉、險峻，看得我們直呼過癮，愈騎愈有「山窮水盡疑無路、
柳暗花明又一村」的驚喜，而這種感受，在抵達屬於泰雅族的石
壁部落時，更為深刻。

　　「石壁」，顧名思義是形容山勢或是山壁，石壁部落位於大
東河溪上游，左右兩岸互為高聳入天的絕壁。這裡屬於泰雅族聚
落，離東河部落大約3.5公里，海拔約450公尺，距離鹿場，大
約還要6.5公里，過了石壁部落後，才正式開始約莫400公尺海
拔的爬升路段。

　　當我們開始這段爬升陡坡路段，旁邊的河谷地形轉為峽谷地
貌，造就一邊為峽谷、一邊高峻斷崖的騎乘氛圍；正因此如，我
們得以聽到河水沖激聲，也能見到數百公尺高絕壁上的飛濺瀑
布，水氣在空中霧化，形成一股夢幻的景致。

❸

泰雅族聖地神仙谷

通過一大段令人驚豔但不甚好騎的段落，看到前方有寫著「神仙谷到了」[8]的路邊小攤，一旁有塊牌子寫著「神仙谷往下走5分鐘，賽德克巴萊拍設場景」，小攤老闆娘自告奮勇幫我們照看單車，讓我走下山谷步道，欣賞難得風景。

謝過老闆娘，我們走下步道沒多久，馬上認出原來神仙谷是電影中一個非常美的場景，除了有瀑布、步道、吊橋、巨石外，還有一條已經封閉的石門古道，雖然不屬於單車可造訪的景點，但在此看著聲勢浩大的溪水，光是用想像就知道當時在此拍片是一件多不容易的事，難怪能夠拍出那麼一段氣勢凌人的場景。

由神仙谷到鹿場大約還有長約1.5公里陡坡，騎起來並不輕鬆，不過這時陽光已經被烏雲遮蔽，加上高度已高，不再像剛剛那麼熱了。離開神仙谷大約20分鐘，我們終於抵達鹿場部落，這

❹

註❽神仙谷為風美溪與比林溪會合的一處溪谷，又稱為「死亡谷」，原是泰雅族原住民祖先的墳場。（摘自台灣原住民資訊資源網）。

裡也是苗21鄉道的終點，由南庄市區開始算起里程是14.4986公里。

鹿場處處見遺址

鹿場，是中港溪最上游的泰雅族部落，早年因為三菱得利卡汽車廣告而聲名大噪[9]。我們順著村內導引指標，來到從前的學校，現在掛著「南庄鄉泰雅爾部落協進會」的招牌，協進會前有個籃球場，球場邊有漆著前往日警紀念碑的指標，繼續進入後方水泥路，不久可看到「泰雅族・賽夏族聯合抗日紀念碑」的木牌，下方即是這次我們的終點「故新竹廳巡查五十嵐長輝外拾名之碑」。

現場有些雜亂，雜草叢生，仔細端詳石碑上的文字，上面刻有代表日本國家、皇室的菊花圖案，正面刻著「故新竹廳巡查五十嵐長輝外拾名之碑」，背面則刻了殉職日本巡查、隘勇的姓名。台灣因歷史、政治因素，日治時代留下的這類史蹟已經不多，尤其是在平地幾乎已經絕跡，只有在深山，尤其是原住民部落，較有機會見到。

喜愛騎車，就是因為騎車過程，由規劃準備到實際體驗，獲得不只是旅程距離與海拔高度的累積，行動過程中的感動與反思，能增加心靈的厚度，也是一種深愛台灣的態度。

收拾起滿溢的心情，由原路下山，一路下坡回到車水馬龍的南庄老街，評估尚有餘力，打算直接攻往台3線，一路線飆到新竹北埔，這時已經熱到快抓狂，一衝進市區，馬上找到一家賣傳統剉冰的店家，兩個人吃了三盤，解渴兼填飽肚子二合一啦！完食後繼續騎到昨日的出發點竹東，和昨天最大的不同是，今天帶回了滿滿的感動畫面與故事。

註[9]三菱得利卡4x4汽車廣告(1993)　http://www.youtube.com/watch?v=g2HEJZ9J2EU

Youtube影片紀錄

https://www.youtube.com/watch?v=EMwLAtZ_T0g
賽夏+泰雅，悠訪五峰、南庄部落好風光《台灣‧用騎的最美》

路線規劃參考

多重路線組合

走訪賽夏族領域的走法，可以依照日程作多種組合，例如，先以北賽夏、南賽夏來區分，北賽夏的路線，是走五峰的大隘村賽夏族祭場以及隘蘭聯絡道，依照體力決定是否走上「山上人家」；南賽夏則是可以由三灣或南庄出發，爬上向天湖，也是依照體力時間，決定是否加碼鹿場部落，以上兩種走法都是單日行程。

而若是有打算要越嶺，體力能夠負荷，且希望一天騎完，可以參考這篇遊記的路線，然後捨去「山上人家」以及鹿場部落，由竹東出發進五峰，越嶺到東河後將中間休息點設定在向天湖，回程一樣是由南庄接三灣、北埔，順台三線往北回到竹東，形成一條環狀挑戰路線。

另外，因南賽夏分布較廣，因此若是時間更充裕，想走訪更多賽夏部落，可以在南庄由124縣道往八卦力，拜訪沿途的部落，然後爬過仙山後再接上台3線回竹東。

由於賽夏族所在區域與泰雅族、客家族群重疊，前往此區前，最好能預先多了解有關泰雅族，與客家的風俗文化，才能在不同族群中深入探索，一趟旅程，同時領會三個不同族群的文化，收穫會非常大。

行程資訊

Day 1
汽車段 🚗 台北→竹東，約64公里。
單車段 🚲 竹東→五峰→山上人家→東河→向天湖，約57公里。
住宿：向天湖農場
地址：苗栗縣南庄鄉東河村向天湖17鄰22號
電話：037-823371

Day 2
單車段 🚲 向天湖→鹿場部落→南庄→竹東，約66公里。
汽車段 🚗 竹東→台北，約64公里。

時程紀錄

日期	地名	里程(KM)	海拔(M)	方式	時間	備註
Day 1	中和			🚗	5:30	
	竹東				6:30	
		–	141		7:00	
	五峰	14.8	384		8:15	
	大隘村矮靈祭場	19.4	575		9:10	
	山上人家	26.4	1,153		10:56	午餐，逛園區
	東河	48.0	327		14:25	
	向天湖	56.8	782		15:40	宿向天湖
Day 2				🚲	7:30	先環湖、訪部落
	東河	64.6	327		8:10	
	神仙谷	72.0	731		9:52	
	鹿場	74.0	954		10:40	
	南庄	89.2	221		11:46	
	北埔	116.8	130		13:30	
	竹東	123.0	141		14:26	
				🚗	14:50	
	中和				16:00	

騎訪泰雅雪見

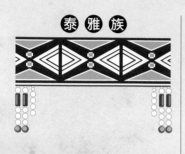

泰 雅 族

司馬限林道是雪霸國家公園通往雪見遊憩區的聯絡道，整條路上有4公里碎石路，而且過了遊憩區，還可以享受約6公里多的林道，非常適合登山車來一遊，只可惜後來碎石路被鋪上柏油，讓人少了不少興致。後來，計劃原住民部落的單車路線時，發現串連這條路段，也能擁有許多新發現，於是，我們重啟這段旅程。

我們騎經梅象橋要開始陡爬升時，回首看到這幅美麗山水景象，
不禁大聲驚呼：「哇！這裡實在太美了，怎麼以前都沒想到要來這裡呀？！」

高度圖

士林壩→象鼻→天狗→二本松→雪見遊客中心

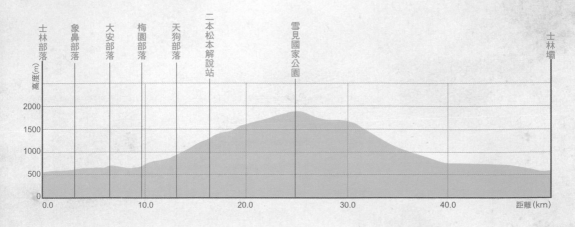

縱軸：高度(m) — 2000、1500、1000、500、0

橫軸標示（由左至右）：士林部落、象鼻部落、大安部落、梅園部落、天狗部落、二本松本解說站、雪見國家公園、士林壩

橫軸：距離(km) — 0.0、10.0、20.0、30.0、40.0

往雪見遊憩區 →

司馬限林道　司馬限林道

往苗栗大湖 ←

司馬限林道

武界林道

二本松解說站
丸田砲台遺址

天狗部落

梅園部落

大安溪

大安部落

象鼻部落　永安部落

蘇魯部落　中間部落　士林部落

大安溪

桃山部落

達觀部落

圖例
● 景點
── 公路、農路

路線圖

註①南三村，苗栗縣泰安鄉境內由東南向西南流過的大安溪，其南邊為南三村，是泰雅族北勢群之世居地。目前共有八個部落分為三個村的行政分區，由南而北為士林村（士林、中間、蘇魯部落），象鼻村（大安、永安、象鼻部落）及梅園村（梅園、天狗部落）。以單車前往南三村的路途中，除可欣賞到大安溪沿岸秀麗如畫的山色美景外，還可以加碼騎往司馬限林道、雪霸國家公園雪見遊憩區，是一條充滿人文及自然風貌的好路線。

註②烏心石，分佈：台灣全島100~2200公尺中低海拔山區渾生闊葉林中，甚為常見。用途：闊葉一級木，屬昂貴的建築及傢俱用材，其心材顏色深且堅硬，故被稱為烏心石，是製作砧板的好材料。（摘自台灣大百科全書）

烏心石還有另外一個故事，那就是泰雅語的「烏心石」為「霞喀羅，Syakaro」，當地的頭前溪上游流域，盛產這種材質堅硬的樹木，有一支泰雅族人以此處為棲身地，並用Syakaro來為部落命名。下次去「霞喀羅」古道時，可別忘記這很夢幻的古道名稱由來。

拜訪部落林道

　　這次的泰雅南三村[1]+雪見行，我們選定距離大安溪上游、最接近士林壩的桃山部落為出發點，逆著大安溪往上游行，以騎單車的方式，拜訪泰雅族南三村的幾個部落。

　　清晨約莫4點半，由台北中和出發，直接驅車到台中東勢，由於東勢到桃山部落還有24公里的山路，所以決定先在街上的阿嬤碗粿，買了兩個帶在車上，以便餓時填飽肚子。正準備離開時，Toby發現路旁阿伯發財車上，有一直想買的木頭砧板，熱心的阿伯介紹著說「這是烏心石[1]，很勇，一個可以用十年。」而在詢問如何使用、保養的過程間，不時有在地人也來採購，讓我們更有信心地，確定買一個帶回家。

　　順著東勢東崎街往山裡面前進，入山沒多久，就有不少車友從旁騎過，清晨的陽光，撒在這起起伏伏的路段上，將這條路線襯托得更加有吸引力，若不是當天要往返，不能花費太多時間，我們一定會儘快泊好汽車，提前組好單車，開始踩踏之行。

　　一接近大安溪，沿途陸續可見屬於泰雅族特有的圖像、圖騰，色彩逐漸繽紛了起來，在這些屬於部落特色的建築雕塑，雖然工法沒有很細緻，也非高級材料，但搭配著藍天綠意，與自

然、土地融合，讓我們樂於停下車，在部落清晨中漫步欣賞。

　　8點抵達桃山部落，在派出所借了洗手間時，向值班的警員打聽往雪山坑的走法，聽說電影《賽德克巴萊》曾在那片號稱台灣最大山蘇林裡拍攝，我們打算若是今天沒上雪見遊憩區，下山時可到雪山坑逛逛。值班的陳姓原住民警員，向我們完整地介紹桃山部落，也詳細說明往雪山坑的走法，頓時間，我們對這一帶有較深入的了解。

　　我們聽從陳警員的建議，將汽車停在士林壩旁的停車場，並向附近的泰雅族攤商，買些目前盛產的桃子，當成稍晚的點心，順便再問問這區部落的分布，她們回應與建議大致跟陳警員相同，因此決定先騎過攔砂壩，到河岸對面的士林部落看看。

抄捷徑險路

　　在士林壩上，遇到一位由士林部落過來的泰雅阿嬤，她所駕駛的農地搬運動力車熄火，因為得依賴拉繩發動車子引擎，力氣不大的她，一直無法發動，於是我主動上前幫忙，經過努力的拉扯幾回後，搬運車終於動了起來，阿嬤開心地謝過我們後，繼續往攔砂壩另一頭的停車場開過去。

　　進入士林部落逛了一會兒後，正準備往象鼻部落前進，路旁

剛好有三位女生正在聊天，我除了向她們打聽部落的特色，也順帶確認地圖上所看到士林壩通往象鼻的兩條路徑，是否都可通行？！其中一位妙回：「兩條都可以，但是左邊這條是舊路，比較近，但是有很多落石，走的時候要聽天由命。」聽完稍稍思考了一下，決定就走舊路，聽天由命了！

這條沿著大安溪右岸的「士象聯絡道路」真的不賴，雖然現在是盛夏，但是沿途林蔭處處，騎乘當中，涼風沿著河谷撲面而來，讓我們十分享受當下。

進入象鼻部落和坐在路旁的原住民朋友小聊一兒，接受他們的建議，由順著象鼻古道騎往被稱為鐵線橋的吊橋，橋身還算寬敞，景色優美，讓我們沈浸於騎單車的幸福中，並帶著這樣的心情，通往大安溪的左岸。

見識泰雅美麗特色

過了吊橋後，需要扛上單車，走一小段路，來到大安產業道路，並繼續騎往更上游的大安部落。當我們抵達海拔約500公尺、屬於台地地形的大安部落，處處可見泰雅特色，特別是當地的大人、小朋友看到我們騎單車前來，還會向我們大聲喊：「加油！」，而行經教會時，碰巧是假日的禮拜時間，從教會傳出的唱詩、琴聲，伴隨著我們漫騎週邊小徑，有種不言而喻的感動，對我們來說，山地部落裡，原住民天生的單純、熱情，絕對是吸引我們，一來再來的理由。

離開大安部落後，一個陡下坡下滑到大安溪堤防邊，順著堤防接上跨過溪床的梅象橋，騎上橋時，Toby不禁對眼前的景象驚呼：「這裡實在太美了，怎麼以前都沒想到要來這裡呀？！」這下有些懊惱，應該多安排一天行程的，如果能在當地住上一天，該有多好！

梅園部落不大，民居也相當分散，我們僅在梅園基督長老教會（麥路豐基督長老教會）前稍作停留，就繼續往更高的天狗部落邁進；這時，路況也明顯陡了起來，爬過幾個彎，就能居高臨下地看清楚那廣闊的大安溪谷。

緩緩騎在上坡路徑，路邊成片的碩大紅肉李，對我們有莫大

❶這就是要我們聽天由命的舊路。

註③二本松解說站原為日治時期的駐在所，視野寬闊，可以俯瞰大安溪河谷。往內行走900公尺可以抵達丸田砲台遺址，當年居高臨下架設的砲台，是為管理鄰近部落的泰雅族人，而「丸田」則是紀念北勢戰役中殉職的日本警捕丸田清而命名。解說站內設有「丸田砲台文史紀念館」，陳列日治時期雪見地區的史料。
摘自雪見遊憩區生態旅遊網http://syuejian.spnp.gov.tw/03_theme/01_info.asp
註④雪霸的「雪見遊客中心廣場－即時影像」網站：
http://www.spnp.gov.tw/Article.aspx?a=2ed8a1Rm4z4%3d&lang=1

的吸引力，特別是此刻天候相當熾熱，看了讓我們猛吞口水，我們忍著忍著騎進南三村最高、也是最後一個的天狗部落，即刻找到一家雜貨店，坐在店門口陰涼處，大口喝下剛買的大瓶「舒跑」飲料，此刻，真是太過癮了！

坐了15分鐘，被山上的涼風吹得昏昏欲睡，兩人一致同意繼續往山上騎，沒想到才離開部落沒多久，就遇到當地的果農，正在路邊整理剛摘下的紅肉李，我們被漂亮果實吸引過去，Toby原來只想買幾顆解解饞，沒想到不打算零售的老闆，轉身拉出一袋賣相不佳的果實，讓我們盡情免費享用。當下，心中又是滿滿的感動！

儘管由天狗往司馬限林道段路很陡，但一路上種種愉快的際遇和美麗好風光，讓我們樂於飆著汗水努力往上爬，一路騎到了丸田古砲台、二本松[3]解說站，之後，將單車停在解說站的自行車專用停放處，改以徒步的方式，走往758公尺外的丸田砲台遺址！

從兩側都是高大杉木的步道，走到了丸田砲台遺址，然而遺址隱匿在參天翁鬱的樹木下，無法由此一覽大安溪流域的各部落，但想到沿途也看得不少，在心中留下深刻的影像，心中也就沒有太大遺憾了。

登高賞藍天白雲

　　離開二本松解說站，隨著高度攀升，我們騎進了雲霧中，溫度也由熾熱逐漸轉為涼爽，我們停在路邊視野還不錯的展望台，拿出家中自製土司和易開罐咖啡，當成午餐，雖然簡單，但卻是最美味。

　　結束午餐休憩時間，繼續騎到五年前還是碎石路的路段，舖了柏油的路況，的確是好騎，但卻少了那種原始林道的樂趣啊！不過，伴著杉香、鳥鳴、薄雲，在爬坡時，大口吸入負離子和氧氣，依舊容易讓人陶醉於此情境。

　　下午2:40抵達了雪見遊憩區的管理站，沒有足夠的時間申請後段的入山證，就決定在這邊休息，等等直接下山。在管理站內和解說員聊天，了解這裡的天氣變化很快，他特地提醒，要看這裡天氣是否晴朗，可以透過雪霸網站中的即時影像。經由他的提醒，讓我們馬上想起影像打卡遊戲，於是馬上打電話回家，請家人上網找到雪霸官網[4]，將我們在雪見的即時影像截圖下來，而玩完影像打卡，該是在這裡坐下來，好好享用由山下一路背著的桃子、李子。

❶想了解泰雅原住民的歷史，二本松解說站有詳細的圖說導覽。

午後的心靈點心，是雪見遊客中心所撥放的原住民兒童合唱歌聲，還有樹林裡響亮的白耳畫眉叫聲，交融的合奏，是一場無可挑剔的樂章，我相當確定，若非身處現場，否則只靠筆墨、照片形容或想像，也難以感受到此刻的氣氛啊！

時候不早，時間已經到了下午3:30，陽光開始轉斜，該是準備下山了！依依不捨地告別雪見，開始連續下滑20幾公里返回士林壩，結束這次探訪泰雅、雪見的部落之行了。

隨著高度下降，穿進迷霧後，不久又脫離了！雲散天晴，我們在夕陽的伴送下，回到大安溪畔，趁著陽光還沒遁入山際前，抵達士林壩。在士林壩停車場，賣著農產的泰雅阿嬤和她的同伴都還沒回去，在這邊又買了一大堆桃子、高麗菜和桂竹筍，才開心地跟她們告別踏上返途。

回程路上，擔心由東勢、豐原上高速公路車多，於是選擇由卓蘭接三義上高速公路，途中兩人興高采烈地聊著，今日所見的種種，結果半途卻迷了路，繞到鯉魚潭水庫。還沒來得及懊惱走錯路，就意外發現，水庫溢流堰因滿水位正在溢流。

趁著還有一絲絲陽光，即刻停車，快速衝往水庫壩頂，看到這既壯觀又難得的景象時，我們只能說：「真是太幸運啦！」

❶剛滑行沒多久，又讓我們碰到和雲同高的視野！

Youtube影片紀錄

https://www.youtube.com/
watch?v=nKblBxh4ix4
從部落出發，騎訪泰雅雪見
《台灣・用騎的最美》

路線規劃參考

如果時間充裕，打算規劃為兩日遊，可以利用台3線串接大湖、卓蘭，經司馬限林道，成為一個環狀線，住宿地點可以選擇在梅園部落附近的民宿。

司馬限林道、雪見遊憩區每逢雨季常封閉，因此若要前往前，務必先確認，以免屆時白跑一趟。

由梅園部落到雪見，一路都是非常陡的爬坡，有些路況不佳，因此較適合登山車前往。

如欲進入司馬限林道後段，需申請入山證；可在途中派出所申請，也可以事先在網路上申請（內政部警政署－入山案件申辦系統http://eli.npa.gov.tw/E7WebO/index02.jsp）。

行程資訊

汽車段 🚗 台北→東勢→士林壩，約162公里。

單車段 🚲 士林壩→象鼻部落→天狗部落→二本松→雪見遊客中心，來回約48.4公里。

時程紀錄

地名	里程(KM)	海拔(M)	方式	時間	備註
台北			🚗	4:30	東勢早餐
士林壩				8:20	
	–	608		8:50	
象鼻部落	3.0	650		9:25	
大安部落	6.6	718		9:55	
天狗部落	12.4	913	🚲	10:50	休息補給
二本松解說站	16.5	1,304		12:00	進入步道
雪見遊客中心	24.6	1,886		14:40	休息用餐
士林壩	48.4	608		17:00	
			🚲	17:20	
台北				20:00	

匹亞南山道——
申橫宜蘭支線／力行產業道路

泰雅族

最近陸續騎了幾條由泰雅族部落串起的路線，在規劃時，常看到有關泰雅族發源地記載，由於原住民是口傳歷史，加上泰雅族有好幾個系統，因此發源地有好種版本（摘自臺灣原住民族資訊資源網）：

1.為巨石裂岩所生，地點位於仁愛鄉發祥村瑞岩部落附近。

2.為大霸尖山上的巨石所生。

3.萬大北溪上游白石山上老樹根所誕生。

為了更了解來龍去脈，並藉此讓我們單車旅程更具故事豐富性，特地買了一本書名為《重返舊部落》書籍來參讀，除了更了

現今的產業道路、公路，或許前身就是從前的古道，
也是聚落之間互動、聯繫的媒介，想要深入台灣的發展史，
那麼一定得要了解原住民的歷史和所扮演的角色。
這篇我們特別規劃泰雅族的起源和遷移路線，
有興趣的車友們，就跨上單車，跟我們一起來吧！

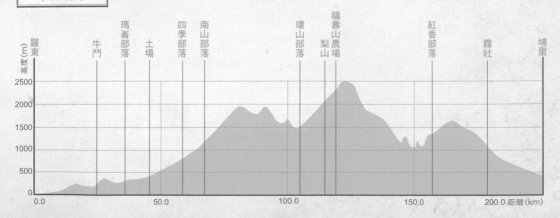

高度圖　匹亞南山道→中橫宜蘭支線／力行產業道路

解原住民族群歷史與思維，其中還有一段文字，更深深吸引我：

「這一條連綿一百多公里稱為「匹亞南山道」正是泰雅族人近兩三百年來大規模移動的主要路線。匹亞南山道其實是一條地質上明顯的構造線。

在地形上是中央脊樑谷地，是中央山脈與雪山山脈的分界線，山道呈南北走向，由兩山脈發源的重要溪流上游谷地所構成，北起宜蘭蘭陽溪上游的牛鬥、四季，向南越過匹亞南鞍部、思源埡口後接上大甲溪上游的梨山、華岡，然後進入北港溪上游的力行、發祥，接著繼續往南穿過合望鞍部，一直延伸到玉山山脈的荖濃溪上游才逐漸消失。」

摘自《重返舊部落》－啟明・瓦拉

溯源泰雅族

這段所說的「匹亞南山道」，有部分就是後來的台7丙和台7甲線（中橫宜蘭支線）與力行產業道路，而讀了啟名・瓦拉的著作，則強烈勾起我想要跨上單車，沿著這山道走一趟的念頭。

這個具體的思維，讓我很快著手，拉出一條跨時空單車路線（參考下圖），其中包含了「匹亞南山道」為基礎而開通的台7甲線（中橫宜蘭支線）、一直想去的投89鄉道（力行產業道路），還有沿著蘭陽溪右岸牛鬥到土場間，可以取代中橫宜蘭支線的宜51鄉道。

計劃由羅東出發，循溯從前泰雅族群移動的路徑「匹亞南山道」，經南山、梨山、霧社到埔里，一條200公里、預計花費三天時間，完成探訪泰雅族起源地的路程。

由於先前62地震和蘇力颱風(2013.7.13)，造就山區有許多坍方落石等災情，所以出發前，特別打聽投89鄉道（力行產義道路）和宜51鄉道的路況，儘管許多路況未明，但考慮山中狀況多變，一切就以到現場再作應變吧！

❶這兩台雲豹第一次任務就這麼艱鉅，希望這幾天能夠帶我們順利騎完這次的挑戰！

路線圖

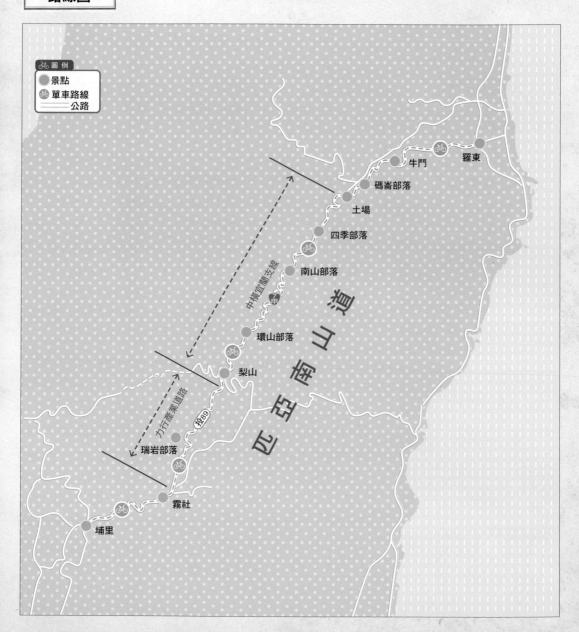

首訪被遺忘的部落

　　清晨從臺北萬華站搭上05:03兩鐵區間火車，開始這次三天的「尋訪泰雅路」旅程，經過2個多小時的車程，7點半抵達羅東。計劃今天目標是要騎到環山部落，約莫100公里的距離雖不算長，但南山村到思源埡口不只有大幅爬升的路段，也很容易下雨，所以不容我們多作停留，需要直接出發。

　　到了天送埤，預計要左轉續走台7丙，不過附近有座瀰漫復古味道的天送埤車站，我們打算先去看看，之後再順著台7丙續走，我們先爬一段緩坡後，接著進入一大段綠色歲隧道，已然轉少的車流，讓我們好整以暇欣賞沿途的好風景。

　　抵達牛鬥，我們要暫時離開省道轉宜51鄉道往土場，接著是一大段連續長坡，這時約莫早上10點，正值盛夏的此時，氣溫開始飆升。好不容易越過這段的最高點，開始下滑，看到蘭陽溪對岸的中橫宜蘭支線在較低的下方，景色優美，讓我們覺得再辛苦都值得！

　　先前經過樂水村[1]，發現當地人多稱此為「被遺忘的部落」，帶著好奇心搜尋資料的結果，才知道樂水村曾經是大同鄉行政中心，後來移到對岸崙埤村，隨著鐵路停駛、行政中心移走，一個曾經繁華的地方，逐漸成為了一個被遺忘的部落。儘管，如今盛況不再，但是直筆的道路，和優美泰雅風光，還是深深吸引著我，所以也將其規劃成為此行的路線。

　　進到樂水村的東壘部落，放慢速度在部落中繞了一圈，趁著在村中雜貨店補給飲水時，和居民閒聊著，這時發現剛剛我們騎的直線路段，就是從前的鐵路，村民還笑稱，從前的中華號就是行駛於該路線。而我們聽著在地人講述從前故事的當下，彷彿也遊歷了屬於當時年代的光景，同時，他還熱心指引我們前往濁水站和隧道的正確位置。

　　謝過雜貨店遇見的幾位朋友，我們通過東壘部落的碼崙橋，

向上騎至從前大同鄉行政中心所在的「碼崙部落」，如今依然可看到派出所、衛生室、學校和社區活動中心。由部落內的解說牌『碼崙部落遷徙及由來』可知，他們最早是在四季平台，後來被日本人強迫遷至他處，之後又轉移到此地。而當初這裡遍植高粱，高粱泰雅語為Banan，日人以此命名此地，「Banan」的諧音即是「碼崙」。

我們遇到了正忙著曬稻子的偕先生，他也熱心地向我們介紹部落的種種特色，同時也表示生於這一世代，有責任延續部落的傳統。他遺憾地指出，現在部落裡的人，大多能聽得懂母語，卻不會說，相當可惜，所以常鼓勵大家要多聽老人家說故事，除了可以了解部落歷史，也能增加對母語的記憶。

碼崙部落有條桂竹林觀光步道，步道入口旁有一座青年會所，從這裡可以看到下方的蘭陽溪沖積平原，平原上的稻米已經收割，若是早個一個月來，肯定是一個蘭陽溪畔美麗的黃金稻海了。現在學校正值放暑假，操場剛好拿來曬稻子，已經好久沒有看到稻子收割後用曬的了，還挺新鮮的。

由碼崙部落下滑回到宜51鄉道，過了樂水橋後，看見左下方幾座水泥建築，這裡就是以前的濁水車站，只可惜缺乏整修，不然肯定可以吸引鐵道迷來此探訪，也讓樂水村多個景點。

接著前往另一個部落「智腦」，據說是從前日本人誇讚部落頭目聰明，所以用「智腦」為部落名。順著部落右側的小路騎行，就找到在蘭陽溪堤防邊的火車隧道，目前外頭已經圍起來無法靠近，但可以看見隧道保存極為良好，我想，這樣景點加上剛剛的車站、綠蔭大道加上森林鐵路舊隧道，若是地方政府重視，經過考究後肯定已經被列為保護級的古蹟了，絕對不會任由其自然頹敗。

離開智腦部落，經過田古爾斷橋旁便道，沒多久就抵達往太平山入口的土場，我們在此稍作休息後，正式騎上台7甲線（中

❶雖然往山裡的台7丙沿途陽光普照，但遠方山區雲層已起！
❷看到教堂就知道這帶是住著較多的原住民。
❸以前的公所現在已經成為社區活動中心。

註❶樂水村原名為濁水村，全村區分為四個部落，由牛鬥走宜51進來，會依序經過東壘、碼崙和智腦三個部落（另一個東溪巷部落需切入小路才會抵達）。

橫宜蘭支線），換言之，也開始另一段跨時空的「匹亞南山道」之旅，這條路一直延伸到南山部落，道路名稱取為「泰雅路」，非常符合這次所規劃——追溯泰雅部落的FU。

艱難中橫宜蘭支線

台7甲線的爬升路上，途經一家雜貨店補給飲水，也順便吃泡麵當午餐，由於附近所種植的西瓜，部分因為腐爛而滋生蒼蠅，使得我們一邊享用泡麵，還得一邊驅趕蒼蠅，來自留茂安部落的泰雅老闆娘嘻嘻哈哈安慰：「沒關係啦，我們也是這些蒼蠅陪著長大的。」我們沒有辦法這樣隨性樂天，只能不斷揮手驅散，然後繼續騎上這趟泰雅溯源之路。

路上，一車車滿載高麗菜的大貨車呼嘯而過，而隨著海拔愈高，山上雲愈厚，陽光已不在炎熱，雖然這樣陰陰的光線，不利於拍照，但涼爽的溫度，卻是騎車好時機，於是，我們加快速度！

騎過台7甲線的獨立山之後，有個大部落叫作留茂安，以往經過時沒有太留意，但這次是以探訪泰雅族部落為主，因此特地繞入看看。很明顯的，留茂安與附近的部落類似，都是簡單乾淨的社區，由居民精神中心的教會以及微型小學校園構成。

過了留茂安，接著抵達的是四季部落，這裡分為上、中、下部落，通通得離開台7甲，爬一段坡才能進入，不過，四季是個大部落，裡面學校、派出所和教會俱全，而且景色優美，非常值得繞上來逛逛。

基於先前在樂水村，停留太多時間，且預計今天還要攻上思源埡口，所以這次只到下部落，另外的中、上部落，只能留給下回再訪了。我們先騎到四季國小附近，然後再順小路繞進下部落，逛了一圈回到台7甲公路上，繼續朝著南山部落前進。

經過一大段陡升坡，終於抵達這段行程重要據點之一南山部落（Pyanan），這裡以前就是叫作「匹亞南」（泰雅語），在

《重返舊部落》書中所說的「匹亞南山道」就是以此而命名，由此可見，此地在泰雅族移動歷史上，佔有重要地位。

到了南山，趕緊讓Toby先到商店區去吃點東西，我則繞進部落中逛逛拍照，之後才繞出去和Toby會合，然後一同前往傳聞中，非常有名的「隆達商店」，試試老闆引以為傲的茶葉蛋和粽子。據說，還有不少遊客會專程前來購買呢！

在南山村和「隆達商店」老闆聊有些太久，時間已經快4點，和老闆匆匆告別後即刻出發。雖然以時間估算，今天到達環山部落，應該已經晚上了，但這時已經吃飽喝足，而且相信過了武陵農場後，應該有不少民宿可選擇，不用擔心沒地方住，重要的是我們車上燈具亮度十足，背包中補給品也不缺，所以也就不擔心了。

離開南山部落，爬了幾個坡後，天空下起小雨，溫度也降了下來，這時Toby發生了抽筋現象，即便放慢速度，還是無法舒緩。幸運的是，一台小貨車行經我們時，減緩了速度，正要回梨山的司機，很樂意載我們一程，於是二話不說，將單車扛上小貨車，坐在後車斗上，心中十分感激年輕司機的好心腸。

在貨車上，Toby抽筋狀況持續，而我窩在貨車斗的另一邊吹風，也是冷到大、小腿也都出現了抽筋狀態，為了安全，我們不便從馬鞍袋取出衣服穿上，撐到半途，兩個人既是抽筋外也都冷到發抖，我也略顯暈車，過了武陵農場，就趕緊敲車窗請司機停車，還是下車，繼續騎往環山部落吧！

年輕的司機同我們告別前，知道我們明天的行程是騎上力行產業道路，平時和父親一同在梨山種菜的他，試圖阻止我們前往，但後來了解這條路線是我們此行相當重要的路程後，只好叮嚀：「好吧，那你們一定要很小心很小心，如果遇到下大雨，千萬要掉頭喔！」

由於司機已經載我們過了思源埡口那段長坡，所以再度跨上

❶努力向目標前進！

單車後，騎了一會兒，就轉為連續下坡，我們穿起風衣避免著涼，途間的路旁，還有許多賣水果的鐵皮屋，碰巧遇上一位住在環山部落的阿嬤，知道我們今晚入住環山部落，除了建議我們住宿處外，還送了我們好幾顆水蜜桃。接下來往部落滑行的路旁，不時還能看到表情豐富的雕像，只可惜光線不優，不然一定會拍下每一座記錄的。

根據網路搜尋的資料，知道環山部落教會有提供住宿，因此進到部落後，即向居民打聽適合的選擇，最後我們住進了風評佳的環山基督長老教會。值得一提的是，環山教會牧會的溫姓傳道師，是相當少見的女性傳道師，年輕又和藹。而且教會提供的房間乾淨清爽，感覺很棒，也令人印象深刻。

放好單車和行李快速梳洗後，趕快到部落的餐廳用餐，而我們選擇的這家餐廳，牆上掛著老闆手繪的部落附近導覽圖，且老闆還熱心地介紹賞雲海的景點，以及指引往護魚步道及登山口的路線，有了他的講解，讓我們對部落輪廓有大致了解，相信明天的行程見聞，一定很精彩。

用完餐回到教會，拿出今天採購的水果當宵夜，好幾顆桃子的鮮綠葉子還未謝掉，可見相當新鮮，入口後果然每個都是甜、

脆、香，已經好久沒有吃水果吃得這麼過癮了。

環山部落景致優美

經過一夜好眠，兩人昨日的抽筋、暈車等不適症狀，皆告解除，沒急著整理行囊，先在教會附近走了一圈，靜靜享受部落裡的幽靜，這時還瞧見了遠方的雲海，儘管雲層未散開，太陽沒露出頭，沒有光線加持，部落鮮豔色彩無法呈現，但是站在教會前的廣場，以居高臨下之姿，俯瞰部落處處美麗角落，也讓人十分心動。而隨著雞啼聲、機車發動聲響起，村落忙碌的一天也正式揭幕，原本的寂靜，轉為喧囂。

依照規劃，今天的住宿點應該落在力行產業道路途間的紅香、瑞岩部落，約莫55公里的距離，僅應清泉橋到華崗約莫1000公尺的爬坡，狀況不算艱難。因此7點打理好單車和行李後，我們打算前往部落一位美麗傳道師所開設的早餐店，可惜今天沒營業，熱心的居民向我們再推薦：「那邊有一家有賣稀飯，也很好吃啦，可以去試試！」

我們順著指引，走進這家中式餐廳，老闆夫妻來自宜蘭平地，多年前在武陵農場興建富野飯店時，因緣際會幫工人煮餐，因為喜歡山上生活，也就在環山部落定居下來，並且開了這家餐廳。

而待我們吃飽後，Toby打算多買2個饅頭以備路上充饑，老闆娘還特地在饅頭裡塞了許多小菜，所謂：「禮輕情意重！」在我心裡，饅頭裡塞得不只是小菜，是令人感動的熱情，這也是這些年來，我們愛往部落裡鑽的誘因。

離開早餐店，打算前往造訪護魚步道。我們順著清楚指標，穿過伴隨陡峭農路的果園，再騎上通往志佳陽大山、雪山登山口的四季蘭吊橋，正當騎到橋中央時，聽著底下嘩嘩流水聲，搭襯四周的鳥鳴，說這裡是個世外桃源，一點都不為過啊！我們找個陰涼處，拿出早餐店老闆娘為我們準備的豐富餡料饅頭，慰勞

❶耶！下方就是美麗的環山部落。

們飢腸轆轆的肚子，一直到陽光已經越來越亮，才依依不捨地離開這裡。回到台7甲線後，一直祈禱上方那些雲能漸漸散去，不要聚為烏雲成為滂沱大雨，接下來的這段路程可是我們最期待的一段。

力行產業道路意外順暢

從台7甲線到清泉橋，是一段長途下坡，接著往華崗的路程轉為上坡，今日騎乘距離目標約莫23公里，從海拔1500公尺，一路上爬至2500公尺。

我們騎得慢，到了梨山已經快12點，但爬坡段也過了大半，在梨山遊客中心休息時，服務志工看到我們騎車來，好心提醒有提供開水的服務，順便關心我們接下來的路程。當對方知道我們前往力行產業道路時，一臉不可思議地說：「哎呀，那裏好像不能走喔，你們不要進去呀！」我感謝志工的善心，趕緊回話：「我們只是去附近看看，不行的話就會回來梨山啦！」

休息夠了，整裝出發，從梨山街上轉往福壽山農場，當地也有教會、天主堂，顯然梨山也是原住民的聚落，只是因為觀光發達，容易被忽略。

儘管往福壽山農場的路程頗有陡度，但風景實在媲美月曆裡

的歐洲景觀，尤其這時海拔已超過2000公尺，溫度清爽宜人！忍不住在農場裡的大路旁歇息，拿出罐裝咖啡、另一顆塞滿小菜的饅頭，以及昨天準備的水蜜桃、蘋果，先趕上時興潮流，進行快樂的野餐吧！後面的路，等一下再說。

補上充足體力，我們繼續騎上此行的最高點──靜觀亭，由這裡遠眺雲況，厚厚的雲層多集中在雪山山脈和中央山脈合歡、奇萊等高山間，想必若是下雨，多應該會落在高山上吧，而力行產業道路的上空，沒積聚太多雲層，想必天候應該無憂吧，於是，大膽向前行！

才進入力行產業道路就有警示標誌，很明顯地，這段不屬於休閒騎乘的路線，車友若是也想來此，請務必作好準備，因為這不僅考驗體力、技巧，還需要智慧，以應變突發狀況。

往華崗的路上，不妨特意忽視難行的路況，舉目盡是遼闊的蒜田、高麗菜園，簡直就是一幅美麗畫象，但是蔬菜田散發出的腐葉和肥料味道，則讓人有些難以適應。

力行產業道路的起點，是由福壽山農場的天池岔路開始，前面路段多為下坡，而且相當陡，儘管下坡不須太多體力，可是路況不明，途中若是一直回頭，那肯定會騎到天荒地老，所以在華崗時，特別還向一位騎機車經過的大嬸打聽，在她肯定地告訴我們機車、運菜車都可通行後，我們就決定向前衝了！

❶可愛的小朋友，謝謝妳們的加油，有朝一日我們一定會再回來！

儘管網路上的資訊，不少人提醒我們路上會碰到崩塌狀況，但當我們已經騎了一段後，才發現遠遠的地段，好像有台怪手正在處理坍方，當下，我們又有些猶豫了；還好，這時有一輛大貨車從那坍塌處經過，並由對向駛來，讓我們吃了一劑定心丸，頭也不回地，往目的地前進。

挑戰蜿蜒山徑

連續之字下坡，兩旁是層層高麗菜田，我們專注地騎在泥土、泥巴、碎石、水泥構成的小徑，路上看不到任何警示標誌，也沒有護欄，唯有很專心的意志，才能安然地行過如此路程！

滑到翠巒教會，發現這裡有個大迴轉，路口設有施工封閉的告示，這下才知道原來是力行產業道路有一段無法通行，剛剛那段急坡，實際上是替代路線，難怪坡度會特別陡。這裡同時出現教會和廟宇，可見當地居民有原住民也有平地人在此開墾。而這裡的年輕人，幾乎都打赤膊在田裡工作，每個人都黑黑壯壯，我們在山下吃到又鮮又甜的高麗菜，就是他們辛苦汗水換來的。

繼續下滑路程至指標15公里處，來到先前所眺望到的崩塌路段，這時才發現，原來坍方共有兩段，而此刻，我們才要通過第一段，但是眼前光景，就已是驚心動魄，我們通過時，不自主地加快迴轉速，因為真怕這時遇到像62地震一樣可怕的天災，那可能就會葬身此地了！而兩段崩塌處的中間，有一小段綠蔭道，可以稍微喘息一下，也讓我們調整心情，騎向下個挑戰！

還好這兩天沒下雨，所以土地還算乾燥、平整，行經時，也不至於像前段那樣的嚇人，其實且不談落石坍方的危險，看到眼前的光景，還真覺得這條路，是登山車的天堂呢！

我們約莫12:50從天池附近騎入力行產業道路，然後在15:30抵達「力行吊橋」，這裡算是今天路線上的分界點，前段路況較差，過了這裡以後，是一小段上坡、再轉下坡，但路況好很多。

過了力行吊橋沒多久，在力行產業道路21公里處，來到了馬烈霸社區，這裡可以說是沿線最大的部落；我們繞進去社區，打算尋找可以落腳的民宿，可惜並無所獲。到處瞧瞧的結果，發覺這個部落遠觀美、近看又有許多泰雅族特色，在社區營造上，看得出活力與企圖；可惜力行產業道路路況實在太差，不然這裡真的值得進來走走。而且在社區中逛著逛著，小朋友難得看到有人騎單車進來，除了好奇地問東問西，自己也人來瘋，玩得不亦樂乎。

惡路夜騎

繼續往目標前進，紅香部落越來越近了，她的美麗，深深吸引著我們，若是要騎往，就得要多花一天時間；但若是直接前往瑞岩部落，則不見得找得到住宿處，那就是必得要直接前往霧社，可是路況不佳，且距離不短，這樣肯定得要夜騎！

一路猶疑地到了岔路口，向一位大叔探聽的結果，確定紅香部落可找得到住宿，但是瑞岩卻只能借住教會，雖然大叔不認為紅香到瑞岩間沒有小路相通，但我們還是決定一路下滑到紅香部落了！而當我們沿途往山谷望去，景色美得令人讚嘆，當下覺得，這個決定很值得。

連續下滑至少3公里後，抵達了溪谷，接著騎爬一段約莫1.5公里的陡坡後，我們來到了紅香部落，終於可以好好休息了！沒想到在部落繞了一會兒，竟然找不到地方可以住，部落裡派出所的警員見我們一臉疲憊，好心地聯絡部落唯二民宿，結果兩家主人今天都不在，且這夜也沒打算回來，看來，這下我們得露宿街頭了。這時，Toby轉頭帶著堅毅的眼神對我說：「要不要請這裡原住民朋友開車載我們到霧社，還是乾脆騎出去，行嗎？！」

我拿出這次的路線，計算一下到霧社的距離，恐怕得要到晚上9點多，才能離開力行產業道路，再檢核這回攜帶的裝備，頭燈、尾燈、工具、備用存糧俱足，於是也附和了：「好，就這麼

❶天啊，這裡已經坍掉好大一片了！
❷馬烈霸，希望有朝一日是由另一頭來拜訪！

辦，玩大一點，我們夜騎去霧社吧！」

我們先在部落吃了泡麵補充體力，也將飲水瓶裝滿，接著，由紅香部落騎回力行產業道路，沒有路燈、民家的曲折惡路，唯有遠方瑞岩部落的燈光，像是燈塔般引導我們，我希望這回能安全通過這段考驗，順利抵達霧社，那就是這趟尋訪泰雅族發源地，給我們最大的庇佑了！

路況不佳，讓我們只能一路牽牽騎騎，過了9點，兩個人已經精疲力竭，甚至情緒接近崩潰，這時，才終於隱約看到上方有亮光，原來這時清境農場還很熱鬧，不時有煙火、雷射光閃耀；對照剛才先前2小時、完全黑暗的騎乘狀況，實在有些不真實，不敢相信終於要順利離開了。

濃霧中，我們看到位於力行產業道路和台14甲岔路口，有一家燈火通明的民宿，讓我們有返回文明世間的實際感。帶著一身疲憊，繼續下滑到霧社，選擇便利商店旁的一家旅館投宿，洗過熱水澡後出來覓食，這時山城裡的商店，早就已經打烊，只好吃些微波食物，然後回到旅館，一倒到床上，很快就進入夢鄉。

悠哉逛霧社

經過昨天夜騎那段崎嶇不堪的路，兩個人一早起來全身痠痛，腳上也有好幾處擦傷，幸好都不礙事。而今天不趕行程，晚些直接下滑到埔里，搭國光號就回台北了。所以起床後，悠閒吃個早餐，打算好好逛逛霧社。

進到霧社國小，學校的後方有個非常棒的展望處，能清楚地眺望萬大水庫，看到這一幕，我們已經心滿意足，接著回到飯店，整理好行囊，準備下山。

沿著台14線，下滑到埔里客運站，先到超商領回事先寄來的攜車袋裝好單車，然後搭上10點直達台北的國光號，結束了三天的行程。

Youtube影片紀錄

https://www.youtube.com/
watch?v=Uh9VESO3sjg
由部落出發，匹亞南山道：宜51／
中橫宜蘭支線／力行產業道路
《台灣‧用騎的最美》

路線規劃參考

交通接駁

因出發點是在宜蘭羅東，而行程最終點為埔里，因此最佳前往的方式，是預先將攜車袋寄到埔里超商，方便回程時可以將單車打包上客運，而第一天由台北搭兩鐵早班火車，抵達宜蘭後直接出發。班次參考：

台北往羅東段：第4118次區間車（樹林→蘇澳），04:43樹林→04:51板橋→04:56萬華→05:11松山→05:15南港→07:17羅東
埔里往台北段：於埔里客運站搭乘國光號（南投縣埔里鎮中正路338號）

注意安全

因中橫宜蘭支線、力行產業道路為山區路線，避免安排連續豪雨或地震後數日，以防碰到落石坍方的危險；又力行產業道路路況極差，非一般賞景路線，務必結伴同行，遇狀況時較能互相支援。且行程安排要留意時間控制，入夜前務必要離開產業道路段。

住宿及補給

沿途商店、飲食店不多，因此遇到商店該補給備水時別錯過。第一天的住宿可以選擇於武陵農場一帶，或環山部落一直到梨山，而力行產業道路沿途，並無方便的民宿可以投宿，即使有也務必事先聯繫確認。

行程資訊

Day 1
火車段 🚌 台北→羅東，約2.5小時。
單車段 🚲 羅東→碼崙部落→四季部落→南山部落→環山部落，約105公里（南山→環山部落搭便車）。
住宿：環山長老教會
地址：台中市和平區平等里中興路三段環山3巷17號
電話：04-25802760
Day 2
單車段 🚲 環山部落→梨山→紅香部落→霧社，約87公里。
住宿：霧櫻大飯店
地址：南投縣仁愛鄉仁和路71號
電話：049-2802360
Day 3
單車段 🚲 霧社→埔里，約24公里。客運段 埔里→台北，約4小時。

時程紀錄

日期	地名	里程(KM)	海拔(M)	方式	時間	備註
Day 1	台北			🚌	4:50	
	羅東	-	12		7:38	羅東早餐
	牛鬥	26.1	222		9:43	
	碼崙部落	36.6	337		11:02	
	土場	44.1	406		12:07	
	四季部落	59.7	798		14:07	
	南山部落	71.1	1,152	🚲	15:30	南山－環山搭便車
	環山部落	104.7	1,630		18:10	
Day 2					9:23	先訪護魚步道
	梨山	121.2	1,961		11:09	
	紅香部落	162.6	1,166		17:20	
	霧社	191.7	1,146		21:40	宿霧社
Day 3				🚌	7:50	
	埔里	215.4	449		9:00	
	台北				13:00(約)	

在賽德克遇見彩虹橋

記得2009年第一次由埔里騎往武嶺，經過翠峰，進入沿合歡山稜線，騎乘爬升時，注意到右下方深谷中的道路、聚落，當時完全不知那裡是哪？後來，電影《賽德克‧巴萊》上映，讀了賽德克族相關資訊後，讓我知道當初騎往台灣公路之巔武嶺時，從右手邊的深谷，一直延伸到奇萊山，即是賽德克族領域，也是電影演釋事件的發生地；而那個聚落，就是屬於賽德克族中，位置在最深山的「靜觀部落」。

清早出發，放慢了速度，大地給了最好禮物，我們看到霧社最美的時刻

高度圖　賽德克族的靜觀部落

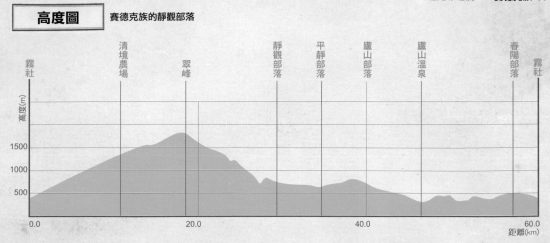

路線圖

路線圖說明：

A.為台灣公路最高點的武嶺（3275M）。

B.是我們曾經走的台14線→台14甲線（即日治時期的合歡越嶺道），由埔里經G霧社抵武嶺。

C.是攻往武嶺時右下方深谷中的投85鄉道（合作產業道路）。

D.為今年7月走過的泰雅族匹亞南山道一部分→投89鄉道（力行產業道路）。

E.為泰雅族發源地－瑞岩。

F.為台14線銜接能高越嶺古道

探索深谷中的聚落

　　我們這次的路線，是走介於合歡越嶺道B與能高越嶺古道F間的橘黃色環狀路線，盡可能完整地，將這區域的賽德克族部落繞一圈，打算以更多的角度，感受賽德克族風貌。（見路線圖一）

　　我們提前一晚抵達埔里，隔天由埔里開車出發，途經人止關，特地停下車多看一眼，因為這裡是歷史上「霧社事件」的重要地點。站在沒有車輛經過的高聳隘口，想到這裡曾經是賽德克族人和日本人的浴血戰場，陰冷的空氣，讓人不禁打了寒顫。

　　7點到了霧社，組好車、買好補給，先來到「霧社事件紀念公園」，在莫那魯道石像前沉靜一會，想像當時血淚交織的時代，再起身出發！

　　進入台14甲線後，是一連串的的爬坡，從高處回頭望向霧社，景色果然美不勝收，難怪在日治時代，被譽為『台灣蕃山的箱根』[1]。繼續往武嶺方向，沿途可以看到下方靜謐的賽德克族

❶台14甲19.5K處拍攝，右下方的聚落是賽德克族的靜觀部落。
❷霧社事件紀念公園。
❸台電萬大發電廠第二辦公室（原霧社公學校位置）。

路線圖一

合歡越嶺道

能高越嶺道

🚲 圖例
● 景點
── 公路、農路

羅多夫社
(仁愛國中)

斯庫社

波阿崙社(廬山部落)

荷戈社(春陽部落)

霧社

吐嚕灣社

馬赫坡社(廬山溫泉)

❸

部落。途中經過醒目的仁愛國中，被它豐富的顏色所吸引，學校旁有設置解說牌，說明學校以前是羅多夫社，而羅多夫社是霧社事件起義的六個社之一[2]。

過了仁愛國中沒多久，抵達非常重要的岔路點──力行產業

道路，這裡是象徵泰雅族領域；由梨山遷徙至此區的最後分嶺點，從這裡越過合歡山，進入立霧溪流域，則是進入太魯閣族[3]的領域了。

離開力行產業道路岔路口，爬到更高處後，可以看到剛剛的仁愛國中，位在一處緩台地上，這個台地是以前部落所在。仁愛國中所在的台地下方是春陽部落，也就是當初起義六社之一的荷戈社，由此清楚可見，兩部落之間地理關係。

再更往上走，由這個角度，可以看到塔羅灣溪旁的吐嚕灣社舊址，視線沿著溪流往上游看去，那裏就是莫那魯道所領導的馬赫坡社，亦即是現在的盧山溫泉。

往奇萊、能高方向的雲層逐漸增厚，看來今天山上降雨機會很高，幸好我們帶上了雨衣和保暖風衣。而雲彩下方山鞍部處的聚落，是下午回程會經過的盧山部落，那裏是往能高越嶺道的檢查站所在地。這趟若是時間充足，我們打算往能高越嶺道騎進去，但目前仍無法估量時間狀況。

山路錯綜複雜

抵達清境農場附近，感受的是歐洲風情，對於滿腦子計劃著部落路線的我們來說，還真有點不太能適應，這時才9點多，沒想到合歡山一帶也湧起雲層，我們的路程不算遠，時間上還算充裕，所以打算在清境農場稍作休息並吃些東西，才繼續往山上前進。

快到清境的台灣最高7-11門市前，可以看到深谷中靜觀部落。我們在7-11門市採買沿途需要的飲食，接著往下個部落前進。

今天真是個騎車的好天氣，除了有湛藍天空和很立體的雲層，還颳著不小的秋風，雖然有大太陽，路也陡，但騎來一點也不累。

中午12點半抵達海拔約2300公尺的翠峰，前方右側即是預定下切點。跟路旁攤商買些水煮玉米，順便請教他們往下該怎麼

註③過去人類學家把泰雅族分為泰雅亞族和賽德克亞族，其中賽德克亞族又分為太魯閣群（Truku）、道澤群（Teuda）、和德奇塔雅群（Tkdaya）三個群。原居於中央山脈濁水溪上游（現今的南投縣仁愛鄉），因人口增加耕地不足等因素，部分族人越過中央山脈在花蓮縣立霧溪、木瓜溪流域居住，日治時期將太魯閣族人遷移至今日的秀林、萬榮及卓溪鄉。他們認同Truku Truwan是三個群共同祖居地所以自稱是「太魯閣族人」（S eejiq Truku）。清領時期稱他們「大魯閣」，日治時期日本人稱他們為Taroko，居住地也以Taroko稱之。戰後沿用日本人的稱呼譯音為「太魯閣」，不論是大魯閣、Taroko或太魯閣，三個稱呼都是來自Truku(太魯閣)的發音，連後來「太魯閣國家公園」的名稱，也因為太魯閣族人居住於此而得名。太魯閣族於2004年1月獲得官方正名，成為全國第12個原住民族。而原居於南投縣的賽德克族在2008年4月獲得官方正名，成為全國第14個原住民族。（本註文大部分內容摘自太魯閣國家公園網站：http://www.taroko.gov.tw/zhTW/Content.aspx?tm=4&mm=3&sm=1&page=1#up）

走，結果得到的回應是：

「路很複雜，沒辦法說得很清楚，一路一直問下去吧！」

下滑沒多久，看到山坡上的小路錯綜複雜，趕緊將地圖拿出來比對，才小心翼翼地繼續往下滑，途中感受這條路線的刺激與美麗，也讓我們大呼過癮！

連續下滑不須費力氣，而且景色美的讓人捨不得眨眼睛，但每一條小徑看起來都一樣，越騎越心虛，於是向路旁正在聊天的農民，和行經的在地人詢問，前往靜觀部落的方向。經過他們指點後，我們勉強複誦幾個重要的地標和轉折方向後，戰戰兢兢地繼續出發。

下滑一陣子後，複雜的路況，又再度讓我們猶豫不決，這時，先前指點我們行路方向的大哥，恰好騎著機車過來，一看到我們就說：

「對對，就是這邊往下走，等等會看到對面有間白白的房子，旁邊那條順著水泥路走，記得要切右邊上個坡，再一直走就對了。」

❶靜觀三號吊橋，底下為濁水溪，銜接的兩端為合歡山系、奇萊山系。

繼續下切的路，真的又陡又差，甚至好幾處都得下車用牽的，否則一不小心，真的跌到深谷；勉為其難看到河谷方向，露出吊橋彩色梁柱，但眼前山坡上是條條竄來轉去的小徑，讓人又摸不清正確的路線。

好不容易撐過一段很陡的上坡，遇到兩位正在種植青蔥的農人，肯定我們所走路線正確，讓人十分欣喜，誰知又下滑一段後，仍然不見我們路線中應該經過的吊橋。

這時，路旁正在整理有機田的農民們，好心地指點我們，在先前經過的豆苗田時，就要轉入旁邊的岔路。雖然這回找到了方向，但我卻要傷腦筋，當豆苗田換做其他農產時，該怎麼和其他車友分享這段路線呢？！

終於行抵吊橋

回頭找到前往吊橋的岔路，雖然歷經往回推車到有點岔氣的過程，但滑了一會而後，看到吊橋，當下真是欣喜若狂！這裡是濁水溪最上游，再往上，就是所謂「佐久間鞍部」，最高點即是我們單車人的聖地——武嶺。

過了吊橋，是一段連續陡坡，爬了10分鐘後，往下看已經有些距離的吊橋，還頗有成就感。我們找個地方歇息，邊享用水果和帶來的咖啡，邊欣賞對岸的瀑布溪流；仰望對面剛剛下滑過的山坡，實在是高得令人難以想像啊！

在崎嶇的山谷小徑騎沒多久，終於抵達靜觀部落[4]，接著將整個上部落繞一圈。部落讓我印象深刻的是，這座台灣基督長老教會靜觀教會，跟司馬庫斯教會，同屬超級深山的教會；藍色的字鑲在外牆，和天空的藍相互輝映，靜靜的矗立在部落裡。

繼續來到下部落，靜觀部落的合作小學[5]位於此，操場邊有小朋友正在練習射箭，小朋友雖然年紀還小，但姿勢和準度都很有水準。

靜觀三號吊橋位置圖

圖例
- 景點
- ━━━ 公路、農路

武嶺

翠峰

農路

靜觀三號吊橋

靜觀部落

合作產業道路

平靜部落

能高越嶺古道

清境農場

註④賽德克族部落名稱會由一個大區的主名稱命名，而在這個大區間會有幾個子部落來組成。靜觀部落就是這區的主名稱，底下又分有上部落（卜溪部落 Alang Busig）、下部落（沙都部落 Alang Sadu）以及平生（德鹿灣部落 Alang Truwan）。

註⑤合作國小是一個很有歷史的學校，最遠甚至可以推到日治時期，以下就是學校網站上的描述(南投縣仁愛鄉合作國小學http://www.hzps.ntct.edu.tw/files/15-1171-7321,c1507-1.php)：

民國四年（一九一五年）五月七日成立斗截（多達）番童教育所（乙種）。

民國三十四年（一九四五年）九月本校稱為『台中州立能高斗陸番童教育所』。

民國三十五年（一九四六年）五月八日斗陸、斗截、富士番童教育所改稱為合作國民學校，校址設於現今之平靜國小。

民國三十六年（一九四七年）五月一日合作國民學校另設廬山、靜觀分班。

❶哇!連火燒雲也來報到了!
❷台灣,用騎的最美!

造訪平靜部落

離開靜觀部落,順著投85鄉道(合作產業道路),繼續前往平靜部落,也是這回我們行騎賽德克族路線的重點之一,標的是現在的平靜國小[6]。

來到部落的平靜國小門口,向正在騎單車的小朋友打聽紀念碑的位置,而熱情的孩子,則是自告奮勇地帶我們進入學校,直驅碑前。儘管碑文已然模糊,但據說是霧社事件中,與莫那魯道敵對部落的戰死者之墓,俱有歷史意義。

早上才看過莫那魯道紀念碑,繞了一圈來到此地,經過了與其敵對的另外兩個群域(賽德克族的托洛庫群/Truku-靜觀地區、道澤群/Toda-平靜地區[7]),透過實際走訪,親身感受,有著滿滿的感動。

平靜國小內,有許多很棒的賽德克相關文物,而部落中也有吊橋、果園、古道,非常值得來賞遊。這裡相較於對山上清境農場許多仿歐洲城堡的建築,我倒覺得這裡才是台灣真正的美麗勝地,適合以單車騎訪,而且部落入口設有清楚的路線導覽圖,不用擔心迷路,且可以花上一整天遊訪。

離開美麗的平靜部落,爬了一段約4公里的緩坡後,接上

台14線，我們要進入德克達亞群的領域了。這裡是投85鄉道的終點，與台14線的94公里處交會處，向左轉就是往能高越嶺古道，直行就是屬德克達亞群的盧山部落。我們打算先到部落附近，尋找民宿，若是順利留宿，再考慮明天是否續往能高越嶺古道，這樣事先申請的入山證，就可以派上用場。若無，就把重點放在盧山溫泉，可以去繞繞馬赫坡的莫那魯道古道。

這時，視線穿過能高古道，往霧社方向，山陵間雲霧在夕陽下飛騰，美麗景象讓我們看得目瞪口呆，雲海美而動人，不是經常可見；因此，我們停下來，試著以相機捕捉眼前的感動。

拍完照，開心地滑到盧山部落，這時陽光已經西斜也起了風，溫度已轉降。在部落中找不到可以留宿之處，只好繼續往盧山溫泉方向邊騎邊找。正要離開盧山部落，我們往能高古道、奇萊山脈方向望去，這時已經是東北季風的時節，風由東邊越過山巔帶著雲霧而來，想像著賽德克族人，曾經在山巔叱吒風雲，追尋生命中的彩虹橋。

今天拜訪賽德克族路程上，所有天地間美景一次看盡，我們一致同意，今天就住在盧山溫泉，好好休息一晚，打算明天能將馬赫坡（盧山溫泉）好好繞一圈，然後再往春陽部落接回霧社，將這次賽德克族路線，作個最完整的探索。

註⑥
南投縣平靜國小學校沿革
(http://163.22.102.130/PGPS/history/history.htm#h3)：
民國四年(一九一五年)五月七日成立斗截(多達)番童教育所(乙種)。
民國十年(一九二一年)四月一日升格台中州立能高郡甲種斗截(多達)番童教育所。
民國三十五年(一九四六年)五月八日斗陸、斗截、富士番童教育所改為合作國民學校，校長陳金地，校址設在現今平靜國小。
民國三十六年(一九四七年)五月一日合作國民學校設廬山、靜觀分班。
民國三十九年(一九五０年)十月二十一日校名更改，南投縣仁愛鄉合作國民學校，設廬山、靜觀分班，校長陳錦源。
民國四十二年(一九五三年)九月靜觀分班獨立設校，同時校名改為廬山國民學校(廬山、平靜)。
民國四十四年(一九五五年)八月成立廬山國民學校平和分校。
民國四十七年(一九五八年)八月獨立設校，校名改為平靜國民學校，
民國五十七年(一九六八年)改稱南投縣仁愛鄉平靜國民小學。
民國一百零六年(二零一七年)改稱為都達國民小學。
註⑦賽德克族是由德克達亞(Tgdaya)、道澤(Toda)、托洛庫(Truku)等三語群族人所組成，(郭明正先生著作《真相‧巴萊》)；1930年發動霧社抗日事件是德克達亞群的馬赫坡、吐嚕灣、波阿崙、斯庫、荷戈、羅多夫等六社。為首的莫那魯道是馬赫坡社頭目。

①

莫那魯道古戰場

經過昨天的路程,全身有些虛脫。幸好泡了溫泉及一夜好眠,第二天體力上已經完全恢復。今天的路線計畫是:

路線一:莫那魯道(馬赫坡)古戰場環線。

路線二:盧山溫泉→春陽部落→霧社。

在吊橋旁的「全家」吃過早餐,打算由此出發往古道前進。由於不太清楚路徑,因此先到派出所向值班警員打聽,同時拍下掛在派出所外的導覽圖。根據警員指點,我們行抵警光山莊旁的古道,入口前有一個看起來像是溫泉井,現場可感受飄來的陣陣熱氣,一旁是約4公里的莫那魯道古戰場,騎、走都行,不過後面的路段,也有陡到得用推車的方式前進。

爬完前面一大段陡坡,開始進入景色優美的緩平台。順著指標,來到一處是供奉莫那魯道牌位的紀念館,是一幢很像小廟的木屋,屋內供著刻著「莫那魯道開山先靈將軍府」的紀念碑。說真的,這兩天一路騎過那麼多賽德克族聚落,這裡怎麼看怎麼怪,那混合漢族加上日本的風格,顯現設計時,沒有參考賽德克

❶有機會到橋上感受一番吧，這裡
可是比電影場景更震撼！

族的圖案及色彩元素，單純就是給觀光客看的！

　　繼續騎上古道，來到據說是霧社事件馬赫坡社的古戰場平
台。以下是現場一個解說牌上的紀錄，我將它簡略記述：

　　『馬赫坡古戰場』

　　馬赫坡古戰場為霧社事件頭目「莫那魯道」故居地，霧社事
件是發生於1930年10月27日之賽德克族抗日事件，當時族人
因人力、武器無法與日軍抗衡，最後退至馬赫坡故居，作最後抵
抗。古戰場位於現在的盧山溫泉區，當時賽德克族人戰死或自縊
身亡，他們的精神，可作為原住民後裔效法之典範。

　　馬赫坡社戰場目前設有紀念碑和一個人偶以及木屋、眺望
台，大概是觀光熱潮已過，附近已經長滿雜草。但這樣反而好，
畢竟來到古戰場，是對於歷史一種緬懷，這種緬懷是親臨現場感
受，景只是個輔助罷了！

　　順著指標往小徑下滑，經過了馬海波橋，沿著馬海僕溪旁，幾
番爬坡、越過山頭，開始下滑，就可看到溫泉區了。我們由盧山溫
泉爬到台14線，後開始緩下坡，享受輕鬆慢慢騎的賞遊路段。

比電影場景更震撼

在台14上線上，輕鬆地騎著，快到雲龍橋前，由路旁可以看吐嚕灣社舊址，還有塔羅灣溪上的紅色鋼橋。

位於濁水溪上的雲龍橋是座紅色鋼拱橋，日治時期這裡是一座鐵線橋（斯庫鐵線橋），後來因霧社事件爆發，賽德克族人為了阻止日軍追趕，將橋砍斷，事件結束後才又修復重建。

雲龍橋／斯庫橋在歷史佔有一席，是在於它連接了當初霧社事件中，起義六社的戰略要衝，若沒有這座橋，要越過由濁水溪切割的深谷，由霧社攻往馬赫坡（盧山溫泉）、波阿崙社（盧山部落），是非常困難的。即使是現在，要前往盧山溫泉、盧山、靜觀、平靜等部落，以及能高越嶺的古道西段，除非是像我們由清境或翠峰下切走農路，否則就得一定要經過雲龍橋。過了雲龍橋，即可抵達春陽溫泉，以前的吐嚕灣社（Truwan），就在春陽溫泉對岸，我們現在所站的位置就是入口。

進到了春陽部落，看部落居民們正好要進入史努櫻教會，牧師也邀請我們進去一起做禮拜，但基於身上滿是汗臭，為避免影響他人，就在門口感受一下就好。

站在教會廣場，看到牆上的圖案，樸拙中帶著真摯之情，搭著教會傳出的歌聲一起欣賞，實在太美妙了！

部落裡還有另一個「春陽真耶穌教會」，和一個民宿。原本想進春陽國小逛逛，結果看到操場中駐紮了軍隊，問了衛兵才知道他們在行軍，走過的路線大致上我們都知道，離開前還建議他退伍後練練單車，有機會再次騎一趟，他們行軍過的路線，那一定是很棒的感覺！

離開春陽部落沒多久，再度看到萬大水庫，回到霧社收起單車，帶著滿心感動，直接驅車回台北。在路上聊著，這次和上次泰雅匹亞南山道都是感受很深的路線，心裡不禁盤算著：「若是兩條串起來，或許會是一條台灣最經典的部落路線喔！」

Youtube影片紀錄

https://www.youtube.com/
watch?v=aUYxiGsUgB0：合歡、奇
萊、賽德克《台灣・用騎
合歡、奇萊、賽德克
《台灣・用騎的最美》

路線規劃參考

霧社停車處

若是出發點選擇在霧社，採開車帶上單車（4+2），建議可機車子停在鬧區的仁愛鄉公所，除了正前方有停車格外，右邊有條小徑路旁也有得停車，可以多加利用。

清境農場可以下切至平靜、靜觀

清境農場附近有小徑，可以下切至平靜部落，車友可以透過網路搜尋，或在清境附近問問當地人確切路徑，但這幾個路線都有個共通點，多是農路，除了路極陡路況也不佳，不小心更會走錯，因此除了事先多做功課，在現場一定要多問當地人。

不上清境、翠峰

如果受限於時間、體力，想以較輕鬆的方式，拜訪濁水溪上游的賽德克部落，可以不往清境，而直接由台14線進入，在岔往能高古道前，左轉往投85鄉道即可。

行程資訊

Day 0
開車段 🚗 台北→埔里，約220公里，2.5小時。
住宿：山王大飯店
地址：南投縣埔里鎮中山路二段399號
電話：049-2900111

Day 1
開車段 🚗 埔里→霧社，約24公里，40分鐘。
單車段 🚲 霧社→清境農場→翠峰→靜觀→平靜→廬山溫泉，約47公里。
住宿：小境家旅店
地址：南投縣仁愛鄉廬山溫泉榮華巷37-1號
電話：049-2802555

Day 2
單車段 🚲 廬山溫泉→莫那魯道古道→春陽→霧社，約13.4公里。
開車段 🚲 霧社→台北，約240公里，3.5小時。

時程紀錄

日期	地名	里程(KM)	海拔(M)	方式	時間
Day 0	台北	計220KM		🚗	19:30
	埔里				22:00
Day 1	埔里	計24KM			6:10
	霧社				6:50
	霧社	–	1,148	🚲	7:10
	清境農場	9.6	1,858		10:35
	翠峰	18.0	2,265		12:25
	靜觀部落	28.2	1,469		15:30
	平靜部落	34.3	1,330		16:10
	廬山部落	39.5	1,407		17:15
	廬山溫泉	47.0	1,093		17:55
Day 2	廬山溫泉	–	1,093	🚲	7:50
	馬赫坡古戰場	2.1	1,166		8:30
	春陽	10.6	1,189		9:50
	霧社	13.4	1,148		10:25
	霧社	計240KM		🚗	10:50
	台北				14:20

雲的故鄉——武界

風情萬種——看武界；
萬種風情——在武界。
by 武界—撒姆德珠

布 農 族

去過霧社多次，由高處向下望去，有座碧綠動人的萬大水庫，隨著踏頻，伴隨身旁，讓人心曠神怡。但真正真正觸動我們，想以單車前往，則是起因於電影《賽德克·巴萊》。

因為以族群角度，由此往南，是脫離霧社的賽德克族領域，逐漸進入歸屬高山的布農族領域，在文化上，有一段糾結複雜的過往：以地理角度，圍著水庫的，是濁水溪上游所切割出的山谷，從日治時期，開始打造出這台灣水利史上的重大工程；而以歷史角度，這段濁水溪上游肥沃的土地，孕育了台灣原住先民生存的足跡，曲冰遺址就是一個最佳見證。

高度圖　霧社→曲冰部落→武界部落→埔里

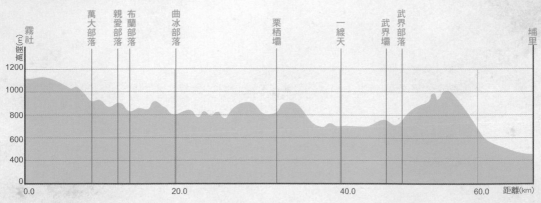

路線圖

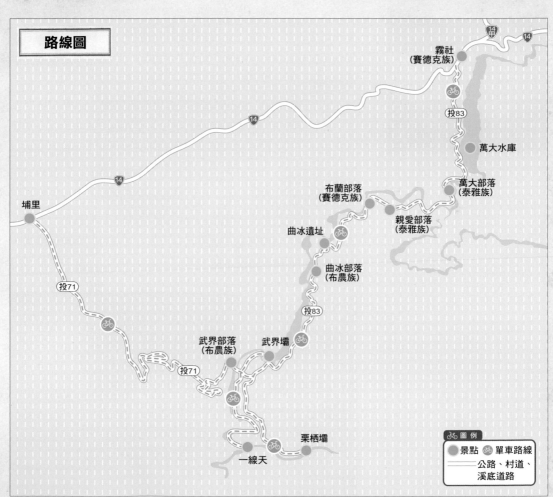

規劃路線方向

想出發，透過網路搜尋，卻一直理不出騎乘的路線，這次的主目標，設定於霧社南邊的布農族武界部落，而路線上希望串起霧社，但這帶的遊記，要不就是以汽機車旅行為主，要不就是越野車(汽機車、單車都有)的武界濁水溪溪床Off Road紀錄。

幸好，好友Rita夫妻寫下相關記錄，指引我們，加上日前跟著朋友開車探訪武界部落，除了前往武界舊道的高處，幸運見到傳說已久的雲海，加上武界民宿的布農族朋友，導覽當地各重要景點，還有公路邦Jj Li熱心詳細的指點後，才讓這次的整個路線清晰起來。

以下即是綜合上述概念所規劃出的路線圖，行程安排為兩天。原始計畫為週五晚上開車到埔里，住在鎮上旅館，隔天清晨直接由埔里沿著投71鄉道騎乘，穿過卓社隧道後，下滑至武界，再往武界林道、武巴公路等單車界知名路線；然後夜宿武界的民宿，隔日一早往霧社前進，由布農族領域騎往賽德克族領域。

當一切安排妥當，去電武界民宿訂房時，沒想到每一家都客滿！行程變成為由霧社往武界，當天完成所有行程後騎回埔里，我再搭客運到霧社將汽車開下山，當夜就直接回台北。

奔向雲之鄉

　　週五晚上快11點抵達埔里，隔天一早5:40由埔里開車出發往霧社，微亮的天空萬里無雲，果然跟氣象預報一樣，今天有一個大好天氣。快到霧社時，原本清朗的前方，大量的濃霧由道路缺口湧現，這時意識到霧社果然是山中霧都。

　　過了霧社，沿著台14線往盧山溫泉，途中下車，看往霧社水庫，眼前是一片雲海壟罩著霧社，我開心的跟Toby說：「來吧，今天讓我們騎車看雲去囉！」

　　興奮地回到霧社街上，組好單車，採買好今天的行動糧，並簡單吃過早餐後，往回由台14線接往武界的投83鄉道。

　　轉入投83鄉道後是下坡，身體一直無法熱開，加上剛露臉的陽光，又被山頭遮掩，整個人不禁冷得發抖，但看到水庫，顯露令人驚豔的面貌，我們決定放下趕路的壓力，放慢速度，等著陽光再次照耀，來好好欣賞這難得一見的山光水色。

原住民文化特色之路

　　由霧社出發，短短的9公里花了一個鐘頭，途中欣賞令人驚豔的景色。下滑到萬大部落[1]，部落裡有農民擺起當地的農產

註①萬大部落位於萬大電廠附近，是親愛部落的分支，同屬泰雅族萬大群人。

①

註②親愛村萬大群人最早是住在眉溪附近，而後輾轉遷濁水溪流域，因日人治台，日人將散居濁水溪兩岸的泰雅部族集中，並建駐在所監控管理。後日人興建萬大水庫，一九四二年又以安全因素又將部落下遷至現在的位置。摘自台灣原住民族資訊資源網：親愛部落【Alang sasi】http://www.tipp.org.tw/tribe_detail3.asp?City_No=11&TA_No=8&T_ID=460

註③松林部落另名布蘭部落，屬賽德克族(Seediq)-太魯閣(Truku)語系，據說是由靜觀部落遷移至此。

註④在曲冰遺址中，考古學家發現新石器時代的石器遺留，經過測定，曲冰人早在一千年至二千七百多年前即居此，證明了所謂「山地人」原來確實就住在山地，否定了原住民進入山區是受到人口壓力，在清朝年間被漢人壓迫而遷往山上。文化部文化資產局/文化資產個案導覽/曲冰遺址 http://www.boch.gov.tw/boch/

註⑤曲冰並非為布農原住民語，而是這帶因河流彎曲，而濁水溪谷又遍佈雲母石版閃閃發亮像是冰原，因此衍得名為曲冰。實際上這部落的布農語是（Sima-woun 喜馬問），更詳細的部落由來請參考台灣原住民族資訊資源網：曲冰部落【Sima-woun 喜馬問】http://www.tipp.org.tw/tribe_detail3.asp?City_No=11&TA_No=4&T_ID=362

品，看到我們，吆喝著趁新鮮買一些回家，只可惜今天是戰鬥行程，無法增加背囊的重量，以免影響速度，但看到那些百香果和香水檸檬，真的好想帶些走喔。

離開萬大部落，進入濁水溪流經的谷地，經過往奧萬大森林遊樂區岔路，這時已經不見車流，只剩兩台單車默默地繼續前進。當我們騎上一座橫亙濁水溪的水泥橋時，看見橋下濁水溪特有的滾滾濁水，而往南看去，是尚有雲霧輕飄的大崩壁，而沿著溪岸高聳峭壁前行，感受著我們，存在於這山水間。

在進入布農族領域之前，得先經過兩個泰雅族部落，也就是剛經過的萬大部落以及現在抵達的親愛部落[2]，然後等等將通過屬於賽德克族的布蘭部落（松林部落），最後才抵達屬布農族的曲冰部落（萬豐部落），可以說是相當特別的一段原住民文化之路，短短的路程，就可臨訪三個完全不同的族群。

其中，親愛部落位在濁水溪岸的河階平台上，海拔約900公尺，距離霧社約13公里，是霧社轉入投83鄉道後的大型部落。我們繞進部落的學校和小路，和當地的朋友小聊一會，才繼續往下一個部落。

離開親愛部落不到5分鐘，馬上又進到另一個大型部落──松林部落[3]。這裡也有一座頗具特色的教堂，除了圍牆有雕琢精緻的圖騰，還有一塊歡迎牌碑，上面寫著松林部落另外一個名字「布蘭部落」。而部落附近有處公墓區，路旁立了一座石碑，上面的大意是因2008辛克樂颱風濁水溪暴漲，沖毀了這處公墓，特地建此教堂式紀念碑，上面刻上墓園流失的部落先人名字，以作為後人紀念。

經過萬松電廠，繼續爬到高點附近，濁水溪河道因曲冰峽谷頓時縮小許多，望過峽谷，隱約可以看見著名的萬豐鐵管吊橋就在另一側，等等滑下去經過曲冰，我們就算正式進入夢寐以久的好地方了！

❷

　　由松林部落緩緩爬過一段長坡，先抵達了這段路程的一處重點──曲冰遺址[4]。這裡位在濁水溪上游的河谷附近，如前面所述，有四個屬三個不同族群的部落－萬大部落、親愛部落（泰雅族）、布蘭部落（賽德克族），以及曲冰、武界部落（布農族卓社群），這三個自古就競爭激烈的部族，現在能同時安居於此，是一個非常特別的人文特色。

　　雖然曲冰遺址現在只是由鐵網圍籬圈住的一塊空地，空空蕩蕩，但對我而言，讀過不少書籍資料，今天站在這裡，的確比生硬的文字、圖表，更能感受這塊土地的歷史內涵。

　　由曲冰遺址下滑後，沿著前往萬豐鐵管吊橋小路，來到這條蘊藏引水灌溉水管的萬豐鐵管吊橋，橋的兩端，有清澈的渠水流過。由吊橋看往曲冰峽谷，因為有棵大樹擋著視線，讓我無法好好端詳峽谷景致，不過沒關係，下午到武巴公路時，就可以好好拍個過癮了。

　　萬豐鐵管吊橋一帶是大片河階平原，在Google地圖上，河對岸是稱為「妹原」，而曲冰部落（萬豐部落）一帶則是「姊原」，經由向在地布農族居民求證，歷史事件的姊妹原不在這裡，而應是位於武界壩附近，由於蓋了水壩，現在沈隱水底了。

　　從萬豐鐵管吊橋回到主線，進入了曲冰部落（萬豐部落）[5]，

慢慢將部落騎完一圈，接著，往今天最大目標——武界前進！

　　騎乘在上下曲折的投83鄉道，偶而可以看見遠方山頭鞍部的茶園，那裏是武界部落上方的山坡地，想到快到武界，心中充滿期待與興奮。

武界最美的角度

　　經過兩座相距不遠的隧道，過了武界壩，我們終於抵達期待已久的武界[6]，基於先前探路的經驗，我們先轉入武界林道，往栗栖壩，打算前往觀看武界的最佳地點。

　　武界林道到栗栖壩距離約6公里，先是一段緩爬升，到高點後，再下滑到與溪谷，由於尾端到栗栖壩中止，因此得原路返回。這段路綠蔭處處風景宜人，雖然是柏油路面，但仍保有濃濃的林道風，路況算優，非常適合騎單車前來一遊。而當我們進入林道，在微風的涼意中緩緩爬升，經過一段濕滑的背陽面，隨著高度上升，眼界逐漸開闊起來。

　　在欣賞武界最佳的路段上，可以看見下方的濁水溪，還有遊客漫步在溪床沙地上，我們等等也要到那裡，一探武巴公路的大地標。

註⑥武界部落位於南投仁愛鄉法治村，屬布農族卓社群。部落在武界山和干卓萬山之間，由濁水溪穿流而過的谷地，由於四周高山環繞形成天然屏障，因此保有了極為純樸風貌，加上這帶清晨常有雲海出現，飄渺動人，也因此被暱稱為「雲的故鄉」。要騎往武界部落，車友大多是由埔里出發走投71線，通過卓社隧道後即可下滑至武界；由於我們是要探訪帶原住民部落為主，因此連結投83線和投71線，若是再加上台14線，事實上可以成為一個環形路線。
註⑦由於武界林道後段已經損毀，因此目前僅通至栗栖壩。

❶由此看往武界，有著一種要進入仙境的感受。
❷由栗栖壩回望所見的景色，令人心曠神怡！

我們緩緩的過了最高點，一路欣賞沿途令人讚賞的景色，漸漸下滑到林道終點[7]，就是武界水管橋的栗栖壩取水口，水經過剛才所見的大水管，送到這裡，再一路流向日月潭。

栗栖壩前有鐵網門擋著，沒有開放進入，門口前另有兩隻狗，看到我們來此，一直狂吠，但我們目標不是要進栗栖壩，而是栗栖壩前山壁下有個內凹的懸空，裡面藏有玄機。我們低頭走到裡面，清楚看到頭頂上的鐘乳石，數量不少，要不是先前被盜採一些，否則會更壯觀呢！

看完鐘乳石已經是中午12點，繼續滑回部落外圍，轉往水管橋所在的溪谷小路，下一段就是要進入Off Road聖地——武巴公路，想到終於騎著單車來到此地，嘴角不禁上揚了。

騎上武巴公路

所謂的武巴公路，並不是一條真正的公路，而是由武界，沿著濁水溪河床，經石城谷到巴庫拉斯(Bakurasu)的一條溯溪越野路線，沿途的峽谷地形壯麗動人。這條路線在越野車界極負盛名，近年來因環保意識提升，愈來愈多人改換對環境影響較低的越野單車，騎來此線挑戰。

我們沿部落附近小路前進，很快的就抵達了水管橋，在循著

❷

❶好棒喔！這是仙界之門嗎？！[8]
❷馬賴、馬賴太太、Toby、石先生。（左起）

附近小徑切往溪谷，不過，這條路大半是碎石路，雖然採用是防刺胎，但慢慢騎，加上單車前避震器效能不錯，因此困難度不大。我們才剛進溪谷，一台四輪驅動越野車駕駛和我們打招呼，知道他們要前往巴庫拉斯，且要停留兩天，令我好生羨慕。

在溪谷騎了好一會，找到旁邊芒草叢裡的捷徑，繼續往濁水溪支流栗栖溪的「一線天」。在這裡，我們放下單車，用冰涼清澈的溪水洗手、抹臉，再取出從霧社採買的包子，以及家裡帶來的水果、咖啡，在這處隱蔽的仙境享受野餐片刻。

這時，來了一輛越野車，上面坐的是在武界經營有機農場的布農族馬賴夫妻，還有他們的兩位朋友。經過一陣笑談，發現馬賴的朋友石先生，是台灣雲豹單車徐總經理以前學校的同事(我們就是騎著台灣雲豹的單車)！世界真的很小，就這樣串起了一條人際鏈。

由於我們有其他行程，因此無法久聊，彼此交換了通訊方式，希望透過網路，再保持聯絡。接著，再度跨上單車，騎上武巴公路，繼續往下個目標前進！

欣賞回程之美

約莫20多分鐘，我們就回到往部落的小路，再由部落旁的小徑，行至一個岔路，再選擇通往武界壩的左邊小路。小路底端有座「思源橋」，過了橋以後，有非常陡的斜坡，而我們為了保留體力，採用徒步方式登頂。這時，可以清楚見到日治時期開鑿的曲冰古道，就在山壁上；雖然，曲冰古道大部分路徑已經坍毀，但其山壁段，是在岩石上開鑿，因此痕跡鮮明，由此而見，當時的工程相當驚險。

從這裡眺望對岸，是投83鄉道和隧道，另一側的壩體下方，就是武巴公路的起始點，只可惜今天時間有限，無法造訪。

接著，我們切入一條更靠溪岸的小徑，這條路將帶我們往有

武巴公路路線
武界→巴庫拉斯，全程沿濁水溪溪谷

濁水溪
武界部落
武界壩
武界林道
濁水溪
石城谷
巴庫拉斯
濁水溪
丹大林道

圖例
● 景點
單車路線
溪底道路

註⑧據武界部落的「馬賴」先生說，以前這裡溪床低水很湍急，水像利刃一般由巨岩中射出，因此布農族人稱這裡為「劍」（箭）。在現場，我們也另外請教馬賴兄有關姊妹原實際位置，以及武界名稱由來。例如「武界」，馬賴兄說，據他聽族裏的耆老表示，武界是取由地下冒水出地面的聲音(Vokai)，後來成為部落的名稱。

著藍白外貌的「撒姆の家」，這裡除了現磨咖啡好喝外，我最喜歡的是，在這邊可以好好地坐著欣賞山壁上的曲冰古道。

　　隨著時間不早，依依不捨地和老闆娘撒姆告別，騎到部落已經是下午4點，陽光逐漸被山頭遮蔽，部落裡略有涼意，我們在部落吃了香腸、補充飲水，準備越嶺往埔里，結束超有收穫的一天。

　　夕陽逐漸西沉，山谷漸漸暗下來，我們以穩定節奏爬上連續6公里的上坡，大約半個多鐘時間，抵達投71鄉道的最高點卓社隧道，接著下滑12公里至埔里。

　　5點多抵達埔里，在市區先吃點東西，然後搭上19:05往霧社的公車，19:50抵達霧社開了車，回到埔里裝好單車，回到台北已經是午夜了。

　　雖然這回的行程，是兩天濃縮成一天，的確頗累，但也意外地在霧社往萬大水庫段，體會了由在雲端騎車的感動，加上後來遇到布農族，和他們分享見聞，讓我們能更了解這裡的美，因此，這樣的行程累的只是肢體，得到的卻是讓心靈滿足的養分。

　　簡單的遊記，要分享給您的就是那種簡單的感動。

Youtube影片紀錄

https://www.youtube.com/watch?v=3bXJE7PBG5c
武界，布農，雲的故鄉。《台灣‧用騎的最美》

❶喝現磨咖啡、配手工餅乾、賞曲冰古道，太讚了！！

影片編後記

這次前往武界，最讓我們印象深刻的，是部落裡一位咖啡小館女主人及一對經營有機農場的夫妻。由他們閃耀眼神中，見到一種對故鄉真切的熱愛，我想，就是這種熱情吸引我們愛上『騎訪原鄉』，更愛上在台灣單車旅行。

僅以此影片獻給這些在原鄉辛勤努力的朋友，謝謝你們。

路線規劃參考

這次路線的賞遊重點有霧社－武界間的部落、山林風光，以及濁水溪武巴公路Off Road的樂趣，因此最佳日程是排為二日遊，過夜地點設定在武界部落為佳，繞行方向順逆時針皆可；若是順時針走，武巴公路排在第二天；逆時針走則武巴公路排在第一天。

當採逆時針由埔里往武界方向時，可以在卓社隧道前改走投71鄉道，在舊派出所前左轉，走往武界的一條農路(參考路線圖一)，是一個可以由另個角度欣賞武界的好路徑，但由於路況較差，以及路徑有些複雜，最好前往前先上Google地圖記妥走

法，並先確認路有通再前往。

若是順時針走則不建議走這農路，因為走完排在第二天的武巴公路，體力已經消耗大半，不適合再走這非常陡的農路，除非整個行程沒有計畫騎上武巴公路，那一大早從武界走這條農路，自是又有另一番好風光。

行程資訊

Day 0

開車段 🚗 台北→埔里，約220公里，2.5小時。

住宿：山王大飯店

地址：南投縣埔里鎮中山路二段399號

電話：049-2900111

Day 1

開車段 🚗 埔里→霧社，約24公里，40分鐘。

單車段 🚲 霧社→武界→埔里，約67.5公里(含進濁水溪溪床)。

公車段 🚌 埔里→霧社，約45分鐘。

開車段 🚗 霧社→台北，約240公里，4小時。

以不同視角看見武界的美麗面貌。

清晨也可以在農路上欣賞美麗的雲海。

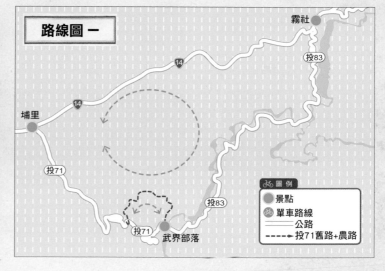

路線圖一

圖例
● 景點
🚲 單車路線
—— 公路
---- 投71舊路+農路

時程紀錄

日期	地名	里程(KM)	海拔(M)	方式	時間	備註
Day 0	台北	計約220KM		🚗	20:20	宿埔里
	埔里				22:50	
Day 1		計約24KM			5:40	汽車停於霧社公所附近
	霧社				6:15	
		–	1,148	🚲	7:00	
	萬大部落	9.1	939		8:10	
	親愛部落	12.5	916		8:55	
	布蘭部落	14.1	837		9:10	
	曲冰部落	20.0	807		10:12	
	武界/栗栖壩	32.3	811		11:58	
	一線天	42.8	680		13:24	進濁水溪溪床
	武界壩	48.3	772		14:50	
	武界部落	50.1	753		16:05	
	埔里	67.8	449		17:35	由埔里搭客運至霧社開車
	霧社	計約245KM			19:50	先至埔里接回Toby及單車後上國6
	台北			🚗	0:05	

車埕、日月潭單車輕騎

邵族

對日月潭一開始印象並不是很好。

好久以前，曾經和**Toby**開車要到日月潭、九族文化村遊玩，就跟許多人一樣，遇到伴裝要搭便車的婦人，拉著我們去買茶葉。原本就喜歡四處走動的我們，在阿里山就曾經遇過類似情況，當然沒有上當，不過，也讓我們遊興大減。因此，在日月潭稍微晃一下就離開，沒想過再踏訪。

後來，和朋友騎著單車，再度造訪日月潭後，讓我大大改觀，除了沒有那些所謂的強迫購物的「鏢客」，平緩不陡的環湖公路，和親水的自行車道，讓我可以貼著清澈的潭水騎車，享受一種難得的悠閒。

路線圖

這趟來日月潭，除了伊達邵是重點外，月牙灣是絕對不容錯過。
而我對月牙灣的感想是這樣：
「如果沒有騎過這裡，請別跟我說曾在日月潭騎過單車。」

 高度圖　　濁水－集集－水里－日月潭環湖

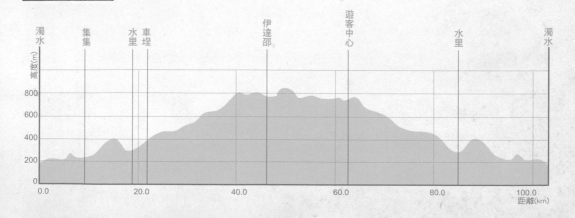

①

註①振聲吉他，石振聲、石玉忠，南投縣集
集鎮草嶺巷13號之1
註②經車友指點，這應該是「松生擬層孔菌」
（Fomitopsis pinicola），俗稱「猴板凳」。

推翻舊印象

於是，心中醞釀著要和Toby再度來訪的想法，規劃出這條環日月潭，順道拜訪伊達邵，這處屬於邵族的領域。

在路線上，由於環日月潭一周才約30公里，大老遠從台北前來，若只是騎上這一圈，稍稍覺得有些可惜，於是將日月潭附近的131縣道，也納入路線當中，除了沿途可欣賞到日月潭下游的明潭、明湖兩座水庫，鐵道集集線的終點站——車埕，也有美麗風景，如此一來，行程就顯得豐富許多。

感受懷舊時光

出發當天一早，驅車來到集集線濁水站附近，組好單車後，大約9點多，就騎入了綠色隧道，這裡不似台北的陰天，冷颼颼的，而是溫度剛好的陽光普照，騎在緩上下的公路上，微微涼風吹過，真叫人無法不愛上這條中部最負盛名的景觀公路。沿途不時遇到三三兩兩車友，大家雖不相識，但共同擁有這段美景感動，彼此微笑招呼，很明顯地，單車拉近人們心靈的距離。

在綠色隧道騎著，巧遇小工廠[1]，老闆正在製作古箏，另外架上還有一長排的吉他，回想以前喜歡彈民謠吉他，但從未見過吉他的製作過程，因此前去跟老闆哈拉。一聊才知道，除了讓木材陰乾的時間，還有堅持耗時的手工製作，才能製作出音色優美，且能實用長久的成品。

正在替古箏上漆的老闆，用的是天然漆，需要上很多層，而且得選在好天氣動工。他解釋，天然漆得長時間讓漆中的酵素與空氣結合，能造就乾燥後具有防腐等質性，且多層上漆可以產生不矯揉的自然光澤，雕花質感才能顯現。

告別親切的老闆，繼續我們的單車輕旅行。過了集集隧道，即將進入鬧區時，看到建於日治時期的集集古窯遺跡「十三目仔窯」，曾經毀損於921大地震，後來重建原貌，這裡還有許多店

家，是過往遊客喜歡來訪的景點。

悠遊車埕老街

　　進到集集市區，先朝郊區小路騎去，造訪樹齡約700多年的大樟樹。接著，在集集市區西北邊繞一圈，在綠蔭處處的小鎮街上拍了些影像，最後才逛往集集火車站。很不巧，集集火車站正在施工，而且這時已經11點多，人潮也開始多了起來。正打算離開時，眼尖的Toby發現路旁有攤古早味豆花，雖然由濁水騎來，一路輕鬆沒甚麼流汗，但吃吃在地味道，也是一種收獲。

　　吃完豆花，繼續往集集鎮北外圍走，兜了一圈回到主幹上，在特有生物保育中心旁小巷拍照時，Toby又發現路邊有個好像是靈芝[2]的植物，就崁在樹幹上，我們在端詳了許久，還是弄不清楚是啥？！

　　接下的路程，進入一段爬坡，兩個人在集集大山下，努力一陣子，大約20分鐘後抵達水里市區，我們鑽進了傳統市場，發現水里有超多賣肉圓的店家，其中「董肉圓」可是大排長龍，而我們選擇這了家號稱50年老店的「謝肉圓」，補充午餐，順便向老闆娘請教一些建議資訊，然後才繼續騎上131縣道，往車埕出發。

　　還沒來得及消化肉圓，才騎了10分鐘，就已經到了車埕車站的岔路口，經過一段為了防止車輛超速而建置的石磚道，別看這僅僅60公尺的距離，據說當地居民購物返家，行經這段路時，經常因為車子跳動而讓物品碎裂，所以有「碎蛋坡」之名，還好我騎的是登山車MTB，解除前叉鎖定即可順利通過，若是騎公路車前來，那就忍耐一下囉！

　　「車埕」在清末樟腦產業興起時，逐漸形成聚落；到了日治時期，1912年為了運送蔗糖及兼營客運，開設了埔里至車埕間輕便鐵軌，也因置放許多輕便車輛而得名。1919年起，為了興建日月潭水力發電工程，拓建二水至外車埕間的輕便車鐵道，並

❶Toby騎過紅磚煙囪旁邊陡上坡，直呼：「好陡好陡喔！」

匯入西部幹線，成為我們熟知的「集集線鐵道」，這裡即是此線的終點。後來，1960年代為了運送丹大林區的木材，車埕轉變為中部地區的最大木材加工及轉運站，因此整個小城就是木材村，目前還保留當初木業的設施與屋舍。時至今日，車埕的這些歷史過往，已經成為旅客來此賞遊緬懷過往的素材，更是以單車前往日月潭的最佳中繼站。

進入車埕，對於第一次來此的我們，覺得這裡實在太棒了，廣大的車站空間，可以任人逛遊，我們先將單車置於旁，往小山城逛去，爬上一段旁邊有鑲著木板的坡道，板上是一幅幅此地鐵路畫家李明建先生的作品，替這裡增添許多藝文氣息。

我們在老街中鑽入小巷道，正有一點搞不清出方位時，剛好有兩位小兄弟在住宅前遊玩，我向前半開玩笑地問路，其中一位彷彿是很有經驗的解說員，指引我們通往大路、貯木池和火車站的方向，聽他說了兩次，讓我對路徑清楚不少。

隨著伐木業沒落，車埕榮景不再 ，直到鐵路旅遊興起，車埕納入日月潭風景區，從前的老街，意外成為旅人的最愛，也是單車客喜歡牽著單車，漫步在高高低低的巷弄中，和屋角的影子，玩起捉迷藏遊戲的好地方。

逛到口有些渴，跟老街中一位帶著墨鏡的美眉，買一瓶冰的冷泡茶解渴。她看到我們騎車來，也很熱心的幫我們解說導覽，並且透露當地最美的時刻，就是遊客離開後，一切恢復平靜，這時水池(貯木池)週邊燈光亮起，整個池面景色，真是美極了！

走到原本存放木材的貯木池，現在已經蛻變為一池優雅的碧水，四周種植的楓香，散發些微秋意，假以時日變了色，肯定讓這裡更添美麗色彩。再度停下來牽著單車漫步在池邊，享受清風拂面的悠閒後，才依依不捨地跨上單車，往日月潭出發。

輕旅途上的風景

由車埕到日月潭的路上，經過明潭、明湖水庫，從地圖上看來，似乎沒有太多特色，但實際的景色卻美得讓我們驚呼不已，忍不住停下來拍照。就以騎乘路況來看，這條路線的車輛，相較於台21線少了許多，相當適合騎車。

我們像是發現新大陸般地興奮，沿途看到不錯的地方，就停下來晃晃，腳步一慢下來，那些在溪裡遊玩的遊客、路邊飄香的野薑花，甚至一長排電線桿，都為我們行程添加些樂趣。我想，這才是所謂的輕旅行啊！

由131縣道轉入投66鄉道，途中經過孔明廟、中明社區（舊

❶底下就是剛剛去過的山間小城——車埕。

名田螺塢），一路上景觀非常棒，且車輛要比131縣道少了許多，這條不僅是往日月潭的捷徑，更是一條可以慢騎、賞鄉野風光的單車路線。

從投66鄉道接上車水馬龍的台21線，沒多久抵達日月潭，這時已經下午4點，能見度不是很好，我們直接前往位在日月潭東岸的伊達邵，選定一家以前住過的旅館後，就上街打算先祭五臟廟。這時「逐鹿市集」的歌舞展演場，傳來熱鬧的表演，即便肚子已經餓得咕嚕咕嚕叫，還是決定前往一賞。

坐定後，聽了主持人生動地介紹，我的心放開傾聽，那邵族耆老杵音、歌聲的確感動人心，我轉頭對Toby表示：「我們來對地方了！」。原來，日月潭除了山明水秀，還有一群邵族人，於此地將他們傳統文化予以傳揚。

飢腸轆轆的我們，接著來到潭邊的逐鹿市集餐廳，從這裡可以看著湖間遊艇燈光，耳聽著展演場傳來的歌聲，邊享用起邵族風味餐，這頓可能是我近日來吃得最好、又最開心的一餐了。

閒遊伊達邵

一早，太陽尚未探出頭，空氣中仍瀰漫著薄霧，吃過早餐，

牽著車閒逛在伊達邵碼頭邊，雖然沒有陽光加持，但日月潭實在太美，朦朧中，水、天沒了分界，看起來反而另有一番詩意。靠近逐鹿市集的碼頭，可看到邵族傳統賴以為生的獨木舟、浮田和船屋等，對照碼頭另一頭長排豪華遊艇，是明顯今昔的對比。

繼續在伊達邵碼頭周邊繞行，看到了日月潭教會，也找到一個小公園，公園裡可看到邵族的圖騰等裝置藝術，接著騎到了一處牌樓，上頭寫著：「Ita Thao 伊達邵」，我們穿過牌樓，進入一處社區，入口設有解說牌，上頭記錄著：

邵族家園

1999.9.21 大地震災後重建紀念

邵族為台灣原住民，世居日月潭附近，擁有獨特的文化、語言、祭儀與祖靈信仰。由於歷史因素，使得人口僅剩280餘人，大部分聚居於此(Brawbaw)。921大地震後，未免族人遷徙流離，導致文化流失與種族滅絕，在民間熱心人士支助下，邵族人在這片祖先的土地上，以自己的勞動和信心建造家園。

後來，我才知道這裡是由謝英俊建築師事務所，協助邵族社區重建，由在地邵族人就地取材，親手打造家園，重現一個深具邵族文化特色的聚落。我們誤打誤撞，竟然有幸前來造訪，真是太好了！

❶夕陽下潭面遊艇來來往往，實在熱鬧啊！
❷騎經這路線真是太讚了！

進入部落，看到一幢屋舍前，掛著「先生媽」的牌子，我向坐在屋前、手抱吉他的單先生請教，關於牆上所掛「先生媽」[3]牌匾的典故，單先生很驕傲的說：「『先生媽』就是邵族的祭司，我是祭司的兒子！」接著，除了介紹當地外，還讓我們聆聽吉他奏曲。繼續在部落四處走看，發現這裡留有許多邵族傳統文化的點滴，若是車友有來日月潭騎車，務必繞進來走走，您會很有收穫的。

在部落裡逛著，發現先生媽不只一位，而另一位「先生媽」門前好精彩，門前有許多木雕，當地到處都可以看到貓頭鷹的圖騰、裝飾，據說是象徵邵族的吉祥物[4]。

必騎月牙灣

在陽光透過林梢閃耀下，以單車環著日月潭，微風中總是帶著湖水的氣味，沿著環湖公路順時針騎乘，來到環潭一號隧道，正式進入月潭自行車道了，順勢騎到制高點，來到眺望台，從這裡可以俯瞰日月潭旁的頭社盆地。

過了制高點，牽車走一段陡下坡，來到人人稱讚的月牙灣，對我而言，這趟來日月潭騎車，除了伊達邵是重點外，其他地方都可以跳過，但是專屬於單車客的月牙灣絕對不容錯過。

在月牙灣快樂地繞了一圈，順著自行車道指標，來到向山遊

註③「先生媽」是負責邵族主持祭祖儀式的女祭司，「先生」是邵語Shin Shin譯音，「媽」字是後閩南人加上的（祭祖儀式都由女性擔任），至於「先生」在日語、閩語是醫師、老師等尊稱（邵族與平地人、日本人很早以前就往來密切），因此稱為「先生媽」。

註④在台灣，貓頭鷹是原住民布農族的送子鳥，也是嬰兒的守護神；邵族認為貓頭鷹是靈鳥，是吉祥的象徵；達悟族則認為是不吉利的象徵。摘自維基百科

❶邵族長老的家。
❷邵族部落公有祭祀廣場
❸這個部落對喜歡爬中級山的山友
一定不陌生，因水社大山登山口是
在部落裡。
❹潭中央就是邵族祖靈所安息處的
拉魯島。

❹

客中心，其就是建築與地景結合，是一處最近非常熱門的景點，經常在Facebook看到車友分享的照片，既然來到日月潭，當然也不該錯過。

由於今天是假日，遊客相當多，令我遊興大減！雖說日月潭是世界上最美的自行車道之一，但請盡可能避開假日，或是早一點出發，否則即使少了陸客，自行車道上仍然有許多遊客，有時甚至還會塞車，不然就是離開自行車道，改行環潭公路，雖然不能親水，但仍有不錯的景觀。

只是，若來晚了，環潭公路是會車水馬龍，而且許多汽車速度都頗快，需要穿過馬路時，一定要注意自己的安全。

循著原路，由台21線轉入投66鄉道，在孔明廟前，碰到販售自種百香果的阿伯，熱情地請我們試吃，品嘗之後，覺得是我們吃過最棒的一次，於是買了一大袋，分塞到兩個人的背包，等回台北再慢慢享用，就這樣，背著好吃的百香果，還有兩日旅行累積的愉快經驗，開心地往濁水前進。

回到濁水，收好單車，在這裡吃過午餐已經是下午3點多，上了高速公路，進入塞車時刻，本能地選在最近的交流道，駛下高速公路，改成走車量較少的台61線，終於在夜幕低垂時刻，回到台北家中，結束這次為時兩日的行程。

Youtube影片紀錄

https://www.youtube.com/watch?v=2pLWisP6tNg
車埕、日月潭、伊達邵，
單車逐鹿輕旅行
《台灣‧用騎的最美》

路線規劃參考

這次路線可以說是結合了集集綠色隧道、車埕以及日月潭(包含邵族)三路線，因此出發點可以依照組合作調整，若是要以較快節奏走這路線，建議可以捨去集集綠色隧道，直接4+2或以攜車袋，搭集集線火車到水里，以此為出發點(路線A)，這樣一日走也不會太趕(實際還是要看個人腳程以及景點安排)。

如果不想由131縣道原路下山的車友，可以在伊達邵轉投63鄉道，經潭南部落由台16線回水里(路線C)，這樣可以形成一個約長52公里的環狀線，或是由台21線下山也可以(路線B)，三種走法的差異，除了距離、爬坡外，騎到日月潭環湖道路部分各有不同。

交通接駁及路線增減

往投63鄉道，可以順遊美麗的布農族潭南部落。

時程紀錄

日期	地名	里程(KM)	海拔(M)	方式	時間	備註
Day 1	台北	計約207KM		🚗	6:00	
	名間/濁水				8:45	
		–	173	🚲	9:40	
	集集	8.8	232		11:00	於集集停留
	水里	18.4	285		12:25	午餐
	車埕	21.0	361		13:10	車埕停留
	日月潭	38.8	755		15:55	
	伊達邵	46.0	766		16:35	宿伊達邵
Day 2					9:30	
	向山遊客中心	59.4	773		11:07	
	水里	84.8	285		13:00	
	名間/濁水	103.0	173		14:30	於濁水午餐
		計約243KM		🚗	15:30	回程改走西濱
	台北				19:00(約)	

行程資訊

Day 1

汽車段 🚗 台北→名間濁水，約2小時45分。

單車段 🚲 濁水→集集→車埕→日月潭→伊達邵，約46公里。

住宿： 日月湖畔休閒渡假旅館
地址： 南投縣魚池鄉伊達邵義勇街80號
電話： 049-2850591

Day 2

單車段 🚲 伊達邵→水里→濁水，約60公里。

汽車段 🚗 台北→名間濁水，約3小時30分(部分非高速公路)。

新中橫新視野

很喜歡山中的教堂，享受那種祥和及寧靜的氛圍，這天騎到這裡，當下突然覺得，或許這是他想指引我們，騎出不一樣的視野吧！

高度圖

日月潭→潭南部落→信義村→羅娜部落→東埔溫泉路線

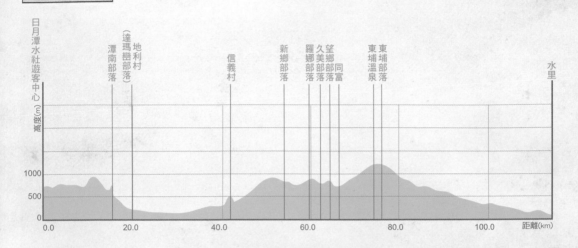

（縱軸）日月潭水社遊客中心 高度(m)

（標示）潭南部落　地利村（達瑪巒部落）　信義村　新鄉部落　羅娜部落　久美部落　望鄉部落　同富　東埔溫泉　東埔部落　水里

1000
500

0.0　20.0　40.0　60.0　80.0　100.0　距離(km)

布 農 族

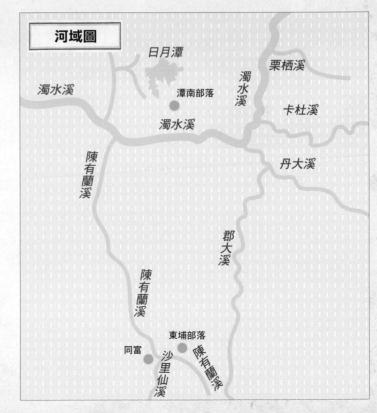

河域圖

日月潭
栗栖溪
濁水溪
潭南部落
濁水溪
卡杜溪
濁水溪
丹大溪
陳有蘭溪
郡大溪
陳有蘭溪
東埔部落
同富
沙里仙溪
陳有蘭溪

　上次在日月潭伊達邵，看到部落旁有條往潭南的投63鄉道，這路線可以走訪美麗的布農族部落，還能接上往七彩湖的丹大林道。雖然目前孫海橋已經中斷，但沿著濁水溪畔的林道，造訪布農達瑪巒部落(地利村)，並欣賞被濁水溪切畫的峽谷地貌，讓我們十分嚮往。

秘境潭南部落

　　但是安排這條路線稍有困難，若是由日月潭前往，大繞一圈得耗費不少時間；或由台16線進入丹大林道，但是距離孫海橋又太近，對於專程由台北下訪的我們，又嫌不過癮！後來，決定以公車解決時間不足的難題，並將兩條布農路線結合，成就這次的行程規劃。這兩條路線為：

1.水里→潭南部落→達瑪巒部落(地利)→丹大林道孫海橋→雙龍部落→水里

2.水里→新鄉部落→羅娜部落→久美部落→望鄉部落→東埔部落→八通關古道→水里

　　將這兩條路線合併後，設定日月潭的水社遊客中心為起點，第一天住望鄉部落或東埔溫泉，第二天走八通關古道到雲龍瀑布後原路折返，取道新中橫回水里，然後搭公車到日月潭開車到水里載單車，利用大眾交通工具解決起返點不同以及時間不足的困擾[1]。這次的路線規劃，基本上是以濁水溪與陳有蘭溪流域為主

❶這雲實在太精采了，不拍實在可惜耶！

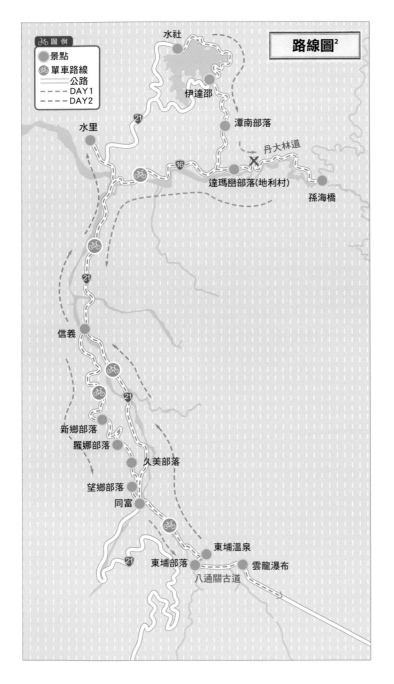

路線圖²

圖例
- 🔴 景點
- 🚲 單車路線
- —— 公路
- - - - DAY1
- - - - DAY2

水社
伊達邵
潭南部落
水里
21
丹大林道
16
達瑪巒部落(地利村)
孫海橋
21
信義
新鄉部落
羅娜部落
久美部落
望鄉部落
同富
21
東埔溫泉
東埔部落
雲龍瀑布
八通關古道

註① 因水里往日月潭的台21線景觀不佳，且是一段10幾公里長坡，若要經日月潭到潭南部落，需要花一些時間上山。
註② 過地利村標示紅色叉叉記號，是因這次在那裏遇到坍方施工管制，因此未能前往孫海橋。

註③海樹兒・犮剌拉菲著，布農族部落起源及部落遷移史，第四章 官方移住與當代部落的遷移 P.234：
南投縣信義鄉潭南村之例。本地原屬於邵族之地，1932年，日本自Asangbakha(卡社)及他社(如Kalimuan、Alusan)移入卡社群，遷來時分居二地……

要區域，基於行程沿途河谷地形非常精采，特地拉出一張河域圖來參考(見P.117)。

我們計畫第一天除了經潭南，去丹大林道，還要離開新中橫多繞投59鄉道，沿途造訪幾個布農部落，距離接近100公里；第二天回程雖是下坡，但下山前要先去走一趟八通關古道，然後趕在傍晚6點左右，搭往日月潭的公車，時間很緊湊，規劃上不敢大意。

搞定所有事前準備，週五晚上10點多，我們開車抵達埔里，入住山王飯店，當我們將車子開到飯店停車場時，巧遇隔日要去武界的發現之旅版主Frank和幾位同好Sungping Lue、Changebike林先生……等，他們今晚也住在這裡，打算明天一早開車到霧社，再改以單車騎至武界。老朋友兼同好相遇格外興奮，幾個人在停車場聊了好一會。

清晨6點剛過，我們來到日月潭水社遊客中心，在滿天紅的卷積雲下，拍下幾張照片留念後，立刻跨上單車，順著日月潭環湖公路熱身，讓冰冷的身體加速血液循環。

騎到伊達邵吃早餐，計劃由環湖公路，轉投63鄉道往潭南。其實我們選擇由日月潭出發還有個原因，那就是潭南村與邵族有些淵源，潭南村原屬邵族之地，1932年日人理蕃移住政策下，才將布農族卡社群遷來此[3]。上回由屬賽德克族的霧社，騎到布農族的武界，這回則由屬邵族的日月潭出發，到布農族的潭南及其他部落，將這概念印證並具體化。

由伊達邵騎了不到20分鐘的爬坡，來到今日第一個高點，從小小空曠處，可以眺望日月潭，前面即是越嶺點，往下滑一段就是潭南部落。

進到部落，就看到著名的潭南國小，或許是我們來得太早，校門沒開，因此只能在外面欣賞它獨特的外貌。國小旁的派出所，前有個社區導覽圖，上面寫的教堂及舊日本駐在所遺址，吸

❶以往都是只在外面拍照，今天特地到教堂內看看。
❷教會前廣場石柱上有很漂亮精緻的圖騰，與部落常見粗曠線條，頗不一樣。

引了我們，馬上按圖索驥，往社區裡去尋幽了。

往部落社區是一段非常陡的坡，我們騎沒多遠，就改以推車方式，潭南基督長老教會就在學校旁邊，我們依循慣例地，先造訪部落教會。

逛完潭南基督長老教會，繼續推車往更高處爬，打算尋找舊日本駐在所遺址，向一位居民問路，知道得先經過天主堂，再繼續向上推進，雖然明知今天不能將時間，過度消耗在找路，但這時都已經爬一大段了，還是決定先爬到天主堂再說。

再推過一段陡坡後，一個漂亮的天主堂出現眼前，但更吸引我的，是教堂前一尊立於部落最上方、展開雙手的救世耶穌聖像，據說是護佑村民的意像。

在天主堂走了一圈，再往上走沒多遠有一處平台，路的盡頭兩側都是檳榔樹，還有充滿歲月刻劃的水泥牆殘跡，這時剛好有位部落裡的居民開車上來，指出這裡即是駐在所舊址，由這座位於部落最高處的平台，可將整個潭南部落盡收眼底，合乎當時要監控部落的用途原則。

完成駐在所遺址探索，往下滑回部落，來到石板砌成的「卡社少年會館」，繞了一圈後，繼續前往達瑪巒部落及丹大林道。

❶

註❹海海樹兒‧友剌拉菲著，布農族部落起源及部落遷移史，附錄四 布農族的鄉、村簡介 P.327：
地利村位在信義鄉北部，北與仁愛鄉為鄰，東與花蓮縣接境，南與雙巒村相倚，西與潭南村毗鄰……本村是一個集巒社群、丹社群、卡社群人混居之部落

藝術村落達瑪巒

離開潭南部落一路都是下滑，很快地就轉入丹大林道，距離我們想要前往的達瑪巒部落(地利村)，差不多只剩500公尺。

進到村裡，吸引我們的是各種圖騰及色彩，讓人覺得這裡是一個很活潑熱情的地方呢！地利村與潭南村雖都是布農族聚落，但這裡在日人集團移住政策下，成為一個集巒社群、丹社群、卡社群混居的部落❹。

我們依循習慣，直闖兩幢看起來都像教堂的建築，向教堂廣場前的一位可愛小女生打聽，才知道這兩幢建築，都屬於台灣基督長老教會青雲教會，以今天一路所見，每個教會都各有不同特色，甚至一間比一間具有宏偉的外觀。

繼續往前，看到路旁的壁畫很不一樣，看起來前面是日本軍人，後面跟隨的是布農族原住民，而且是一家人的樣子，後方樹蔭的大嬸很熱情地向我們介紹：「對呀，是很特別喔，我門口這裡更多，每次遊客來都會在這裡拍照。」

聽到大嬸的提醒，回頭往她指的方向看去，結果沒有壁畫，倒是有多種植花朵的盆栽；原來，她把我和Toby對話中的「畫」聽成「花」。

和大嬸開扯了一會，繼續沿著濁水溪畔，往11公里之外的孫海橋出發吧！騎沒多久，正對被濁水溪切割的峽谷地形稱讚時，隱約聽到前方很吵的聲音，定睛一看，竟然是大規模落石！！

來到崩塌處前幾十公尺處，發現這裡正施工，上方工人正在清除較鬆散土石，因此落石不斷，問了在前面管制的大嬸後，知道每逢整點會放行10分鐘，而現在已經快11點，於是乎，兩個人就在路邊，除了欣賞濁水溪風景，也順便跟其他路人聊聊這帶的特色。

過了整點，由管制大嬸透過無線對講機對話得知，施工的推土機故障了，再等了5分鐘，大嬸終於向大家宣布得延到下午才

能放行，眼看實在是無法通過，只得忍痛放棄續往丹大林道，趕
緊回頭往後面的路程前進，等以後有機會再來造訪啦。再度經過
地利村，才發現天主堂就在離大路旁不遠，原來剛剛我們直接往
村裡走，所以錯過了，看到天主堂優雅的建築，趕緊繞進來拍些
照，順便上個洗手間、補給飲水，才繼續往新中橫前進。

往回是下坡，一路飛滑速度令人暢快，又被一個很特別的圓
形屋吸引，沒發現道路改道，行至盡頭才發現沒路，只好往回
走。以往走錯路後，常常會遇到美麗風景，這次也不例外，在回
到正常路線前，發現遠處新橋前，有座已經廢棄的吊橋，問了一
位騎機車經過的年輕人，才知道這是往人和村洽波石部落的舊吊
橋，而且橋旁的防坡堤還可以騎車呢！

在防波堤上騎了幾趟，才繼續回到台16線，過了中午時間，
才由台16線轉入台21線（新中橫），這時肚子已經很餓，於是
騎到信義街上找東西吃。

鄉道少車流風景美

今天是假日，新中橫車水馬龍，我們努力的踩踏，花了40
分鐘終於抵達信義，在入村前一家7-11用午餐。原本因時間不
足，要由新中橫直上東埔過夜，但新中橫的車流量大，影響騎車
的心情，所以還是轉由投59鄉道，儘管花費時間較長，但可就舒
坦多了！

信義村是新中橫往投59鄉道的交會點，在我們轉進投59鄉
道後，迎接我們的，是一段風景好，且又是沒車、沒人的美麗小
徑。爬到相當高度後，聽到下方新中橫，車輛過往的聲響逐漸轉
小，我開心的跟Toby說：

「我覺得，剛剛若是繼續騎新中橫，我一定會邊騎邊碎碎
念，然後我們會吵架。」

我們騎在梅園、檳榔園夾道的小徑上緩緩往上爬升，途中經

❶被一陣香味吸，鍋裡煮的是的刈
菜。
❷投59鄉道是著名的賞梅景線。

❷

過一處稱為「楓梅」的梅園，停下來和老闆娘小聊一會，順便買了一包梅糖。

大約9公里附近，是進投59鄉道後第一個高點，由這裡看往下方，可見十八重溪造就的豐丘沖積扇，也能瞧見新中橫新建的橋，跨過陳有蘭溪和十八重溪匯流口，而這匯流口也正是單車路線中，赫赫有名的郡大林道入口，沒想到我們可以在這邊以不同的角度來欣賞，真是太過癮了！

部落裡的婚宴

過了此段高點，準備滑往新鄉平台，那裏是行於投59鄉道，遇到的第一個布農部落。在這裏跟小朋友聊了一下，就繼續往羅娜部落前進。

新鄉與羅娜部落之間，隔了一條筆石溪中間有岔路，我們在此攔了台路過的車輛，確認了方位後，找到正確岔路入口，下滑一段路，經過座紅拱橋，再度進入一段爬坡往羅娜平台爬上去。

山上天色昏暗得早，雖然這時才4點剛過，雖說不太可能在天黑之前，抵達東埔溫泉，但還是要儘量趕路，畢竟投59鄉道，沒有什麼路燈，夜騎總是比較麻煩。

❶戰車是小朋友的大玩具。
❷羅娜是以布農族為主的聚落，建築和街道，濃濃的布農族風格。

註⑤海樹兒‧犮剌拉菲著，布農族部落起源
及部落遷移史，附錄四 布農族的鄉、村簡介
P.324：
久美是信義鄉最特殊的部落，因為這裡不僅
是布農族與鄒族混居的部落，也是難得的布
農族郡社、巒社、卓社等社群混居的部落，
可以說語言文化上相當多元。

好不容易爬完坡抵達羅娜平台，騎了一小段路後，開始繞進
全台灣最大的布農族部落－羅娜部落，趕在天色暗前，逛完部
落。附帶一提，部落裡羅娜國小的校長，就是紀錄片《看見台
灣》中，帶領布農族小朋友，到玉山山頂唱歌的馬彼得先生。

羅娜部落也有很大的天主堂和基督教堂。尤其是天主堂廣場
前有個很大的展演台，走過那麼多原住民部落，第一次看到有這
麼大的展演場，另外，天主堂聳立的十字架，是部落裡的地標。

羅娜部落主要入口，有座高聳的牌樓，左右都有雕像，最特
別的是，牌樓前是一個小巧的圓環，另外在入口旁樓旁廣場前，
停有一台已經報廢的戰車，當我們抵達時，一位部落小朋友，手
腳俐落的爬上爬下，還特地爬到指揮塔上，向我們招手。

由於天色不早，跟小朋友揮手說拜拜，我們繼續朝著玉山的
方向前進。不久，到了久美部落，久美是這帶很特殊的聚落，除
了布農族之外，也有許多鄒族原住民住在此，而且是與布農族郡
社、巒社、卓社等社群混居之部落[5]。

另外，據說久美部落仍保留荷蘭時代就有的千歲吊橋遺跡，
經過新建吊橋時，因為只有人和機車能過，所以入口不明顯。
不過拜Google街景強大功能，發現入口是在一個叫「上兵水電
行」招牌旁，讓我們一下子就找到，而過了吊橋後，就可以到望

鄉部落，然後很快能到新中橫的同富村，希望可以在天剛黑時，拚到東埔！

轉進小路，遇到正在舉辦婚宴的咖啡館，而且在外頭還有烤肉，感覺超熱鬧，原來只是向前取得拍照同意，結果被熱情的原住民，邀請加入享用，我們雖然要趕路，知道不能停太久，但盛情難卻，顧不得天色已暗，也進入會場，和幾位來自各地祝賀的新朋友們，一起同樂了。

我們吃了現烤的豬肉、鮮魚，喝了些小米酒，在部落族人祝福新人歌聲中，體驗了部落暖暖的熱情，這頓意外的原住民婚宴，可能是騎車以來，吃過最開心及豐盛的一餐，非常感謝布農族馬先生的邀請，並祝福新人馬先生、何小姐伉儷新婚愉快、白頭偕老！

開心吃了一頓，接著就要夜騎了，不過，受到原住民朋友特有的熱情、幽默的感染，黑暗中反而愈騎愈開心。騎過吊橋，看到往望鄉部落道路，是一片漆黑，我們決定接回新中橫，還是早一點到同富吧。

切到新中橫後快速地推進，抵達同富村6點30分，天色已經完全暗了，但事實上時間還算很早，而且由同富到東埔溫泉只有8公里，且只有一段不算太陡的上坡，於是先在7-11小休息一下，再啟程往東埔溫泉。

路況很不錯，坡度也還好，且許多段都有路燈，約莫50分鐘就騎完投60鄉道，抵達東埔溫泉。和Toby在東埔溫泉找到一家位於高處的勝華溫泉飯店，搞定了住宿手續，然後就走到街上，填飽肚子。

行入八通關古道

早上在飯店餐廳吃過早餐，走了一段路後，來到往八通關古道第一個入口，這是一段長階梯，玉山國家公園在此除了立有

❶夜騎產業道路已經不是新鮮事，夜行千歲吊橋才是更過癮呀！

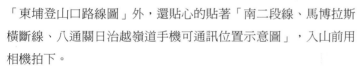

「東埔登山口路線圖」外，還貼心的貼著「南二段線、馬博拉斯橫斷線、八通關日治越嶺道手機可通訊位置示意圖」，入山前用相機拍下。

Toby往上試爬一段，然後往回試試下坡，發覺膝蓋不舒服，我想若是勉強上爬，輕則多痛幾天，重則膝蓋受損，經過討論後，她決定今天不走古道，改自行到部落及溫泉區走走，我則一個人入山走八通關古道，前往距離約4公里的雲龍瀑布，再原路折返回飯店，與她會合後，再騎車進到東埔部落內，逛完後，再回頭或走小路回台21到水里[6]。

一個人進入古道後，看見底下的聚落就是東埔部落，想像等陽光由山巔射入時，絕對會有很棒的視野，想到此，不自覺加快腳步，希望回程，可以看到部落被籠罩在陽光下，捕捉這等美好畫面，該有多好！

往雲龍瀑布是爬坡，要大腳爬我做不到，以騎車拉高回轉速的概念加速，肌肉也不至於壓力太大，於是加快腳步後，很快地就來到東埔斷崖(父子斷崖)[7]。

過了斷崖後，路況非常好，雖然旁邊是深谷，但平緩又開闊，真想以騎車方式造訪！低下頭看到古道砂土紊亂的痕跡，似

註⑥後來是經由東埔部落的吊橋接回大路下山。
註⑦東埔斷崖又稱父子斷崖，地質地形主要為十八重溪層，岩性以黑色板岩夾薄層變質砂岩為主。父子斷崖地層的走向大致呈東北向東南傾斜，其傾斜角度在20到40度間。地景特色：與其上方的金門峒斷崖，是本區兩個斷層谷的谷頭大崩塌地。這種斷層控制的大崩塌地，外形容易呈山溝狀，而且崩落的岩屑特別破碎，崩岩從稜線上端直瀉而下，直達谷底，非常驚險。摘寫自國立台灣大學地理環境資源學系，中部地景資源／景點介紹／東埔斷崖http://lab.geog.ntu.edu.tw/ctlee/page02/02sight220.html

乎是動物足跡！看到這景象，想起《山、雲與蕃人：臺灣高山紀行》[8]，書中記載鹿野忠雄，曾在1931年由此路前往秀姑巒山脈縱走，他每次入山都會雇請布農族原住民同行。我不禁好奇，數十年前這裡是什麼樣貌啊？他們看到這些足跡會有甚麼反應呢？

大約走了1個小時，在指標2.5公里處遇到岔路，右下出現一條，看起來是往溪谷的路徑，傳來的沙沙水聲，以為那是要去雲龍瀑布的路徑，向下走去。仔細一聽，那沙沙聲較像是湍急水流聲，而不是瀑布該有的轟轟聲，加上有面「路況不佳、禁止通行」的警示牌[9]，因此還是爬回續行。

過了指標3公里，可以清楚看見陳有蘭溪上游溪谷，而遠方出現劃過裸露岩石上的古道，看起來有些驚險，這時心頭有些興奮，因此，加緊腳步往前衝！

太好了，看到瀑布啦！相較於前面的父子斷崖段，這裡既壯觀又驚險，雖然國家公園已經設有護欄小木橋，但旁邊就是幾百公尺深的溪谷，多看幾下頭已經開始昏，加上走上小橋還會晃，開始由昏轉暈，不自覺的伸手抓住欄杆停一會，才舉步繼續往前行。

好不容易通過懸崖段，瀑布該有的轟轟衝擊聲，愈來愈大，一轉彎，冰冷的水霧和強風，迎面而來，原來我已經走進兩段瀑布間的步道了！

續往前走是一座「雲龍吊橋」，由吊橋回望的角度更棒，可清楚看見剛剛經過兩段瀑布間的步道，以及崖壁上鑿出的路跡，在此邊欣賞邊享用預先準備的罐裝咖啡和餅乾，休息個10分鐘，就準備下山了！

除了懸崖段之外，古道路程算是寬緩，讓我忍不住開跑下山，通過父子斷崖段時，如願以償地看見被陽光籠罩的東埔部落。

這時是週日上午10點15分，部落教會傳出優美的詩歌聲，迴盪山谷間，我繼續趕路，或許還趕得上教會禮拜結束前，抵達部落。

註⑧《山、雲與蕃人：臺灣高山紀行》，楊南郡博士譯，作者為鹿野忠雄(日治時期居台日人著名博物學及人文學者)。
註⑨這條禁止進入的小徑，應該是可以通往樂樂谷溫泉。

❶若以騎車方式行進這條路，這是
會讓人熱血的景象！
❷一邊是懸崖深谷一邊是險峻巨岩
的古道。
❸雲龍吊橋剛好位於公里處，遠方
高處的道路即是新中橫。

東埔部落美聲傳揚

回到飯店，扛起背包跨上單車，由於溫泉區往東埔部落是下坡，因此一下子就進入這處布農部落，我們騎到屬於基督教長老教會的東光教會，相繼揚起的傳教聲和詩歌聲，吸引我們進入，並以相機記錄。

離開教會繼續往下走，原想向居民探路前往雄偉吊橋，這時有位小朋友自告奮勇，帶著我們，穿過茶園、墓園間的小路，讓我來到這條又長又高的吊橋。

過了橋，我們開始正式下山之途，也就是要結束兩天的行程了。離開東埔就是一長段下滑，經同富後進入新中橫，下滑一段時間，開始近距離地，看見陳有蘭溪旁巨大山壁，這段路在上午由於光線角度對，騎起來除了車多外，其實景色是非常壯觀的。

很快地，除了在信義有停下來吃東西外，我們沿途都沒停留，因此下午2:00已經來到水里市區。抵達水里車站時，好運的馬上搭到一班往日月潭公車，結果2:30就回到日月潭，準備直接回台北。

Youtube影片紀錄

https://www.youtube.com/watch?v=aCtRn3p1kwI
由部落出發，看見新視野，看見新中橫
《台灣・用騎的最美》

路線規劃參考

路線組合
如本篇一開始所提，這次路線概念上是由兩組路線組合：

1. 水里→潭南部落→達瑪巒部落(地利)→丹大林道孫海橋→雙龍部落→水里
2. 水里→新鄉部落→羅娜部落→久美部落→望鄉部落→東埔部落→八通關古道→水里

若車友無較長的假期來安排，可以將路線拆回為兩條（參考示意圖），一條由水里出發採順時針方向，由131縣道或台21線前往日月潭，再經台16線回水里；另一條由信義村為起點，採逆時針方向，抵達同富後由台21線回到信義村，這個走法，特別適合冬天梅花盛開時可以成行，但花季時車多，要特別注意騎行時安全。

客運接駁
若您是採與本篇相同的走法4+2由日月潭出發，騎到水里後，在集集線水里站前路口就有客運站，往日月潭的客運班次不少，但要注意避免過晚，以免無車可搭回日月潭。

沒有開車的車友，也可以由台北搭乘國光號，或台中搭乘南投客運的台灣好行日月潭線，將單車以攜車袋打包至日月潭出發，回程可騎至水里，搭集集線火車離開。

行程資訊
Day 0
開車段🚗 台北→埔里，約220公里，2.5小時。
住宿：山王大飯店
地址：南投縣埔里鎮中山路二段399號
電話：049-2900111

Day 1
開車段🚗 埔里→日月潭水社遊客中心，約17.5公里，0.5小時。
單車段🚲 日月潭水社遊客中心→潭南部落→信義村→羅娜部落→東埔溫泉，約74公里。
住宿：勝華溫泉飯店
地址：南投縣信義鄉東埔村開高巷60號
電話：049-2701511-3

Day 2
健走段🚶 東埔部落→八通關古道→雲龍吊橋，來回約8公里。
單車段🚲 東埔溫泉→東埔部落→水里，約40公里。
開車段🚗 日月潭→台北，約4小時（經水里取車）。

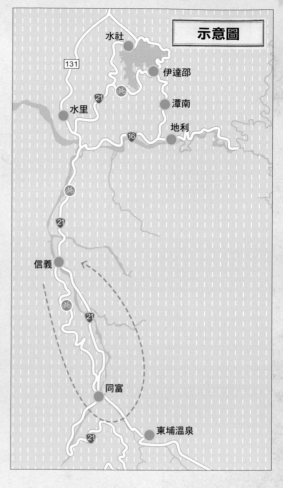

示意圖

時程紀錄

日期	地名	里程(KM)	海拔(M)	方式	時間	備註
Day 0	台北	計約237KM		🚗		於埔里過夜
	日月潭水社遊客中心					
Day 1		–	767	🚲	6:20	
	潭南部落	15.0	706		8:50	
	地利村(達瑪巒部落)	20.2	394		10:10	因坍方未前往孫海橋
	信義村	42.0	500		13:05	
	新鄉部落	54.8	870		15:50	
	羅娜部落	59.8	921		16:30	
	久美部落	61.8	837		17:05	參加部落婚宴
	同富	65.6	775		18:30	
	東埔溫泉	73.6	1,134		19:35	
Day 2					7:20	
	八通關古道－雲龍吊橋	往返約8KM		🚶	7:40	徒步進入
					10:30	
	東埔部落	75.2	1,124	🚲	11:15	
	水里	114.0	289		14:05	改搭巴士至水社開車
	日月潭水社遊客中心				14:37	
	台北	計約223KM		🚗		先至水里取回單車

前進達邦、特富野

由石棹順著阿里山公路，緩緩踩著，陽光漸躍過雲端，
灰暗的天空頓時亮起來，看到這幅令人感動的景象，不禁高聲歡呼：
「我們看見日出，也看見玉山了！」

鄒族

幾年來不管是騎車，還是開車經過阿里山公路，總是會注意到石棹到 阿里山之間下方山谷間的聚落，總覺得那裏離開公路非常遙遠，似乎是過著另外一種生活。

而經過新中橫自忠時，注意到有個稱為「特富野古道」的入口，後來也在幾位車友遊記看過相關的紀錄，才知道這條由舊鐵路所闢建的古道，最後會接到在阿里山公路上看到的聚落－特富野部落，而且，同一條路還可以經過另一個鄒族的大社－達邦部落。

一直想利用特富野古道，當成連接阿里山公路、新中橫與特富野部落、達邦部落，成為一個環狀路線，除了可以飽覽步道優美的林相，還可以感受鄒族部落風情，雖然需要扛約3公里的階梯，卻是非常值得的走法。

高度圖

石棹→自忠→特富野古道→特富野部落→達邦部落

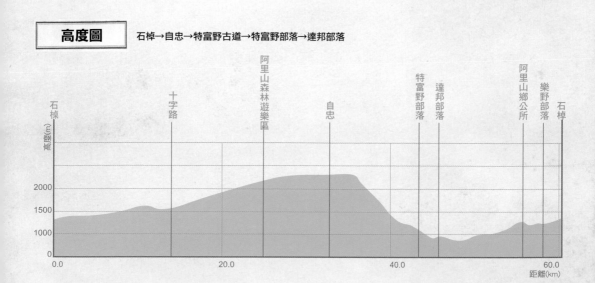

路線圖

尋訪鄒族聚落

　　雖然這路線大致規劃好，但對鄒族的了解有限，於是先收集相關資訊，後來，騎行日月潭邵族伊達邵時，聽聞了逐鹿傳說，了解邵族與鄒族之間的關係，以及曾經行過信義鄉，接觸有許多鄒族人居住的久美部落，漸漸地了解鄒族移動概況。因此，我們把路線重點放在由可以看見玉山[1]的自忠為起點，循特富野古道，下切到特富野與達邦，在達邦民宿住一夜後，隔天再騎回石棹(參考路線圖)。

Day 1 石棹→自忠→特富野→達邦
Day 2 達邦→石棹(順遊阿里山公所、樂野部落)

　　適逢乾季，阿里山公路路況還算不錯，我們傍晚由台北驅車直下嘉義，晚上8:00多就已經抵達頂石棹民宿區，找到事先預訂的「石園民宿」。

　　辦好入住手續，親切的民宿老闆向我們介紹他的珍藏品，其中由檜木雕成的大茶壺，濃濃的檜木香瀰漫四周。據他說，壺身的黑色缺口是雷擊造成的，雖然檜木香味真的很棒，但我更期待明日在特富野古道裡的天然芬多精、負離子！

鐵路花園

　　隔天清晨5:40，位在海拔1300公尺的石棹，溫度非常低，梳洗好，就騎車到公路上的超商吃早餐。石棹是阿里山公路上最熱鬧的聚落，公路與169縣道在此交會，有不少24小時營業的超商，完全不用擔心補給問題。而且，周邊民宿很多，只要不是大假日，也不擔心無處可住，價格還算經濟。

　　石棹到阿里山森林遊樂區之間，是阿里山公路菁華段，清晨路上冷颼颼，不時可以看到櫻花綻放，將灰濁的四周，點綴些許色彩。緩緩上昇中，我們逐漸熱了身，一個轉彎，脫離了濃密杉林區段，整個視野大開，我們抵達阿里山公路69公里附近，這是

註①玉山為鄒族與布農族共同的聖山，而阿里山山脈的塔山為鄒族人祖先靈魂安息地。
註②『「芙谷峨橋」以鄒族原住民語音FKUO命名，意味著滿山遍野的「芙谷峨」樹，其國語學名為「山芙蓉」，為鄒族之吉祥樹種。』，交通部公路總局http://www.thb.gov.tw/epaper/Sites/Page/12?pgid=304

右手邊可以看見日出，也可以看見玉山的路段。

很幸運的，這時陽光漸躍過雲端，灰暗的天空頓時亮起來，瞧見眼前的景象，讓我們不禁大聲歡呼：「我們看見日出，也看見玉山了！」

意外地看見令人超振奮的日出，整個身子熱騰騰的，卯足了勁，續往上爬，來到阿里山公路71公里，抵達一座新建的紅色芙谷峩橋[2]。這座鋼鐵橋是在八八風災發生大崩塌後而建。

在「芙谷峩橋」停留拍照後，很快地抵達了十字路，數年前經過沒有多停留，但今天時間很充裕，當然要好好逛逛，這個阿里山鐵路上著名的小站。

由路旁一段階梯往上爬，一下子就到了火車站，一位老伯正沿著鐵路兩旁，四處打掃，看到我們扛車上來，親切的打招呼，和他聊了一會兒，得知他就住在鐵路旁，見證過阿里山鐵路風光歲月，鐵路旁漂亮的盆栽，全部都是他種的，看在我們眼裡，簡直就是個令人驚豔的鐵路花園。

在十字路車站、十字國小附近繞了一圈，欣賞小山城的春櫻秋楓風光，回到公路上，看看時間已是8:30，短短一段路摸了兩個鐘頭，沒辦法，這段路實在太精采。

騎入森林遊樂區

隨著太陽爬升，山谷下的特富野、達邦部落已經被陽光籠罩，續行穿過明隧道，路邊休旅車上的人，將我們攔了下來，原來是Facebook上經常互動的一位劉姓好友，我們稍稍聊了一會兒，相互道別，繼續往目標前進。

隨著高度上升，陽光已經沒入雲間，溫度也越來越低，我們在阿里山森林遊樂區前停下，眺望了塔山後，就繼續轉往新中橫公路。

到了自忠，原以為隨著高度攀升，能夠突破雲層，感受腳踏

❶可以說這裡是「十字路車站鐵路花園」嗎？
❷十字路車站海拔1534公尺，往這個方向去，可以抵達奮起湖囉！

雲海的仙境想像，但結果卻令人失望，只好期待進入特富野古道前，能更近距離的看到玉山。待我們爬到一處大崩塌旁，從已是危樓的玉山旅店旁，看往玉山方向，厚厚的雲層遮掩著玉山山系，使得各山頭若隱若現地。突然間，天空畫出一片清明，鄒族、布農族的聖山「玉山」，就此矗立眼前，讓人驚豔！接著，我們正式進入特富野古道了！

精彩的原始林

特富野古道全程6.32公里[3]，一如預期，前段多是平整順暢的碎石路，儘管不時會遇到橫過路面的排水溝，但稍微減速、輕拉龍頭，就可以順利通過。不過偶爾也會遇到鋪上枕木的鐵軌段，初時還會下車牽行，但後來發現鐵軌兩旁沒有枕木地帶，反而較平整，於是就改用騎行方式了。

林務局在特富野古道沿線，設有許多解說牌，清楚地介紹了古道歷史，以及沿途生態。

在古道上，舉目所見都是柳杉，由於栽植得早，樹幹非常高大，但和巨碩的檜木比起來，還是小巫見大巫，只可惜這些巨木早被砍伐一空，僅留下空蕩根部，成為人類貪婪的見證。

註③特富野古道位於嘉義縣阿里山鄉，由新中橫公路「自忠」入口至「特富野」，全長6.32公里，單程步行時間約4小時。
特富野古道早期為北鄒族人舊獵徑，日據時期，日本人為伐運阿里山地區蘊藏豐富的紅檜、扁柏，便沿此古道闢築鐵道（舊水山線鐵道），時至今日昔日運材風光雖已不復見，但仍遺留舊鐵軌、棧道與檜木舊橋供後人緬懷當年蒸氣小火車奔馳於山林間的熱鬧景象。民國90年嘉義林區管理處將古道整建成階梯式步道搭配礫石和枕木鋪面，並保留部分舊鐵道鋪面枕木及棧橋，此為該步道最大特色。
摘自嘉義林管處網站：http://www.forest.gov.tw/ct.asp?xItem=34837&ctNode=2309&mp=342

　　邊騎邊走邊推中，輕鬆地完成古道前**3.7**公里，到了舊鐵道盡頭，竟然還不到**12:30**，於是拿出先前買的飯糰、咖啡，祭祭五臟廟。畢竟等等還要往下走超過**4000**個階梯，才能到達另一端的出口。

　　少了運動熱身，就覺得愈來愈冷，趕緊穿回先前已經脫掉的長褲，草草吃完乾糧，即刻繼續前進，希望抵達部落，能夠找到熱食補給。

　　開始扛著單車往下走，直到發現階梯旁，有足夠的空間行車，索性改成用牽行的方式，而隨著高度下降，逐漸進入原始的闊葉林區，周遭景觀也變得豐富多元，不時有鳥禽在林間跳動，精彩的風景，實在是太過癮了！

　　經過連續下坡階梯，我們離開古道才下午**1:40**，預計距離過夜的達邦只有**9.3**公里，而且大多為陡下坡，看來，我們有很充裕的時間，可以先到特富野多逛逛。

　　由步道口通往特富野的產業道有許多分岔，若沒有當地人帶路，很容易走錯，幸好我們是下滑，順著越來越大的路走，終於，在離開古道大約**45**分鐘，煞車片未過熱損毀前，到達了特富野部落。

❶偶而有陽光由杉林間落入。
❷起了霧，古道呈現出另一種不同的風貌。
❸這裡好精采喔，捨不得走太快！
❹往右側翻過一個山頭，才是接往特富野部落。

註④有關ke pana解釋，請參考「臺灣原住民族歷史語言文化大辭典」：古由巴那卅網袋之地(鄒族)
http://citing.hohayan.net.tw/

山間寒意重

特富野和達邦部落是鄒族兩大社，兩大部落保有各自的傳統儀式，和男子會所(Kuba，庫巴)，雖然與漢人接觸的時間早，至今保有這樣的傳承，實屬不易，特別是鄒族的戰祭，不僅嚴謹，規模也相當的大。即便現在不是祭典期間，但親自造訪傳統建築，多少能夠感受這股氛圍。

在部落裡逛了一大圈後，又繼續往3公里的「達邦」前進，途間可選擇藉由取名為「特富野橋」的紅色鋼橋，也能通過「達邦吊橋」前往，原打算選擇吊橋之徑，只可惜橋上有遊客，只好打消念頭。

切往達邦的岔路是一段爬坡，剛進部落就看到路旁曬著愛玉子，而且有牌子寫著「愛玉凍20元」，趕緊買來先填個肚子，又Q又軟，讓人滿足。吃完愛玉凍，恢復了些許體力，繼續往部落前進，一進部落就看到今天要留宿的「給巴娜民宿」。

搞定住宿細節，和女主人羅小姐一起坐在庭院裡聊天。原來，羅小姐是一位鄒族語老師，對於鄒族文化朗朗上口，但因為晚上有客人要來烤肉，她得先去準備，只能相約明天，帶著我們到部落裡逛逛。

晚餐，我們在部落裡，選擇一家簡餐店享用，吃飽後，在部落走了一圈，並在唯一的雜貨店，買碗泡麵和餅乾，再回到民宿！因為房間沒有電視和無線網路，加上外頭又冷颼颼，於是8點多再補充一碗泡麵，就去睡了！

沉浸鄒族風情

陽光撒入山谷的時間，約莫7:00之後，因此睡到第二天快8:00才起床。梳洗完畢，走到民宿前的廣場，民宿男主人安先生，在庭園中忙著收拾前晚客人狂歡後，留下的殘跡。

隨口問了安先生，關於民宿建築外牆上的大面壁畫。他娓娓

道出一段故事：相傳以前布農族人沿著曾文溪，來到達邦附近聚集，為了輕裝攻打特富野，將身上背的網袋留在此地，後來被達邦的人發現，立刻通知特富野部落，並且相偕擊退布敵人，這些布農族人倉促間，連網袋都來不及帶走。於是，民宿以「給巴娜」為名，即是keʉpana(鄒語)，是指「敵人留下網袋之地」**4**！

我們在廣場溫暖陽光下，享用了一頓豐盛早餐後，羅小姐為我們介紹屋裡牆上的照片，有她的家人，有來訪的前荷蘭貿易暨投資辦事處駐台代表胡浩德先生 (Menno Goedhart)，還有Discovery攝影團隊來此工作的紀錄，看來喜愛這裡的朋友真不少。

在民宿繞了一圈，羅小姐帶領我們往部落裡參觀，一路上回應著我們各式問題，一邊介紹部落裡的特色之處。

來到庫巴，羅小姐解釋庫巴建築(Kuba)有許多禁忌，其中有一項是禁止女生進入，因此羅小姐就在庫巴前的雀榕神樹前，為我們解說。而由庫巴和神樹間的縫隙，看往新中橫，山谷的一邊，是現代科技的開山闢路，另一邊則是傳承維繫族群文化，兩者分立而並存，是這兩天來最深的感觸了。

我們繼續往部落裡逛去，羅小姐特別告訴我們，這幢不起眼的建築，是中華電信的機房，當初八八風災後道路完全毀了，工程人員由奮起湖，徒步至此修護，讓部落恢復對外的聯繫，救災資源才得已進入，由她的表情可以感受當時這裡受困時的驚惶，以及恢復對外聯繫時的激動。

在部落廣場上，矗立了一座台灣最高的二二八紀念碑，起因於阿里山鄉的首任鄉長高一生先生和幾位鄒族族人**4**，因受到二二八事件牽連，遭判死刑，這個紀念碑應該就是紀念當時受難的鄒族族人。

我在走回民宿的路上，把這個紀念碑的由來始末，轉述給羅小姐，抵達民宿後，整理好行囊，準備離開。感謝安大哥和羅小姐的解說導覽，讓我們在達邦部落的收穫滿滿，有機會我們一定

❶先找到部落必定拜訪的教堂，再找到男子會所庫巴(Kuba)。
❷鄒族家族的祭屋。
❸這才是日治時期的駐在所(日警官舍原地重建)，現在是阿里山國家景區的達邦遊客服務中心。

還要騎著單車，再來造訪這個美麗的Keʉpana。

　　再度騎進部落繞一圈，才開始往下滑，準備騎往10幾公里之外，阿里山公路上的石棹。離開前找到兩個教會，一個是達邦教會(基督長老教會)，一個是達邦天主堂，相形之下，教會的建築，要比庫巴規模要小，也算特別。

造訪樂野部落

　　離開達邦後，是一段沿著曾文溪上游的下滑段，底端是跨越曾文溪的「達邦橋」，原來，昨天紅色那座聯絡兩部落的鋼橋是「特富野橋」，而「達邦橋」是在這裡。停下來由橋頭往旁邊望去，巨大的崩塌山壁令人生畏。

　　由山谷下方，往上爬了1個小時，來到一個岔路，可見「阿里山鄉公所」的導引指標，而公所附近，是由阿里山公路接迷糊步道的入口，但我們還計畫要去另一個屬於鄒族的樂野部落，所以沒踏入步道，續往169縣道往上爬，沒多久，就到了樂野部落。

　　樂野部落另一個名稱是「拉拉吾雅」(鄒語Lalauya)，意思是美麗的楓香林地，的確，部落裡有不少美麗楓香林，只是現在已經快過楓紅的季節，不然一定會更漂亮才對。

　　離開樂野部落，一會功夫就回到我們停車的石棹，收好單車，在超商吃點東西，開始順著阿里山公路下山，正式結束這兩天前進達邦、特富野，一次很特別的鄒族風光探索旅程。

Youtube影片紀錄

https://www.youtube.com/watch?v=jH0p-K846wA
前進達邦、特富野
《台灣‧用騎的最美》

路線規劃參考

路程安排

個人覺得這路線，由自忠經特富野古道到達邦這段是最精華之處，但是在路程的安排上，卻也是最不容易規劃，因此提供以下幾種路線模式供車友參考(參考路線建議圖一)：

4+2

與本遊記相同，由石棹順時鐘出發，經阿里山公路由自忠進特富野古道，安排為兩日。

由十字路出發，屬於單日行程，經阿里山公路由自忠進特富野古道，但不前往達邦部落。

直接騎往

由嘉義進159甲縣道（大華公路），避開第一段阿里山公路，

在石棹接回阿里山公路，由自忠進特富野古道，順時鐘繞回石棹後，由阿里山公路直下嘉義；途中可加碼安排前往奮起湖、阿里山森林遊樂區。

由新中橫水里端出發，經塔塔加至自忠，進特富野古道接特富野、達邦，爬上石棹後，依照喜好，決定直接下山或轉往奮起湖，再由大華公路下山往嘉義；這走法的概念是新中橫越嶺，但不經阿里山林遊樂區的另一種走法，最好的搭配，是新中橫段為拜訪布農部落，而阿里山公路這邊當然是進入鄒族部落。不管是4+2或是直接騎，這些走法都不適合第一次到新中橫、阿里山地區騎車的車友，因為由自忠下切到特富野、達邦時，如果沒有對此區地理方位掌握好，很容易走錯路，而且路況常因天候、地震等因素而複雜，提醒前往者注意。

行程資訊

Day 0

開車段 🚗 台北→石棹，約299KM，4小時。

住宿：石園民宿，嘉義縣竹崎鄉中和村19鄰石棹15-1號

電話：0932-252333

Day 1

單車段 🚲 石棹→自忠→特富野古道→特富野部落→達邦部落，約46公里。

住宿：給巴娜民宿，嘉義縣阿里山鄉達邦村5鄰108號

電話：05-2511688

Day 2

單車段 🚲 達邦部落→樂野部落→石棹，約14公里。

開車段 🚗 石棹→台北，約299KM，4小時。

時程紀錄

日期	地名	里程(KM)	海拔(M)	方式	時間	備註
Day 0	台北	計約299KM		🚗		於石棹過夜
Day 1	石棹	–	1,305	🚲	6:30	
	十字路	13.5	1,525		8:00	
	阿里山森林遊樂區	25.2	2,227		10:23	未入圍
	自忠特富野古道入口	32.0	2,288		11:13	古道全長約6.3KM，本表之古道出口到特富野部落里程與實際里程誤差較大，因此僅供參考。
	往特富野部落端古道出口	38.3	1,790		13:40	
	特富野部落	43.3	1,043		14:28	
	達邦部落	45.8	929		15:00	夜宿達邦部落
Day 2	阿里山鄉公所	55.6	1,239		10:20 12:00	加碼路程
	樂野部落	58.4	1,155		12:22	
	石棹	60.4	1,305		12:46	
	台北	計約299KM		🚲🚗		

那瑪夏、達娜伊谷環線

天啊！這峽谷在視覺上帶來的衝擊，實在很難用言語形容……就曾經造訪的路線來說，這裡跟南橫霧鹿峽谷、中橫太魯閣峽谷、蘇花清水斷崖一樣，都是屬於適合騎乘單車，且會讓人感受「大自然雄偉，而人類相對渺小」的讚嘆！

鄒　族

上一回造訪阿里山的特富野、達邦部落，和民宿老闆娘談起一些鄒族現況以及八八風災後為復建的努力時，聊到位於高雄境內的鄒族，她有所感地說：「鄒族資源大部分在阿里山這邊，但其實他們跟布農族比較接近。」

聽得她的一番話，搜尋了一些資料，發現那瑪夏和桃源的鄒族，與阿里山這邊的鄒族不太一樣，而且看到屬新中橫一部分的台21線，事實上有一段在那瑪夏，騎行時候，要經過一段宏偉的峽谷，看到能夠騎車穿越高聳峽谷，不由得心動，因此種下了我

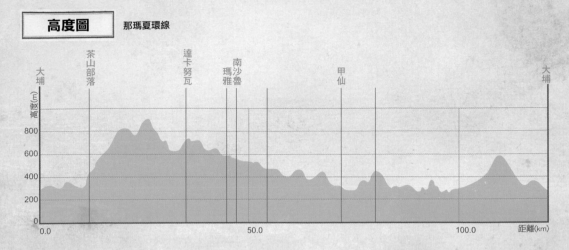

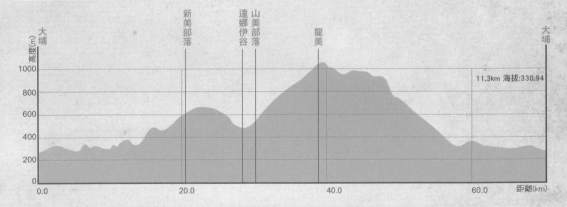

們想要拜訪的念頭。

後來，同屬八八重災區的那瑪夏，經過數年漫長重建，雖然還有些路段得走溪谷便道，但以單車的角度，路況已經相當不錯。有了這個訊息後，讓我認真了起來，規劃從阿里山達娜伊谷，經茶山部落的產業道路，直接越嶺到那瑪夏的路線，能藉由一次行程，同時體驗兩邊雖同是鄒族，但實際差異不小的好路線。

太好了，確認了路能連結，探訪的元素更豐富了起來，再來的問題就是出發點選擇了。

❶清晨大埔拱橋真的好迷人,我們就是要沿這條河往上游爬囉!

串聯鄒族路線

我們計劃先採4+2的方式到龍美,出發繞一圈回到中埔,再搭公車到龍美,並且開車下山載單車。而在搜尋資料時,意外的發現單車二人組部落格的兩位前輩,曾經由龍美走一條草山產業道路,切到台三線曾文水庫的大埔。

這個發現讓整個路線豁然開朗,因為台3線的大埔可找到住宿處,且能將那瑪夏和達娜伊谷繞出兩個環線,以2天2夜的行程來規劃,感覺上就是一個很完美的路線。

確定了出發點,順利地畫出路線(參考地圖),我們把路程分為兩天進行,第一天以順時針方向,走往南那瑪夏環線,第二天預計以逆時針方向,往北走達娜伊谷環線,兩天的出發點都是大埔。

Day 1 那瑪夏環線

從台北開車4～5個小時,約莫晚上9點多抵達嘉義大埔,雖然沒預先訂房,但也順利找到距離大埔街上不遠的大埔山莊,搞定兩天的住宿早早就寢,以充足精神,應戰隔天120公里那瑪夏環線。

隔日一早起床,先到大埔唯一的超商7-11早餐並補給,然後順著地上自行車道指標騎了一會市區,來到了台3線,一路往北騎著,路上可以看見曾文水庫。在台3線看到「3/333K」的指標,練續四個3排著,似乎意味此行要爬很多個「山」!

過了大埔拱橋,馬上進入嘉129鄉道,開始陡爬升,沒多久,就可以清楚俯瞰看橫跨曾文溪的無橋墩拱橋;再沒多遠,則有一座極為壯觀的青雲瀑布就在路旁,雖然現在是乾季水很少,但可以想像在豐水期時這裡絕對有讓人震撼的場景。

雖然往茶山部落的嘉129鄉道(青山產業道路)非常陡,但是幾公里下來,看到大埔拱橋、探清雲瀑布及賞曾文溪谷,就已經讓我們直嘆這次的路線規劃,相當有看頭的了。

❶清晨大埔拱橋真的好迷人,我們就是要沿這條河往上游爬囉!

路線圖

18
阿里山公路
阿里山公路
18
龍美
山美
達娜伊谷
新美
3
大埔　大埔拱橋
茶山
達卡努瓦
曾文水庫
21
瑪雅
3
南沙魯
世紀大峽谷
3
小林村遺址
21 (註)
20
南化水庫
甲仙
20
20
21

圖例
● 景點　---DAY1 那瑪夏環線
　　　　---DAY2 達娜伊谷環線
註：本圖台21線現已改編為台29線，
因配合遊記圖文，仍以台21線標註。

今天目標是那瑪夏的南鄒，但路線上會先經過美麗又熱情的茶山部落，進入部落後，四處可見充滿『原』味的木雕、石雕和涼亭， 而且整個環境很清爽又有規劃，也有民宿，不禁回頭跟Toby說：「下回若是由達娜伊谷那邊過來，要考慮把過夜點選在這裡，因為這裡簡直是太棒了。」

原味十足那瑪夏

離開茶山村之前，經過一家茶廠正在整理早上剛採下的春茶，院子裡小朋友正和豢養的小山豬玩耍。我們被這些茶葉新鮮的茶香吸引而停下來，問了老闆才知道這叫做「珠露茶」，雖然我們不懂茶，但看到茶葉上沾滿露珠，而且又那麼香，若是烘培過，想必泡起來一定很棒。

後來遇到的一位正在採梅子的農人，看到我們騎單車經過，送我們一堆碩大梅子，拿了一顆用手擦擦直接入口，酸溜溜的滋味，讓原來有些疲憊的我們，馬上精神抖擻。

由茶山部落續爬了十幾公里、高度上升約500公尺後，來到最高點附近，很清楚地看到楠梓仙溪溪谷，以及達卡努瓦、瑪

雅、南沙魯等三個主要部落，依序散落在玉山山脈尾側山腳下。楠梓仙溪河岸在八八水災後支離破碎，受損非常嚴重，長期都得走溪谷便道，其中較下游的甲仙區小林村，即是在當時被土石掩埋而滅村。

下滑到溪岸的公路後，我們先反向往上游走，計劃造訪達卡努瓦。在這裡看到路標是台21線，接著，進入分為兩村的達卡努瓦。我們先到據說卡那卡那富族人較多的一村。由於天氣燥熱，逛了一圈後，就在小店喝飲料休息，老闆娘是一位年輕的布農族女生，她告訴我們，在她旁邊玩耍的小女生，就是不太會講族語的卡那卡那富族人。

吃完冰休息了一會，跟那幾個小女生玩了一會，繼續在部落逛著，順道還逛了鄒族祭場。

在一村待了許久，才繞往大多屬布農的二村逛了一圈。由於後面尚有80幾公里的路程，雖然最陡的路段已經騎完，但現在已經是快12點，不再多停留，準備離開達卡努瓦，開始進入下半天的路程。

事實上那瑪夏是個多族群的領域，除了卡那卡那富族、拉阿魯阿族，還有布農族、泰雅族，當然還有漢人。套句我們在南沙魯吃愛玉冰時，碰到的店家老闆娘所說的：「與其去九族文化村，倒不如來我們那瑪夏啦！」

離開那瑪夏，往甲仙的路上，順著大多是下坡為主的台21線往南，道路上煙灰漫天，許多工程都還在進行，有時騎在已經平暢的公路或橋梁上，有時則是進入溪床便道，逐漸的，兩旁山勢越來越壯闊，我們已經進入那瑪夏與外界天然屏障「世紀大峽谷」了。

但這段路的地質看得出只要雨下大一點，一定很容易中斷，但即使不考慮天災，這還是台灣山區特有的現象，這次親身經過，完全可以體會在這裡生存的艱鉅。

❶兩杯冰涼的愛玉，和兩隻部落媽媽手工貓頭鷹，讓這趟旅遊有著更多的感動。

　　途中經過的錫安山，在八八水災時也是受損慘重，現在好不容易恢復。而過了錫安山，河谷逐漸開闊，幾個上下坡後，我們經過小林村遺址，並在小林村紀念公園短暫停留。

　　由紀念公園展望往小林村遺址，很難想像整個村落被這麼大一片土石淹沒，心中不免糾結了起來，希望台灣千萬不要再有悲慘的天災發生。

　　收拾起心情，繼續在愈來愈熱的公路上，快速移動，經過了小林村遷村的新址，心裡才較坦然些。在默默地趕著路中，我們在下午2點趕到了甲仙，並在此地慰藉五臟廟。

　　吃飽後，當然要試試甲仙著名芋頭冰去去火，不過，可能是我們口味太挑，選擇的這一家雖然極富盛名，但好像少了該有的原味，好可惜！吃完，Toby特地指定要到甲仙國小看看，因為電影《拔一條河》紀錄片，描述甲仙歷經風災起落，甲仙國小的孩子參加拔河比賽，為家鄉喚回信心與勇氣，讓她非常感動人。

　　有時我會覺得，紀錄片確實可以感動很多人，但不是每部都能讓人感動；我們喜歡騎單車到部落，是因為整個過程，就像親自經歷了一部會全身感動的紀錄片，而這是單車人可以輕易作到的。

　　後面大約剩下50公里，但這時已經快3點，加上關山產業道路路況仍是未明，因此不在多停留，還是趕緊繼續努力吧！

　　在甲仙走了一段台21線與台20線共線路段後，開始繞往山區，我們要再度進入阿里山山脈尾段，爬了一會山路，雖然還很熱，但在要切往關山產業道路入口，問了一位在路口擺攤的大嬸，確定了道路可通行，讓我原本的擔心，整個輕鬆了起來。

　　轉入南179鄉道（關山產業道路）後，少了汽車干擾，大部分時間是安安靜靜的，隨著高度的上升，以及太陽西斜，愈來越舒服了。順著南化水庫騎著，山勢忽上忽下，若是清晨騎上這段路，所見的景象，絕對會美到爆！

大約傍晚6點，終於越過海拔500多公尺的高點，並進入連續下滑段，這時道路標示轉為嘉149鄉道，意味進入嘉義縣。

約莫6點接上了台3線，趁天還沒完全暗，我們卯足全力，終於趕在6點45分、天剛黑時，返抵大埔的旅館。

在旅館和老闆、老闆娘分享了一些今天的路程、路況後，也向老闆詢問明天往達娜伊谷的路線，該怎麼走較適合？了解往達娜伊谷，不須再爬上茶山部落，而是在中途轉走一條小路，雖然路況較差，但可以接到新美，續往達娜伊谷。

Day 2 達娜伊谷環線

一早把行李先放到車內，然後退房，老闆同意我們回程時，能在旅館沖澡後，再離開。如此一來，不需要將所有家當背上身，可以輕裝地出發，想想真的是超幸福。

到街上吃過早餐，先在老街逛了一圈，才騎入台3線，跟昨天一樣，先往北行。今天要走的目標是前往達娜伊谷(路線參考本篇開始時的地圖)，出發後很快地通過大埔拱橋，一樣是沿曾文溪，往上游騎，到了橫跨曾文溪通往茶山部落的紫荊橋前，離開嘉129鄉道直行，進入地圖上稱為美寮部落聯絡道的小徑。

這路經過的車輛看似不多，一路騎愈來越偏僻，偏偏又遇不上路人可打聽，只能硬著頭皮繼續騎，沒想到，前方卻蹦出一個範圍極大的崩塌，我們只好暫時打住。

在沒人可詢問的窘境下，打開手機在地圖上定位，發現右轉往下，經過一座橋後，能接上嘉129鄉道，可抵新美部落。

確定了路線，放下心裡的憂慮，快樂的下滑後，由橋上四周看去，看見剛剛通過的崩壁高掛山腰，而橋下的曾文溪碧綠溪水動人，再往上游看，還有座已經損毀的吊橋，將這山谷刻劃出一幅曼妙的景象。

想想走這條小徑景色還真出人意料的棒，只是相較茶山那條

線路,是要爬不少坡,花費不少力氣,但是景致各有特色。若是只安排由大埔往達娜伊谷,我覺得還是經茶山部落較適合,畢竟茶山部落沒去可惜,而且路況也比較穩定。當然,若是要一次玩兩個環線,還是可以走這段啦!

過了溪橋開始再往上爬,路旁出現一個小聚落,門牌上標示茶山,但是教會的名稱是「真耶穌教會新山教會」。在這裡回頭,有條路切往上方,而我們是由旁邊的小徑爬上來,原來,這條即是通往昨天去過的茶山部落(珈雅瑪部落)。事實上這整個區域都屬於清幽漂亮的茶山村,騎到這裡才了解,昨天只是走了茶山村一邊,而今天是完成了另一邊。

離開小徑,進入嘉129鄉道,騎經綠蔭下,雖然這段路又上又下,而且爬得高度不低,但是以單車觀點來看,整段路的景色都超棒,路況、坡度都好,這是一條不可多得的好路線。

我們在9點多來到抵達達娜伊谷前,最大的新美村落,這裡也是鄒族的聚落,與茶山有著相同的寧靜,不同的風貌。剛進部落,發現路的左下方有座小巧,卻很有特色的教會,因此將單車放在路口,走下去探訪。

在拍照時,和一位也是有騎單車的楊先生聊了起來,才知道他們由高雄,專程開車來替教會安裝新的鐘。經過他的說明介紹,得知這個新美教會慘遭祝融,十幾年前部落發生大火,教會遭波及,後來在後方建置了新教堂;前方是舊教堂,有些斑駁且優雅,是刻意被保留了下來。換言之,新美部落與新美教會,都是浴火重生後,屹立於阿里山脈的深處。

聽了楊先生的介紹,特意往後方新教堂走進去,看到教會裡正在幫小朋友做課業輔導,由於我們一身單車打扮就沒有多打擾。回到教會正前方,可以看見剛吊上去的鐘高掛在鐘塔內,相信未來騎車抵達部落,甚至在遠處,就可以聽見悠揚的鐘聲迴盪於山谷間。

❶由高處往下看,後方灰色建築應該就是後來新建置的教堂,而前方即是舊教堂。

　　跟教會朋友告別後，離開新美沒多久，就進入山美，等等往下滑到底，即是達娜伊谷，也就是此行的終點了。雖然目標已近，但看著遠方山稜線的龍美，卻有些頭痛，因為由大埔一路騎到這裡，上上下下的坡度並不低，逛完達娜伊谷，若要原路返回，比起爬往龍美，不會比較輕鬆。看來，等等要硬著頭皮攻往龍美，而且要保佑草山產業道路可通行，否則就只能由阿里山公路下山，然後到中埔換搭公車，回大埔開車了。就在盤算接下來的騎行路線時，我們已經進到達娜伊谷。

抵達終點達娜伊谷

　　今天的路線，一直是沿著曾文溪往上游走，途中跨越幾次溪谷，最後一次是跨過達娜伊谷。達娜伊谷溪屬於曾文溪上游集水區，溪中俗稱苦花的「台灣鯝魚」數量豐富。過去，外來人在達娜伊谷溪毒電魚太猖獗，危及飲水安全破壞了生態1983年的村長高正勝提出封溪封谷、建造生態公園的構想，經由族人貢獻將原有漁場，並成立生態保育區，才讓達娜伊谷溪魚群恢復榮景，也因此聲噪一時。但在八八水風災中，達娜伊谷遭巨大石塊吞沒掩埋，經過快兩年的努力重建，「達娜伊谷自然生態公園」才在2011年2月重新開園，展現出鄒族堅韌而動人的生命力。

　　我們今日前來，打算入園參觀，將單車寄放在售票口旁，然後買了票跟著遊客入園，原本以為不會有太多遊客，沒想到入園後人聲鼎沸，真有點出乎意料之外。

　　進到園區沒多久，看見河谷上佈滿大小不一的石塊，還有一座以藍底白字標示的「達娜伊谷吊橋」，絡繹不絕的遊客走在吊橋上，對於昨天剛繞了一圈那瑪夏的我們，覺得這裡已經是大眾遊樂區了。

　　這時是上午10點半，園裡表演區10:40有原住民歌舞表演，由於肚子實在餓，於是放棄看表演，直接前往在吊橋旁的攤子用

餐。填飽了肚子和鄒族老闆哈拉，即便他沒有走過草山道路，但和朋友討論的結果，告知我們應該可通行，同時，也建議我們到龍美時，再向當地人確認！

吃飽了，也有了老闆給的信心，兩個人簡單討論一下，就決定上阿里山公路的龍美囉。

快接近龍美時回頭看，迷濛山谷中，隱約可以看到上午經過的新美部落，而最令人興奮的，是前方山頂似乎有一條山路可繞過去，那應該就是草山產業道路，看起來路況應該不錯。

爬至龍美，跟公路邊的麵店，買了瓶沙士退個火，順便詢問老闆娘往草山村的路能不能接到大埔，結果答案讓我們很開心：

「的確可以走！」

我們要走的這條小路道路編號是嘉131鄉道，Google地圖上是寫「草山產業道路」，龍美這邊是起點，里程指標為0公里。走大約2.5公里後，需要右轉離開「草山產業道路」，岔路口有一個指示牌顯示可以接到台3線。

在幾無車輛的小徑下滑，到了一個岔路口，這裡雖有個指示牌，繼續下滑，岔路右轉後路開始變小，而且遇到幾次陡上坡，最後是一段超陡的下坡。

媽呀！要接到台3線前，陡到剎車都快煞不住了，這時不免嘀咕，如果早上是順時針走，由這段上爬，一定會吃進苦頭！

最後，終於在指標318.5公里附近接上台3線，以大埔位於台3線337公里來看，大約還剩18.5公里，不過大多是下坡，因此沒什大問題。很快地，連續下坡中已經看到遠方的大埔橋，我們即將結束兩天的行程了！

再次來到台3線指標333公里處，我們在這裡停下來拍個照，紀念終於完成那瑪夏、達娜伊谷雙環線，更紀念在這次旅途中，找到心目中的夢幻路線－原鄉單車縱貫線。

Youtube影片紀錄

那瑪夏環線《台灣‧用騎的最美》
https://www.youtube.com/
watch?v=7DFetx6tCQ4

達娜伊谷環線《台灣‧用騎的最美》
https://www.youtube.com/
watch?v=b4bwRx0fpZw

路線規劃參考

路線串聯
若是由本遊記中提到的「原鄉單車縱貫線」概念來看這路線，可以修改為由水里沿台21線（新中橫）到自忠，切入特富野古道經特富野、達邦，轉上台18線（阿里山公路後），在龍美下切達娜伊谷，然後經茶山部落越嶺經那瑪夏抵達甲仙，然後續往屏東縣方向，或轉西由南橫往台南。

注意那瑪夏路況
甲仙→那瑪夏間的台29線(原台21線)由於在八八風災中受損嚴重，因此計畫要前往的車友，可利用省道路況及災害查詢專線：1968，查詢最新路況，若是行前遇到有颱風或是豪大雨，盡可能儘量避免安排前往，此路線建議以秋冬的乾季來安排為宜。

行程資訊

Day 0
開車段 🚗 台北→大埔，約305公里，4小時。
住宿：大埔山莊
地址：嘉義縣大埔鄉大埔村200號之1
電話：05-2521089
Day 1
單車段 🚲 大埔→那瑪夏→甲仙→大埔，約121公里。
住宿：大埔山莊
地址：嘉義縣大埔鄉大埔村200號之1
電話：05-2521089
Day 2
單車段 🚲 大埔→達娜伊谷→龍美→大埔，約70公里。
開車段 🚗 大埔→台北，約304公里，約4.5小時。

時程紀錄

日期	地名	里程(KM)	海拔(M)	方式	時間	備註
Day 0	台北	計約305KM		🚗🚲		於大埔過夜
	大埔					
Day 1		–	240		6:45	
	茶山部落	11.8	417		8:00	
	達卡努瓦	35.6	741	那瑪夏環線	10:40	達卡努瓦一、二村均有造訪
	瑪雅	45.2	579		11:58	
	南沙魯	47.4	556	🚲	12:10	
	甲仙	72.8	256		14:05	甲仙休息午餐
	大埔	121.3	240		18:40	
Day 2		–			6:30	
	新美部落	20.4	583		9:20	
	達娜伊谷	28.1	450	達娜伊谷環線	10:15	入園參觀並午餐
	山美部落	29.7	530		11:37	
	龍美	38.6	1,055		12:50	
	大埔	70.1	240		14:50	
	台北	計約304KM		🚗🚲		

南安八通關，
南橫東段沿山行

重返睽違已久的南橫，我們是非常激動的；
而要單車環球、把台灣當為第一站的佳誠，已完成北、中、新中橫，
獨缺的就是南橫，因此，我們在初來橋往新武呂溪上游南橫看去時，
內心都是熱血彭湃！

布 農 族

在以往的印象，布農族是屬於高山族群，個性不愛出頭，幽默隨和，印象中與台灣較北邊的泰雅族、賽德克族、太魯閣族強悍性格不同。但事實上，布農族驍勇善戰崇尚自由，只要自己的權益或生活被干擾，就會想辦法解決，且不惜以武力爭戰來保衛自己的家園，日治時期布農族人對日本人統治的抵抗，在日本完全統治台灣後多年並未停止，甚至延續到1941年(日本戰敗前4年)都還發生內本鹿事件，抵抗日本的移居政策。

單車環球客

前面雖說布農族屬於高山族群，但近代因戰亂、政治等因素，布農族人已經遷居於中央山脈兩側，這次的行程，就是要探訪中央山脈西麓布農聚落，並淺探八通關越道東段前段－鹿鳴古道，以及造訪前身是關山越嶺警備道的南橫中的部落，由於南橫目前尚未通車，因此最終點設定在目前布農族海拔最高的利稻部落。

高度圖 鹿鳴古道→卓富道路→池上

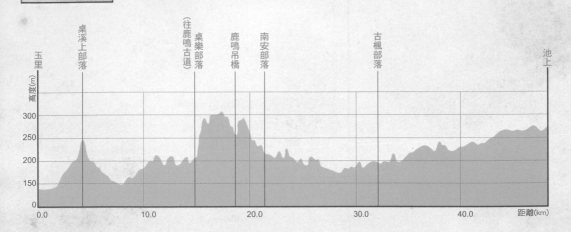

玉里　桌溪上部落　（往鹿鳴古道）　桌樂部落　鹿鳴吊橋　南安部落　古楓部落　池上

高度(m)

300
250
200
150
0

0.0　　10.0　　20.0　　30.0　　40.0　　距離(km)

高度圖 池上→龍泉部落→霧鹿部落→利稻部落→海端→鹿野高台

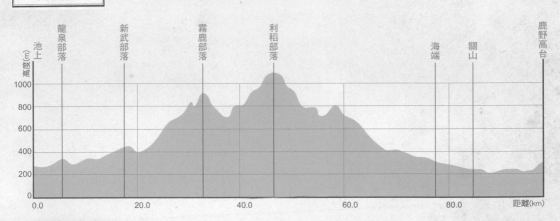

池上　龍泉部落　新武部落　霧鹿部落　利稻部落　海端　關山　鹿野高台

高度(m)

1000
800
600
400
200
0

0.0　　20.0　　40.0　　60.0　　80.0　　距離(km)

高度圖 鹿野高台→龍田村→桃源部落→紅葉部落→鹿野火車站

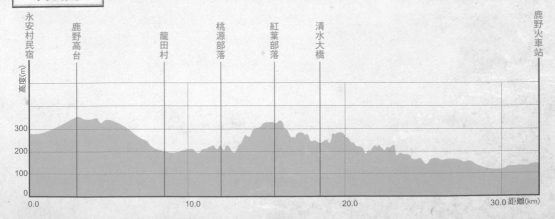

永安村民宿　鹿野高台　龍田村　桃源部落　紅葉部落　清水大橋　鹿野火車站

高度(m)

300
200
100
0

0.0　　10.0　　20.0　　30.0 距離(km)

我們路線集中在台灣東部的花東縱谷靠中央山脈側，透過火車接駁由玉里騎車出發，先去看看屬於原住民鄉的卓溪，然後再經玉里，往南安方向走一段屬於八通關古道東段的鹿鳴古道；接著進入南橫公路，拜訪沿途的布農部路，於海拔1000公尺的利稻折返，下山後經海端鄉去拜訪延平鄉的紅葉部落。

由於要保留多一點時間在部落逗留，因此路程分為三天進行：

Day 1：玉里→卓溪→鹿鳴古道→池上

Day 2：池上→南橫／利稻→鹿野高台

Day3：鹿野高台→桃源部落→紅葉部落→ 鹿野

這些路線以前大部分走過，而這次是以串起東部布農部落，重返過往路線，發掘以前未看見的美景，因此我們特別的期待。

出發的時間刻意安排在花東稻子成熟的六月天，很早就預先訂好來回的台鐵單車專屬車廂。或許是單車專屬車廂，在萬華上車後，在三節兩鐵車廂中遇見許多好友。

很幸運的，抵達玉里時已經是艷陽高照，雖然很熱，但明天要進南橫山區，萬一下雨總是風險較高，因此還是計劃早一點出門以及利用傍晚多衝一些距離，避開最熱的時段。

此行我們還有個任務，就是和正在單車環球旅遊行的馬來西亞車友吳佳誠先生，由好友定芳小姐帶來與我們在玉里會合，沒意外的話，他將加入我們這三天的行程。

一出站就看到個頭不高，個性靦腆的佳誠，簡單打過招呼後，就直覺是一個很nice的朋友。他的這趟環球之旅，選擇台灣為第一站，先前看過他的新聞報導，知道他到台灣環島，目前已經騎了北、中橫公路，我們這趟恰好安排進入南橫，應該非常適合才對。

由於定芳對玉里地區非常熟，提議帶我們去拜訪一位服務於玉里天主堂的法國籍神父劉一峰先生。跟著定芳的車繞了兩三個彎，一下子就抵達玉里天主堂，親切的劉神父熱情的接待，簡介

路線圖

卓溪部落
卓溪
玉里
193
鹿鳴吊橋
玉山國家公園南安遊客中心
南安部落
卓樂部落
鹿鳴古道
9
3
9A
9
利稻部落
龍泉部落
霧鹿部落
9
新武部落
池上
海端
9
關山
197
197
鹿野高台
桃源部落
鹿野
紅葉部落
9
197
9

圖例
景點
單車路線
公路
DAY1
DAY2
DAY3

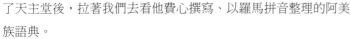

了天主堂後，拉著我們去看他費心撰寫、以羅馬拼音整理的阿美族語典。

在玉里天主堂待了許久，才告別神父，在街上用過午餐，雖然中午12點多的陽光熾熱，但幸好有風，我們還是按著原定路線，騎往卓溪部落。

往卓溪部落途中和佳誠閒聊一會，除確認他的狀況，也想多了解他一些。原來他曾來台參加過比賽，因為很喜歡台灣，因此

① 卓溪村口布農族人進行祭典時圍繞吟唱八部合音祭歌的雕像。

把台灣設定為環球第一站，目前已經騎了北橫、中橫、新中橫，確認經驗體力都不是問題。其實應該說能夠要環球的人已經都是很不簡單。

玉里的日治遺跡

卓溪鄉位於花蓮南邊，是一個以布農族為主的山地鄉，鄉公所離玉里車站約2.5公里，順著美麗的花70鄉道騎了一會就抵達有著濃濃的布農風格的卓溪村。卓溪雖然廣闊但都是山地，部落都不大，我們順著沿卓溪溪畔小徑騎進卓溪部落、卓溪上部落，和部落裡乘涼的族人及阿嬤聊了起來。

由卓溪上部落的高處，望往縱谷，這時夏天的西南氣流，正推著雲快速往北移動著，也讓花東鐵路火車鳴聲，變微小而斷續；告別布農阿嬤，我們起身往回下滑，準備回到玉里，尋找一處這趟想特地去看看的日治時期遺跡。

回到玉里，由玉里榮民醫院南邊的西邊街進入，沒多久就看到路旁不起眼的路邊，有個玉里神社遺址導覽牌。

玉里神社建於1928年的日治時期，就在1924年竣工的八通關越嶺道旁。八通關越嶺道是當時重要道路，也是攀登玉山的入口之一，因此入山前必定會到神社來祈求平安。八通關越嶺道東入口在玉里街上，位於中山路二段、民族街口，不過現場沒有任何以前的遺跡了。

玉里榮民醫院附近的這條西邊街，地理位置上應該就是當時的八通關越嶺道的一段，只是現在已經是寬大的柏油路面。

「玉里神社」是靠當地文史志工辛苦整理回復，2008年被列為花蓮縣定古蹟，但若不是事先有做些功課，而且是要串起布農部落為路線，以「八通關越道」為指引，還真不知玉里藏有這麼富代表性的日治時期遺跡。

由於天氣實在太熱，因此離開玉里神社後再度返回玉里街

上，在圓環旁一家以前去過的冰店，大夥先吃個剉冰降溫，在冰店與老闆娘聊了好一會，等到陽光被午後的積雲遮蔽，較涼爽些了，才再度起身沿著山邊，也就是以前八通關越道的方向往南安前進，這個路線現在是被規劃為「玉山自然騎士鐵馬道」。

今日重頭戲－鹿鳴古道

順著山邊小徑沒多久接上台30線，遠遠已經可以看到另一個布農部落－卓樂。轉進部落小繞一會，這部落與卓溪部落一樣，簡單而樸雅，騎到這裡已經不似剛才的酷熱。繞了一陣子，才在部落西緣找到卓樂國小，我們準備要前進今日另一個重頭戲－鹿鳴古道！

鹿鳴古道入口有兩個，一個是位於台30線過南安遊客中心後的鹿鳴吊橋，一個是由卓樂國小旁一條非常陡的小路進入約不到2公里處。由於我們今天這趟概念上是沿八通關古道路線走，因此選擇由卓樂國小旁進入，然後由鹿鳴吊橋出。

寫到這邊做個註解，以日治時期八通關越道來看，現今這條古徑，由玉里開始的束段會見到以下不同名稱（不包含道路名稱）：

「玉山自然騎士鐵馬道」、「八通關越道：鹿鳴吊橋段」、「瓦拉米鐵馬道」、「瓦拉米步道」

「玉山自然騎士鐵馬道」和「瓦拉米鐵馬道」只是將道路漆上標示及指示牌；「八通關越道：鹿鳴吊橋段」與「瓦拉米步道」是大部分保留了八通關越道原始的碎石小橋路況。

往古道一開始的水泥小路非常陡，騎沒多久每個人都改用推車的，好不容易推到較平緩處，這時路上積滿落葉，應該是很少人進來，所以蝴蝶四處飛舞並不怕人。在滑溜水泥小路邊推邊騎，由茂密的樹叢從縫隙看出去，看到拉庫拉庫溪對岸的南安部落，已經在下方處好遠，可見已經爬了不少高度，等等碎石古道段應該是下坡居多。

我們由卓樂國小旁小徑出發,半個小時後終於抵達鹿鳴步道入口。入口解說牌上將日治時期與清代的古道位置清楚標示,可以看出兩個時期古道相距甚遠。

興奮地進入古道慢慢騎著,數十年前歷史的畫面劃過思緒。

古道許多段是由山壁開鑿出來,有時路幅很小,但都屬平整。而這些外露的岩石節理很特別。

2公里多的鹿鳴步道不長,不過因我們邊走邊拍照,通過由日治時期舊吊橋重建的鹿鳴吊橋,已經是下午5點了,因此通過吊橋後不再多停留,推著單車上到台30線,等等繞進南安部落一片美麗稻田後,就直接要由卓富產業道路,往池上方向前進。

回到公路後是暢快的下滑,來到期盼中南安部落裡的稻田,剛剛是由高處往卜看,現在是直接進到現場,濃濃的稻香味真是讓人陶醉。

夜騎卓富大道

由於明天預計要進入南橫,而且要造訪一個名為龍泉的部落,先前搜尋到一家位於初來橋不遠的「布農民宿」,可惜去電得知今天已經客滿,因此決定今夜先住到距離龍泉部落約5公里的池上。於是預約好5年前騎進南橫時,住過的「燕之家民宿」,確認了房間,由卓富道路開始前往池上。

在處理好一切後,開始卓富道路夜騎,繼續往池上前進。

由於古道花的時間太久,卻換來一個非常難得的經驗,因為以美麗稻野美景著稱的卓富道路,我們在星空下感受它的風情,在沒有路燈,漆黑但飄著稻香的路上,望往台9線川流的燈火,還真別有一番趣味!

在黑夜無車的卓富道路,大夥狂飆一大段後,在往石平部落前,切往富里,改走台9線,8點多終於抵達池上。入住到民宿,洗去一身疲憊,期待明日最期盼,已是相隔6年的南橫之行啦!

Google街景帶來的驚喜

雖然6年前曾經東進南橫越過中央山脈到台南，但這次是以布農部落為主，目標設定在南橫沿途的新武、霧鹿、利稻等部落，因此把時程刻意放慢，同時也試著尋找進出南橫時，可以納入路線的好去處。

也就因為這個想法，在**Google Maps**找到一個布農部落，叫做「龍泉部落」，記得當時使用了**Google**街景模式，進入了龍泉部落前方一條筆直小徑，電腦螢幕出現一個令我大吃一驚的景象，由**Google**街景，看見那是條筆直而沒有電線桿的小路，而且旁邊是漂亮黃金稻香，比池上的伯朗大道還棒啊！

這個意外看見的景象，讓我刻意將這次行程安排到六月中下旬，趁稻作快成熟時刻來造訪這個部落，加上恰好遇上梅雨季結束，真是非常幸運的了。

一早5:30離開民宿，看到太陽還在海岸山脈後方，為了有足夠的時間找到最佳角度拍照，大家有默契地迅速往大坡池移動。來到大坡池，已經有車友在此聚集，仔細一瞧，原來是好友帶著香港來的朋友來此，很意外的遠在台東相遇，簡短的聊了兩句，我們還是趕緊往大坡池另一邊去找好位置囉！

拍完照，太陽一出來，馬上啟程，我們要趕往5公里外、中央山脈山腳下，去尋找一個秀姑巒溪源頭下的布農稻香源。

往龍泉部落途中，看著陽光由海岸山脈躍出，原本覆蓋在花東縱谷的薄靄迅速消散，原野露出黃澄澄的稻海，微風推送著濃郁的稻香，開始迎接每一位來訪的旅人。

離開池上市區2、3公里，漸漸靠近中央山脈，眼前出現的景象，實在美到令人捨不得眨眼，這時心裡不禁激動著，原來，除了伯朗大道外，還有這麼棒的地方！

在中央山脈山腳下田間小徑騎了幾圈，我們將預先準備的早點取出，大方的直接坐在馬路上邊聊邊吃。

❶南安部落的這片稻田是我們見過最美的田野之一。
❷換個角度看看剛剛身處的南安稻田(由遊客中心旁瞭望台)。
❸好棒的日出大景，池上的美實在名不虛傳啦！

❶直瀉而下的白色水瀑，這即是村內朋友說的「秀姑巒溪源頭」，龍泉瀑布。
❷踏上歷史事件發生處，望著靜謐的綠林山野和浮雲。！
❸砲台下方即是霧鹿國小及部落
❹更遠的山頭也在大砲射程中

吃完早餐看時間不早了，該是繼續前進了。由於今日想直接騎往鹿野高台，時間上很充裕，因此留在田裡小徑多拍些照後，才進入部落後看看有沒有族人給我更多的驚喜。

進到寧靜的部落逛著，在一家小商店前恰好有5、6位部落裡村人在聊天，我想這是一般都市看不到的景象，因為這時雖然陽光高掛，但也才早上7點，村裡要忙的人已經都出門了。

「裡面一點可以看到漂亮的瀑布，是秀姑巒溪的源頭喔，你們要去看看啊！」

熱情好客的她們推薦了我們去看瀑布的地方，真是太棒了！

看完瀑布聞過稻香，心滿意足地順著往外的小徑進入台20甲線，順路逛進沿途的陸安部落、錦屏部落。緊接著，我們即將進入期盼已久的南橫公路了。

內心熱血彭湃

剛轉進南橫沒多久，看到一個造型非常特別的「逢阪事件紀念碑」，立碑處即是Aisaka（日音愛沙卡，即是逢阪）舊址附近，碑上記載布農族海端三大歷史事件之一的逢阪事件發生始末，事件主角抗日英雄拉瑪他星星(編按，因為布農語音，也有稱為「拉瑪達星星」，Lamatasinsin)被逮捕後，寧死不屈而壯烈成仁，是日治時期，布農族抗日的重要事蹟。

由初來橋進入南橫，大約5公里路程來到新武部落，由於新武部落位於剛進入南橫不遠，而且是得離開公路小爬一段才能抵達，若不是刻意要探訪，甚少有遊客會進入。我們既然是以探訪布農部落，當然不能錯過。

進到部落，還真的被這個整潔漂亮的聚落嚇了一跳，簡直是個世外桃源，騎單車進部落，實在處處是驚喜啊！

離開新武部落，南橫開始進入一段令人驚豔的山谷風光，我們就在潺流水聲、幽谷風聲中，讓優美又磅薄的畫面感動著。

　　繼續出發後接著來到下馬部落，這裡是一個小部落。繞進去看看，與部落裡一位老人家聊了一會，繼續往下一個重要部落－霧鹿部落前進。

山中的俄製大砲

　　由於霧鹿部落位於離公路入口，約海拔落差達約100公尺，更高的山腰平台，除非是開車，否則甚少有車友，會刻意多騎這段陡落差到部落，我們這次是專程拜訪部落，而且霧鹿部落又是東布農的重要聚落，當然要上來好好看看。

　　在豔陽下忍著有些熱的陽光，好不容易爬完坡，進到霧鹿部落，發現這裡與新武部落一樣整潔動人，社區裡見不到任何垃圾，小朋友就坐在路旁樹蔭下嬉戲，看到我們經過，嘻嘻哈哈的喊著加油。由於此行要去位於部落裡的霧鹿砲台，Toby找了位居民朋友問路，得知是在部落盡頭的霧鹿國小左邊，因此我們由部落正中央的主道騎到底，果然看到左邊有條小路，也有指標指引。

　　霧鹿砲台位於山頂，有階梯可到達，我們將單車放在入口，改由步行方式走上去。霧鹿砲台的展望非常佳，除可以看到霧鹿峽谷對面，大約與砲台同高的南橫公路，另一側可以俯瞰整個霧鹿部落，也就是日本人以俄製大砲設於此，附近的布農族人都在其射程視線中，可以想見這裡在當時肅殺的氣氛。

　　砲台對面就是南橫公路，而砲台正下方是天龍飯店。由飯店旁走過天龍吊橋，進入天龍古道後，可以一路上升至南橫公路的古道出口。我們騎單車無法走那段古道，得滑回公路後，沿著公路進入霧鹿峽谷，繞一個之字形爬升，約7公里的路程就可以爬到對面，而這段路程也可以說是南橫東段，氣勢最磅薄精彩的一段。

霧鹿峽谷另一端的布農部落

　　由霧鹿部落下滑回到公路後，先在天龍吊橋看一下，然後在

附近的霧鹿派出所補個水，經過碧山溫泉後，開始正式進入霧鹿峽谷。

在氣勢磅薄的峽谷慢慢爬升，當騎完峽谷段，此時的海拔，也與剛剛去過的霧鹿砲台同高，這時可以清楚的看見砲台，就在對面中央偏右凸起的山丘上。

經過利稻隧道後沒多久，我們已經抵達山的另一頭的利稻部落。雖然由霧鹿部落騎到利稻部落道路距離達12公里，並不是很短，但實際兩個部落只是相隔於霧鹿峽谷而已，在地圖上可以看出實際距離非常接近，因此以前兩地交通是以天龍古道（關山越嶺警備古道的一段）連接。

進到原本會是寧靜的部落，由於運動場上正在舉行原住民各部落間的籃球賽，響亮的加油聲，及球員呼喊聲這時正響徹山際，我們很幸運地見到一個充滿活力的布農族深山部落。

將部落騎了一圈後在籃球場旁商店午餐，吃飽後坐在商店內休息，這時來了一位住新武部落的自願役布農族人，看似靦腆的

❶南橫東段險峻的霧鹿峽谷。
❷利稻部落與霧鹿部落相隔於霧鹿峽谷兩岸，舊時是以天龍古道為連接。
❸開始進入霧鹿峽谷
❹佳誠由峽谷下方通過

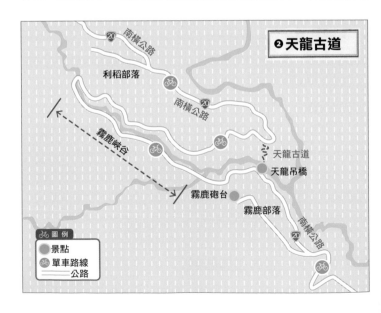

他，話匣子打開後風趣的聊了很多。

「利稻就是litu的音，我們布農語是枇杷。」

「以前這裡枇杷很多，不過現在少了。」

邊聊邊休息了好一會，我們準備開始下山了。

離開前繞進利稻國小看看後，才依依不捨的離開這個寧靜卻又熱情的部落。

由於回程全部都是下坡，而且原本早上在峽谷段陽光被厚雲遮蔽，而這時雲已經散開，看來應該不會下雨了，我特意在高點多拍一些人車滑過霧鹿峽谷的鏡頭，然後跟著下滑。

通過危險路段後，來到南橫路旁很有名氣的「六口溫泉」，會稱為「六口溫泉」是當年開闢南橫公路時，挖路工人發覺這裡有溫泉，因此築成六個簡易湯池來洗去一身勞累，因此稱為「六口溫泉」。雖然這時不冷，但既然來了，自然要體驗一下囉！

在這裡泡溫泉，還可以邊欣賞對岸山壁上，由溫泉結晶形成的鐘乳石石壁，非常特別。

高台日出

由利稻滑下山其實只是一會功夫，我們時間都是花在賞景和拍照。當看到初來橋時，已經是下午4點多了，因此，拿起電話先訂好民宿或旅館，因為這時是鹿野高台熱氣球季節，早一點搞定住宿比較保險。

順著公路來到海端村，海端是一個很標準的布農山地鄉，連加油站也是非常的布農特色。

離開海端，我們並沒有進入台9線，而是依著關山大圳旁一條小路，編號是東5鄉道，這條路是跟關山大圳平行，也跟台9線平行，一直經過紅石部落後才進入關山市區。沿途景色超棒，在進入關山市區前，也可以接往關山環鎮自行車道。

由東5鄉道抵達關山鎮已經5點多，在市區找了一家關山便當

❶單車與熱氣球，鹿野高台兩樣情。
❷晴空下的鹿野龍田村美的讓人差點睜不開眼。

晚餐，補充好體力後，三個人騎上台9線，在逆著暖暖的南風中輪著車，將近7點夜剛黑，抵達了鹿野高台邊的民宿，帶著一身疲憊與興奮，結束了今天的行程。在民宿洗完澡跟在鹿野高台遊客服務中心當義工的老闆娘聊著，她不經意的一句：

「高台的日出很漂亮，明天你們可以繞去看看。」

對熱氣球興致不高的我，原本不打算前往高台，而是要直接下滑到龍田村，然後轉往延平的桃源部落及紅葉部落。她這麼一說，聽起來似乎不賴，跟Toby討論後，決定明天就先去看日出！

隔天清晨不到5點半，離開民宿騎往鹿野高台熱氣球活動場地。由於高台高度較高，雖然比昨天提早10分鐘出發，但太陽比我們起得早，還沒來得及抵達，陽光已經將高台照耀得一片明亮。

靠近縱谷側，果然日出時刻，縱谷上空的雲層好讓人驚豔，只是看見滿坑滿谷的車子後，讓兩天來都是騎在幾無人車之徑的我們不太習慣。

原來一大早這麼多人搶搭熱氣球，是因為熱氣球受風影響大，會選在清晨及傍晚風小的時候飛行，想要一睹滿天五顏六色的熱氣球，或是想體驗飛行空中觀賞縱谷風光，就是要一大早就來報到。會場上活動主持人賣力的熱場聲中，連續三個熱氣球升空，我們雖然來不及看到日出，卻趕上了看到熱氣球升空，可以算是非常意外的驚喜啊！

這時底下非常熱鬧，好幾個熱氣球等著升空，而我是心繫遠方山邊的桃源、紅葉部落，那邊海拔不高，而且三面環山氣流不通暢，若是晚出發會非常悶熱。因此跟Toby、佳誠提醒該出發了，三個人開始準備下山往延平鄉的兩個部落，不過前往之前，會在經過的龍田村先吃個早餐。

少棒的原鄉

滑入龍田村，在村裡找到一家早餐店吃過早餐，開始往山的

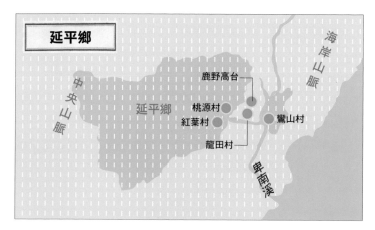

方向，也就是往延平鄉桃源部落、紅葉部落前進。

　　延平鄉的桃源部落多年前曾經騎過，由鹿野龍田村往山裡直走就是了，當時對於桃源部落印象很淺。後來才知道它跟紅葉部落都是布農部落，與需由鹿野跨過卑南溪，到海岸山脈側的鸞山部落等，都是由中央山脈間的內本鹿，被日本人集體強迫遷移下來的。

　　由於延平鄉是山地鄉，鸞山部落雖是遠在海岸山脈側，但因與靠中央山脈側的幾個部落都是布農族，也且都是早期由山上遷下來，部落間關係非常密切，行政區上仍劃為延平鄉，因此在地圖上延平鄉看起來非常特別，右側突出的一圈即是同屬布農族的鸞山部落。

　　騎到部落裡，享受了另一種寧靜、質樸的風貌，對於早上看見熱鬧的熱氣球秀，似乎已經離我們很遠了。在村裡逛了一大圈，下滑到跨過卑南溪支流的鹿野溪，在已經高熱而毫無遮蔭下開始一段有點距離的爬坡，還沒中暑前，終於騎抵少棒的原鄉紅葉部落。

　　紅葉部落範圍不小，沿著道路分為幾個聚落，由桃源部落方向過來先到的是基督長老教會所在的社區，今天是週日，教會裡正唱著詩歌做禮拜。教會外面有許多部落裡的布農教友，看到我

❶燥熱的天氣看見路旁有賣新鮮的
鳳梨，當然要停下來好好的享受一
番。
❷南風陣陣不停歇，田裡萬株稻穗
成稻浪。

上來，除了加油外，建議我離開紅葉部落時，由一條岔路沿鹿野溪上游往上爬，會有一段很不錯的攔沙壩風景。

抵達紅葉國小後，躲到樹蔭下看著少棒隊同學正在豔陽下辛苦練球。和在一旁督陣的教練閒聊，才知道這些來自各地的同學都是住校，即使今天是週日，也是得花上好幾個鐘頭練球。

早年，由延平鄉紅葉村布農族小朋友組成的一支紅葉少棒隊，自1965年至1968年間，征戰台灣各地獲得無數冠軍，紅葉少棒的後來成為台灣少棒的傳奇。

離開紅葉部落要往鹿野之前，記起教會前部落居民說的岔路，轉進去後，果然沿著溪谷往上走，有攔砂壩和一座跨越溪谷的拱橋－清水大橋，地名稱為紅葉翠谷，景色非常壯麗。騎到橋上停了一會，當我往上游山區看去，神往著山的那一邊該大約是高雄茂林或南橫西段，想著下次應該要安排行程一探。

回到台北後，才知道這個方向看過去其實就是內本鹿，由紅葉部落的延平林道，可以接到內本鹿古道入山，前面所提到的桃源部落、紅葉部落、鸞山部落等都是由裡面所遷移下來的。

搭上歡笑列車

離開山區進入往鹿野的台9線，原本考慮要到海岸山脈側，也是布農部落的鸞山，但這時已經颳起不小的南風，卑南溪、卑南溪溪床颳起陣陣風砂，甚至是小型龍捲風。由於鸞山那頭看起來已被風沙遮蔽，而且這時氣溫非常高，因此決定不前往，這次行程到此為止，直接到鹿野街上提早午餐，找地方躲太陽，等搭下午回台北的火車。

到了快4:00上了車，結果週五由台北南下的車友已經大部分又出現，令我們非常的意外與驚喜。而另外兩節兩鐵車廂裡的車友，大家互相也都有相識，因此一時之間，大家在三個車廂中互串門子，使得這班車成為裝載著滿滿單車歡笑的列車！

Youtube影片紀錄

https://www.youtube.com/watch?v=3helyGG9ljU
南安八通關，南橫東段沿山行《台灣‧用騎的最美》

路線規劃參考

交通接駁
這次路線出發點是在玉里，結束點在鹿野，原本也考慮騎到台東，但基本上去返程都要依賴火車接駁，預先買到車票，是行程規畫上的重點，由於假日花東車票並不好訂，因此得提前在預計行程日車票開賣時就要訂票，而且最好能訂到免攜車袋的班次，比較不須為攜車袋攜帶或寄送的問題傷腦筋。

住宿安排
由花東是台灣旅遊重鎮，住宿上除非是大假日，路線沿途大多可以找到住的地方，甚至南橫的利稻也有民宿可以住，為求得行程充裕的彈性，可以預先將途中可能會住的旅館、民宿電話先備妥，快抵達時就可以開始訂房。

季節選擇
如果要搭配稻子轉金黃時刻前往，可以把行程安排在5~6月及10~11月，就有機會看見黃金稻海。當然，在其他季節花東都有不同特色，不見得要在稻子成熟時才安排前往，唯一要特別

注意的是，路程中不少是低海拔路線，夏季前往要注意防曬，而雨季時進南橫，要防範落石坍方的危險。

行程資訊
Day 1　火車段 🚌 台北→玉里，約5小時。單車段 玉里→卓溪→鹿鳴古道→池上，約48公里。
住宿： 燕之家民宿
地址： 臺東縣池上鄉福原村仁愛路189號
電話： 089-865690
Day 2　單車段 🚲 池上→南橫／利稻→鹿野高台，約98公里。
住宿： 民宿(黃先生)
地址： 台東縣鹿野鄉永安村永安路458巷3號
電話： 0928-705186
Day 3　單車段 🚲 鹿野高台→桃源部落→紅葉部落→鹿野，約32公里。火車段 鹿野→台北，約6小時。

時程紀錄

日期	地名	里程(KM)	海拔(M)	方式	時間	備註
Day 1	萬華			🚌		萬華－玉里火車約5小時
	玉里	–	137		11:23	拜訪玉里天主堂
	卓溪上部落	4.3	254		13:08	途中於玉里休息
	卓樂部落	15.0	202		15:05	
	鹿鳴古道入口	17.0	300		15:43	
	南安部落	21.6	204		17:23	
	池上	48.2	271		20:25	
Day 2		–			5:35	
	龍泉部落	5.6	340		6:15	龍泉部落早餐(自備)
	新武部落	17.9	436		8:30	
	霧鹿部落	32.3	884	🚲	10:35	訪霧鹿砲台
	利稻部落	46.0	1,043		12:40	午餐休息
	關山	84.7	223		17:10	
	鹿野永安村	98.2	289		18:50	
Day 3		–			5:25	
	鹿野高台	3.1	363		5:45	高台欣賞熱氣球
	桃源部落	11.9	213		8:05	
	紅葉部落	15.5	329		8:35	
	清水大橋	18.4	238		9:40	
	鹿野	32.3	144		10:55	
	板橋			🚌		鹿野－台北火車約6小時

南橫，難橫——
南橫西段溪底行

布農族

六月去過南橫東段的霧鹿、利稻部落後，原本想等到東北季風起的乾季，才要前往同屬多為布農族的南橫西段，主要是南橫不知何時才能恢復通車，而向陽、大關山隧道間好不容易打通，卻又因地質脆弱不時坍塌，而西段勤和到復興之間，八八風災時大幅崩塌，現在如走溪底便道，只要遇豪大雨，便道就會被沖毀，造成桃源、梅山間交通中斷，而時值台灣雨季，前往南橫似乎不是很適合。

不過，拜訪南橫東段回來，沉澱了些時間，在網路蒐集資料許久，「等乾季再去拜訪南橫西段」的想法漸漸改變，因為經去電幾個南橫西段，海拔較低的景點、民宿詢問，他們都表示南橫在桃源以西，除了少數路段還在整修外，其實路況都很正常，只

換個角度看台灣，發覺超越想像的可能。

高度圖　屏東 →藤枝林道→南橫西段（至梅山遊客中心）

高度(m)

屏東市　鹽埔　　　　　二集團部落　　　荖濃　寶來溫泉　美蘭部落　桃源部落　梅山遊客中心　　　　　鹽埔　屏東市

1000
500
0

0.0　　　　　　50.0　　　　　　100.0　　　　　　150.0　　　　　　200.0

距離(km)

要不在颱風、豪雨後風險高的期間上山就好,當然,他們也提醒桃源到梅山路段,不管是雨季或乾季,路況都是很差。

這個提醒,讓我發覺之前路線計畫上的盲點,我無意識把南橫還當成災區,一有風吹草動,就會認為這時不該前往,太關注於南橫是否恢復通車;應該把焦點拉回到西段沿途布農部落所串起的路線,桃源到梅山當成加碼路段就好。換言之,桃源到梅山路段即使不通,也沒太大影響,因為主要的聚落,數十年來已經遷居較低海拔,桃源以上已經沒有多少部落,即使是能騎到梅山,一直沒通車的南橫也是過不去啊!

曲折的起程

重點放在西段沿途部落風光,把桃源以上的規劃,作為加碼路線,頓時豁然開朗。夏日季節雖熱,但山區氣溫適中,只要作好防曬,跨日騎車衣服不用多帶,輕鬆上山好處多多。

因此,造訪南橫西段的部落路線輕鬆出爐,擬定好南橫西進策略,出發點選擇由屏東市開始,而不是傳統的台南。

既然要走進原鄉,從屏東市走台27線,由中央山脈與玉山山脈之間往上騎,再接上台20線的南橫,可早一點進入山區,也可以有較好的空氣與較舒適的氣溫。而且由於是原路往返,我們可以將攜車袋寄放在屏東市,要回家時再取回即可,不用帶著走。

Day 1:由屏東市出發沿台27線往北行,先爬往藤枝林道的二集團部落,然後原路折返續往北於荖濃進南橫,在寶來溫泉過夜。

Day 2:由寶來出發,先拜訪沿途布農部落,以及台灣第15個原住民族——拉阿魯哇族的美蘭部落後,依照實際路況決定是否騎至梅山,然後原路折返回屏東市。

出發當日,兩個人肩扛著單車手拎著火車便當、飲料進到火車站月台,雖然是非假日,但這次是搭下午3點多的PP自強號(E1000型推拉式電車),希望避開下班時刻人潮。

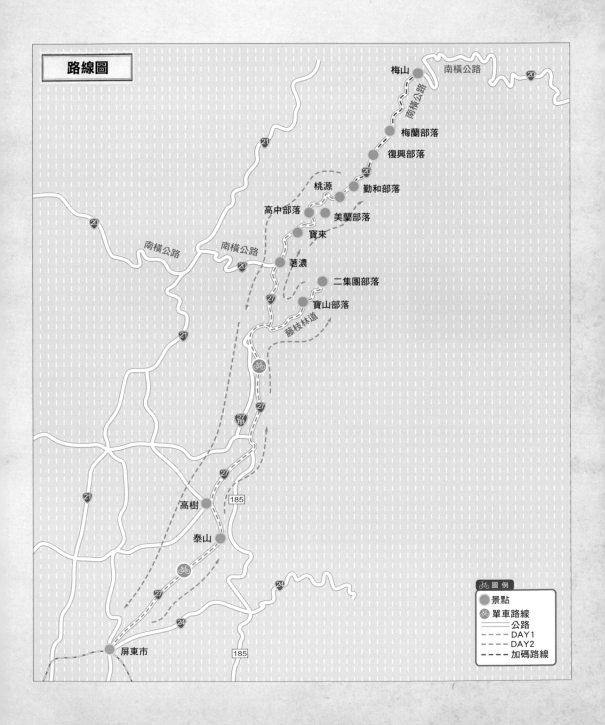

上了火車，扛著車由12車窄小走道跟無座位的乘客說抱歉，請他們挪動身體後，來到通往放置空間門前，按下自動門按鍵，結果門是鎖著的！

因車上人不少，也只能暫時將單車塞在最前排後方空隙，用身體撐著。到了桃園站，鐵路局的工作人員迎上來，看到我們的單車，表示這班車現在是做快遞業務，不能放單車，但還是先通融讓我們放。將單車搬進置放空間後，才坐下吃著已經冷掉的火車便當。

經過幾番折騰，終於在夏季西部晚霞餘韻中，順利抵達屏東市。雖然由台北出發時是好天氣，但因為前幾天有颱風經過台灣附近，氣象預報南部明日降雨機率很高，果然到了凌晨，屏東已經打雷下雨，直到天亮，雨都還沒停。

寧靜樂園－藤枝林道

隔日一早由屏東出發，雨繼續下著，但原本苦惱於到達藤枝林道前約50公里，得花些時間，陽光出來後會太熱，卻因下雨氣溫變得涼爽，這段苦惱路段變成開心路段。我們淋著不算大的雨愉快的沿著台27線北行，逐漸接近山脈邊，也同時欣賞屏東沿途鄉野風光。接近鹽埔時，恰好接近上課時間，路上有許多同學正騎著單車前往學校，我們放慢速度，輕輕的跟著，彷彿也騎進青澀歲月，重返快樂時光。

由屏東市大約清晨6:30出發，順著台27線往北騎，除了在中途早餐　店吃了早餐，也在高樹買了一大包現削的鳳梨，在舒適微風中，2個多鐘頭後，我們已經穿越大津橋，進入高雄市的六龜區。

多年前曾經由對岸（荖濃溪右岸）十八羅漢山山腳下台27甲線騎過，沒想到欣賞它的最佳角度，會在左岸這邊。稍作停留欣賞陽光穿越霧靄，照射到奇特山壁的美景後，繼續拉快速度往

❶好想要她們背的那個包喔！
❷一早街上路邊賣的超大根「四季筍」。

山裡面前進，希望能夠在陽光帶來高溫前入山。

　　台27線大津到藤枝林道入口的這段，一路騎進來生機處處，有因昨夜驟雨而成的瀑布，也有長長一大段由芒果樹形成的綠色隧道，實在是太令人驚豔了！

　　邊騎邊賞景之間，10:30半正式進入往藤枝國家森林遊樂區的藤枝林道，終於有機會一睹這條期盼已久的林道丰采，我們在山下備足了飲水、水果食物，等的就是這個時刻。

　　由六龜區林道入口開始到位於桃源區二集團部落約15公里，高度上升約1000公尺，中間幾乎沒下坡，路旁不時可以看到荖濃溪沿岸景色，是一條極佳的挑戰路線。

　　在經過幾座充滿布農風格的橋樑以及優美山林風光下，花了2個小時邊騎邊玩的來到此行第一個布農部落－寶山部落。寶山部落位於藤枝林道11公里處，海拔約1000公尺，據說大多數居民八八風災後多數已經遷往山下，不過，我們仍然見到有少許居民在村裡面，應該是留下來的族人。

　　離開11公里處的寶山部落繼續往上爬升，到了14公里處，朦朧中一個美麗的部落乍現，看來我們已經即將抵達今日目標點－二集團部落了。

　　續行不久，終於進到二集團部落，一進部落先進到深具布農

特色的寶山國小操場休息，取出在高樹買的鳳梨當成午餐。

　　由於是非假日，完全沒有其他遊客上來，整個部落安安靜靜，偶有原住民小朋友嘻笑聲，以及中海拔山林裡最常聽見的白耳畫眉悅耳鳴聲，點綴著這個美麗的聚落。離開學校校園，在部落逛了一圈後，開始原路滑回台27線，準備前往今日落腳處 ── 寶來。

寶來溫泉風華再現

　　15公里的林道下坡只花了一會功夫，一下就回到相對熱鬧多了的台27線。原本的規劃中，在台27線4公里處要岔往經不老溫泉的一條產業道路前往寶來，不過到岔路口前一家雜貨店補充水時，老闆說那條道路目前是中斷不通的，因此還是續往台27線，在荖濃正式接上南橫台20線轉往寶來。

　　進入南橫後，就如一開始說的，南橫早已經脫離災區的夢魘，公路開闊平整；我們離開荖濃後，在午後雷陣雨來臨前拉高速度，希望能在還沒下雨前就能抵達寶來溫泉。

　　終於，下午4點半抵達南橫的寶來溫泉，這個睽違數年美麗小城，歷經八八風災催殘，在居民同心的努力下，如今已經完全

❶二集團寶山國小是有著偌大美麗校園的迷你學校。
❷部落裡用色鮮明的原民風教會。

恢復，而且，景色更甚以往。

　　經由遊客中心推薦，我們住進的是一家有小木屋的鴻來溫泉渡假山莊，雖然不是很新的旅館，但住宿費用公道且含早、晚餐，實在超值。贈送的晚餐是位於旅館附近的一家餐廳，四菜一湯份量足，吃得實在是非常過癮。

　　飯後，去電南橫公路甲仙工務段，詢問了勤和部落與復興部落之間的路況，得知前陣子因颱風被沖毀的溪底便道昨天已經恢復通車，我跟Toby說：

　　「明天又有機會騎騎溪底便道了，有興趣嗎？」

台灣第15個原民族拉阿魯哇族

　　在寶來的溫泉旅館住一晚，洗去前一日累積了近百公里路程的疲憊後，決定第二天一早，先騎到寶來後山的浦來溪頭社戰道走走當成熱身。頭社戰道有些路段藏於竹林，路幅較小，我們走了一小段後還是原路回頭，跨上單車準備往今天的其他目標點前進。

　　昨日得知勤和與復興之間的便道已通，等等視狀況看能否騎往梅山，由於不管有沒有到梅山都會原路回到寶來，因此背包裡只放簡單的雨衣等物品，其餘行李寄放在旅館，然後輕裝出發。

　　離開寶來沒多遠，就看見路旁有個桃源樂樂段社區，轉進去繞

①

一圈，才知道這裡是莫拉克風災勤和部落受災的民眾遷居於此。

連續緩爬升中，正式進入了桃源區，也抵達了另一個部落－高中部落。在部落裡遇到一位教會的長老，向他問起部落狀況，他表示：

「這裡大多是布農族，也有剛正名的拉阿魯哇族(Hla'alua)。」

「當然也有其他族，再往上一點右邊岔路進去可以看到他們的祭場，可以去看看。」

當然，這趟南橫西段行事先做了些功課，再加上他的指點，再往前不久，就看到美蘭部落鄒族祭儀場大大的指標。

右轉往祭儀場之後，是一段非常陡的下坡水泥路，雖然知道等等回程會爬得很辛苦，但這裡是此行的重點，絕對不容錯過。

一路滑到底，越過一條寬大吊橋後開始爬升，沒多久終於進到美蘭部落，迎接我們的是幾位可愛小朋友。經過一年來騎入部落，單車總是引起部落小朋友關注的眼神，來到這自然也不例外，很快地跟他們建立起友好關係，他們開始帶著我們在部落繞著。跟族人請教了些拉阿魯哇族的由來，經過他的指點建議，加上部落小朋友帶領，我們進到最具代表意義的祭儀場了。

①台灣原住民第15族－拉阿魯哇族，約計有400人。

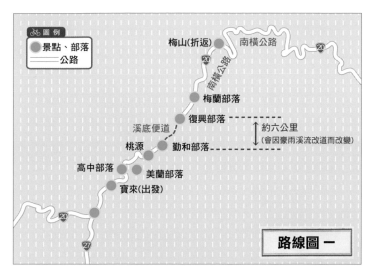

路線圖 一

地圖圖例：
- 景點、部落
- 公路

梅山(折返)　南橫公路
南橫公路
梅蘭部落
復興部落
溪底便道　約六公里(會因豪雨溪流改道而改變)
桃源　勤和部落
高中部落　美蘭部落
寶來(出發)

　　由於祭儀場內祭屋有女性禁入的禁忌，我們在祭儀場周圍大致走一圈後，跟住在祭儀場旁的朋友及部落的小朋友告別，繼續我們今日的行程。

　　離開部落騎往南橫公路，再度經過橫跨荖濃溪的索阿紀吊橋。這條新建吊橋長又寬，連汽車都可以開進來，而且橋體高大深具特色，本身就深具吸引力，可以算是一個景點了。

南橫或許將歸回大地

　　爬回南橫公路後，繼續往桃源前進。這段路開始有些地方正在施工，因此路況起伏大很多，其中有一段是忽然陡下後陡上，考驗著我們的腿力以及換檔能力。

　　不到10點我們已經抵達了桃源村，這裡是桃源區最大的聚落，住民也是以布農族為主。在街上，向一個賣檳榔阿伯買了杯手工愛玉降降熱，聊了一會，由於昨天得知繼續往上走的路已經通了，決定要去探路。在這裡打探接下來的路況，準備前往勤和部落到復興部落這段數公里長的溪底便道，再來的計畫請參考路線圖 一。

❶勤和部落，一個安安靜靜的小部落。
❷在離開桃源後，整段南橫公路都是靜悄悄的。

現在的位置是在桃源，繼續往前會到勤和部落，勤和部落到復興部落之間，有一段路是溪底便道，前陣子因被颱風帶來的豪雨沖毀，前兩天剛恢復通車。由於路況據說很差，因此打算且戰且走，若可以騎，打算通過後騎到梅山後再掉頭；如果路況太差，會繞上另一條便道「玉穗農路」，也是可以通往復興部落。不過，由於「玉穗農路」路途較遠且要爬大坡，為了保留回程時間，頂多騎到梅蘭部落就掉頭。

擬好再來的計劃，跟阿伯道別，約好騎完回來還要來跟他買冰愛玉，開始進入今天的加碼路段。

過了96公里處，進入一段就在溪邊的臨時道路，雖然沒有舖路面，但對於騎登山車的我們都算正常。往前騎沒多久，進到一段路突然變得有點複雜的開闊地(參考下路線圖)：A是斷掉的路，這是八八風災之後原本的便道，現在已經全部不見。B是現今的溪底便道，我們等等要走的路。C是往玉穗農路，前陣子溪底便道被沖毀，往復興得右轉沿溪邊便道走一段後，接上陡又小的農路。

我們大吸一口氣，順著路騎入溪底最新的便道，一段可以說會令人窒息，也可以說是嘆為觀止的便道！

　　下滑後，騎在左邊是轟轟巨響的荖濃溪激流，右邊是岌岌可危、隨時有落石的懸壁旁，心裡浮現一個想法：

　　「南橫，或許會歸回大地成為歷史吧！」

　　由勤和開始花了約40分鐘才通過這段驚險的路段，終於進入安安靜靜的復興部落，由於這時太安靜了，讓剛剛激流轟轟巨響聲彷彿是種幻聽。

遊客中心門可羅雀

　　離開復興部落續行不久，來到另一個大部落－梅蘭部落。在這裡路旁遇到幾位衣著看起來是修路的工程人員正在午餐，他除了提醒梅山之後不能進入外，也表示南橫的路通車是遙遙無期，因為上面的路不時都會再坍！

　　帶著原住民大哥的祝福，連續爬升中高度再度破千，在正午時分抵達今日的終點－梅山。雖然這裡目前遊客稀少，但遊客中心仍然有服務人員駐守，和她聊起這裡今天是否有遊客上來時，她說：

　　「你們是第二組遊客，早上有來一組開車的，以為可以直接開到台東，知道路沒通後就回頭了。」

　　在遊客中心稍作休息補好水，到外頭的涼亭拿出旅館幫我們準備的饅頭當成午餐，享受片刻幽靜後，看見山上雲越來越厚，甚至已經開始飄起雨絲了，趕緊收拾好開始下滑。雖然說是完成目標要開始下滑，但實際上要騎到屏東市還要90幾公里，而且還要再度穿過那段驚心動魄的溪床道路，因此兩個人不敢大意，握緊龍頭專心的踩上踏板。

　　我們馬不停蹄往山下前進，再次安然地拚過驚悚的溪床段，鬆了一口氣，這時陽光又出來有些熱。

　　連續的下滑從桃源回到寶來，到旅館取回行李，再度跨上單車拚往屏東市。離開山區在體力即將透支時，終於在大約傍晚6點半回到火車站，拖著一身痠痛搭上統聯19點15分往板橋的巴士，在睡夢中回到台北，完成了這趟兩日的南橫行。

　　雖然這趟行程不輕鬆，但兩日來那麼多途中所遇，都是這趟南橫行最棒的收穫。這些感動，讓我們勾勒出這裡最美的一面。南橫的美，唯有您親自踩著單車流著汗水來體驗，才能真正了解，也會了解為何我們要說，台灣，用騎的最美！

　　後記：南橫西段於2020年1月梅山口至天池路段已開通，溪底便道也改由較早通車的路面品質良好之橋梁取代。

Youtube影片紀錄

https://www.youtube.com/
watch?v=DoXoMNovbYQ
南橫西段，踩風情
《台灣・用騎的最美》

路線規劃參考

交通接駁

這次路線是由中央山脈與玉山山脈之間的荖濃溪岸，走台27線接台20線，而且是要原路回來，因此出發點可以依照交通接駁方式來選擇：

開車——可以在茂林遊客中心附近組車(或台27線沿途選擇停車處)出發；另可以將藤枝林道與南橫西段的寶來沿線拆為兩個路線，做為分次的單日行程。

火車、客運——屏東市交通便利，長途的火車與客運都有抵達，非常適合中、北部車友做為出發點；另回程也可以在荖濃順台20線經甲仙往台南高鐵搭車，不過路途較遙遠且是山區起伏路線，並要將攜車袋隨身帶著，因此需另做細部規劃。

南橫路況

因為地質不穩定的因素，在八八風災(2009)之前南橫就經常中斷，而風災之後更是柔腸寸斷，一直到我們前往時(2014)都尚未通車。有關未來是否通車，以及勤和部落與復興部落之間的溪底便道路況，出發前要前往「公路防災管理資訊系統」http://bobe168.tw/，或去電南橫甲仙工務段07-6751014確認。

行程資訊

Day 0 火車段 🚌 台北→屏東，約5小時。
住宿：輸時尚旅店
地址：屏東縣屏東市民族路159-1號
電話：08-7322108
Day 1 單車段 🚲 屏東市→藤枝林道→寶來溫泉，約93公里。
住宿：鴻來溫泉渡假山莊
地址：高雄市六龜區寶來里中正路122號
電話：07-6881981~3
Day 2 單車段 🚲 寶來溫泉→桃源→梅山遊客中心→屏東市，約124公里。**火車段** 屏東→台北，約5小時。

時程紀錄

日期	地名	里程(KM)	海拔(M)	方式	時間	備註
Day 0	板橋市			🚌		火車約5小時，請參考鐵路局時刻表
	屏東市					
Day 1		–	26		6:40	
	鹽埔	13.8	58		7:50	
	大津	32.0	145		9:00	
	藤枝林道入口	47.7	284		10:30	
	二集團部落	62.7	1,331		13:30	
	荖濃	86.4	402		15:20	於荖濃休息用餐
	寶來溫泉	92.7	407		16:30	
Day 2				🚲	7:00	先前往浦來溪頭社戰道
	美蘭部落	100.2	502		8:40	
	桃源部落	109.2	611		9:45	
	勤和部落	111.6	582		10:15	溪底便道
	復興部落	118.2	680		11:00	
	梅山遊客中心	124.8	896		11:45	遊客中心休息後原路折返
	桃源部落	140.7	611		13:30	
	屏東市	216.5	26		18:10	
	板橋市			🚌		火車約5小時，請參考鐵路局時刻表

魯凱、霧台、雲豹

「雲豹精神不死，就在霧台。」
霧台，是台灣雲豹為魯凱族祖先尋得的美好居地，
這回，我們追隨牠的足跡，造訪魯凱族。

圖攝於魯凱族新佳暮部落

魯凱族

由新聞中得知，台灣雲豹已經消失於台灣山林，心裡頗有感觸，在人類無限度擴張生活領域，讓其他物種從地球上，逐漸消失，聽說還能看到台灣雲豹蹤跡的，就僅剩魯凱族領域了。

相傳，雲豹曾帶領這屬於台灣最南端的原住民祖先，從東台灣翻山越嶺來到大武山西側定居，因此，他們又被稱為是雲豹的子民。即便，台灣雲豹現今雖然已經匿跡了，但卻一直存於他們心靈中。

千辛萬苦終抵屏東市

對於屏東不熟的我們，規劃這次路線花了不少功夫，尤其是除了路線外，還得搜尋有關魯凱族的點滴，過程中，將家裡有本關於石板屋介紹的書，再次拿出細讀。而這回，我們除了入山會經過屬於排灣族的三地門外，所造訪之地，皆是魯凱族的聚集範圍。

概念有了、範圍掌握了，終於敲出這次的路線如下：
第一天：屏東市→神山／霧台→阿禮，夜宿神山(前一晚即先住到屏東市，隔天一早出發)。
第二天：神山→舊／新佳暮→屏東市。

高度圖　神山→霧台→阿禮→佳暮

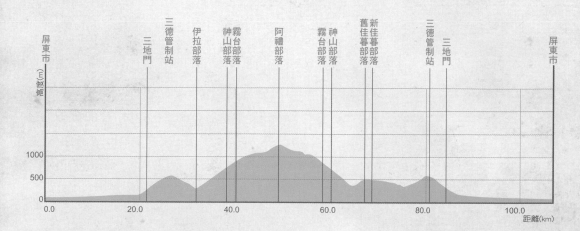

路線圖　神山→霧台→阿禮→佳暮

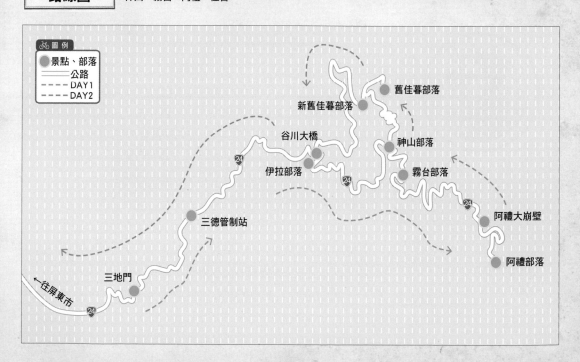

註①三地門，排灣語為Timur「地磨兒」，在三地門鄉公所網站中是這麼寫的：有一塊原住民的淨土，排灣族人都喚它為「地磨兒」，它的美不僅止於它所披戴的清溪翠嶺，更包含了它所孕育出濃郁藝術氣息的兒女。引用網址：http://www.pthg.gov.tw/sandimen/CP.aspx?s=10515&cp=1&n=17496
註②神山部落位在霧台鄉的霧台村，也是鄉公所所在地，當地人稱為下霧台，由神山部落到霧台部落約2公里，神山部落海拔約700M(谷川大橋海拔約300M)，霧台部落海拔約830M。

對於每次苦苦規劃出來的部落路線，我們總抱著最期待的心情前往，這次前往霧台，更是期望中的期望了。

由於出發前兩天才確認行程，在網路上，選訂可放置收進攜車袋的火車自強號12車廂時，因訂票時間較晚，網路上已訂不到回程車票，只能採分段買，回程分為三段，前後段有座位，中途無座。

我們平平安安地在深夜11點抵達屏東市，也順利的在火車站附近一家名為飛馬大飯店的旅館入住，飛馬大飯店離車站非常近，我們連攜車袋都沒打開，直接將單車站扛到旅館了。

出發往霧台

隔日一早起來，一路前往台24線鹽埔鄉振興村，路旁是隘寮溪堤岸，堤岸上有隘寮溪河堤車道，這自行車道看起來可通往三地門，而且是居高視野更好，這時光線正好可以清楚看往薄霧中的三地門[1]，因此我們捨公路改走這段。

果然順著自行車道走，直接就接上「三地門橋」，這是霧台、三地門、瑪家三個山地鄉共同進出門戶，也是爬坡的開始。

相傳由雲豹帶領魯凱族人先找到舊好茶，之後族人才陸續延伸其他部落，因此舊好茶部落，可說是我們要造訪的霧台、阿禮、神山等部落發源地，被魯凱族人尊為「雲豹的故鄉」。當爬著坡看到這個景，這趟是循著雲豹足跡前往霧台的概念，開始由地圖跳出並立體化，越來越清晰的映入腦海中。

接著，被一座外型優雅、顏色特別的達瓦達旺教會吸引，不自覺多看它好幾眼，而從教會旁回頭一望，遠方的大武山巍峨壯碩，據說它是排灣族和魯凱族聖山。

由三地門7-11出發到入山的三德管制站只有4公里多，雖然是爬坡，但路況很不錯。簡單登記後，開始一段長下滑路程，滑到底即是最近剛通車，而且算是霧台新景點的——谷川大橋。

距管制站不到1公里有個岔路，在路線規劃時，讀到霧台曾經有個抗日的事蹟，最後是日本人在德文設置大砲，砲轟霧台才讓魯凱族人屈服。雖然這趟並沒規劃前往，但早上與三地教會牧師聊的時候，他也建議有機會可以經德文前往大社，聽說那裏也是一條很優的路線。

霧台谷川大橋跨越隘寮北溪，長654公尺，是唯一位於主河道的橋樑，而這座橋的開通，讓霧台避免於颱風在洪水期間，陷入孤島的困境，而因道路通暢所帶來觀光人潮與資源，卻也是霧台魯凱族人所要面對的新課題。

騎進霧台

過了谷川大橋，才算真正進入霧台，也意味進入魯凱族的領域。過橋後先轉往進入霧台第一個魯凱族聚落－伊拉部落(也可以說是谷川部落)。

一入部落，看到有一畝小米田，婦人正慢慢以報紙，將尚未成熟的小米穗包起來。小米不僅是魯凱族人的糧食作物，而且在生活中佔有重要地位，歲時祭儀都以小米為中心。

由伊拉部落(谷川大橋)到霧台之前的神山部落只有6公里，雖然爬高頗多，但距離不算長，加上混了一個上午，也沒有花太多體力，這段路比較認真騎，因此一下子就來到神山部落[2]，並且直接抵達，先前屏東車友玉樹所推薦的「神山愛玉」民宿。

這家位於台24線路旁的「神山愛玉」，人氣很旺，要點愛玉還得以號碼牌叫號，忙碌的老闆娘姓陳，主要工作是老師，一眼就認出我們，簡單打過招呼，再由老闆巴先生帶我們上樓。我們要住的房間位於「神山愛玉」二樓，視野展望非常棒，可能因為谷川大橋通車，帶來不少人潮，因此他們在二樓遮雨棚下擺了桌子，供遊客也坐下來吃愛玉。

我們的計畫是將行李先放到房間，然後要輕裝繼續往霧台與

❶這個景象就稱為「雲。豹」吧！XD
❷這是霧台基督長老教會設計者杜在福先生父親魯凱族藝術家－杜巴男先生的紀念館。
❸繼續往阿禮部落前進時，以更多角度來觀賞這個藝術部落，真的是很棒呢！

阿禮部落，因此把握時間快速的整理好攜帶裝備，準備繼續後面的行程；巴先生見我們放好了行李，還端來兩碗愛玉，讓我們在二樓享用，我們邊吃，他在旁邊開始問起我們由哪騎來？接下來要騎去哪？以及明天的計畫……

　　說真的，我很想好好回應並向他請教這裡的種種，但看到樓下老闆娘忙成那樣，實在不好意思讓巴先生一直在二樓陪我們，因此只簡單詢問：

　　「不知道往對面佳暮部落的道路有通嗎？我們打算明天由那邊下山。」

　　有著明顯原住民黝黑皮膚的巴先生想了想，回應說：

　　「你們騎登山車應該過得去，我晚一點，或明天去幫你們看一下。」

　　我們很感謝他的幫忙，這樣明天可以繞經對面山腰的產業道路，接到谷川大橋旁形成一個環狀線，不用沿原路下山。

　　吃完愛玉，背起輕量後的背包，在「神山愛玉」斜對面路旁買了三個100元的「吉拿夫，Chinavu」準備當作前往阿禮部落的路上當午餐。

　　特別一提，「吉拿夫」是排灣族與魯凱族常吃的食物，也可以稱為原住民的粽子，裡面包有芥菜、芋頭粉、月桃莖和豬肉，對我來說非常好吃，行經這裡的車友，記得一定要來嚐嚐。

　　午後一點，出發前往今天的目標阿禮部落，距離大約11.5公里，路線從海拔約700公尺爬到海拔1200公尺，是得花不少時間，因此我們將神山部落留在明天再慢慢逛。據了解，前往阿禮路況不佳，為了避免夜騎風險，我們設定今天只騎到4點，不管騎到哪，都要開始掉頭下山，以確保安全。

　　上爬中，在路旁神山非常著名的天主堂，緊接來到霧台鄉公所。公所門口旁有座極高的台灣雲豹雕像。由於我們騎的單車品牌就是「台灣雲豹」，肯定要在這裡好好拍些照。

離開神山部落，爬著爬著很快地來到霧台部落。部落屋頂上，有對雕像實在吸引目光，彷彿宣告我們已經進入一個藝術村，而且是屬於魯凱族的藝術村落。部落裡三五居民聚在一起烤肉，四溢的香味，讓我不禁吞了吞口水，實在太誘人了！

說霧台是一個藝術部落一點都不誇大，堪稱我見過最具特色的原住民藝術部落，這裡到處都是雕像、圖騰，作品毫不矯揉做作，相當俱有可看性。

當中，最令人驚訝的，是遠遠就能看到的霧台基督長老教會了，無法相信在深山中，有這麼富藝術氣息的教會，待接近時，更是被教會建築雕像所吸引，實在是太美了。

繼續轉往霧台石板巷，看到一位在路旁的阿嬤，販售動物的牙、角做成的藝品，一問才知道，她身後屋簷下一副副公山豬獠牙，都是她那被稱為「獵王」的先生，狩獵的戰利品。但她後來說：

「我先生在山上死了，去獵山豬時幾天沒有下來，後來才被發現。」[3]

由她神情語調，能看到她很驕傲先生的英勇，但也顯出先生過世後的孤寂。

回到大自然懷抱的阿禮

依依不捨地離開霧台，已經是下午2點多，陽光逐漸西斜，由於溫度開始下降，我們趕緊努力踩踏，以保持身體處於熱身狀態。

往阿禮的台24線已經不像前面的好路況，途經「阿禮大崩塌」，地勢非常高聳，大片崩塌石壁上，落石隨時都有要落下的跡象。這段路若是在雨季應該大都是處於有中斷的危機，而若是有地震，肯定更加的可怕！

霧台通往阿禮的這段路，最有機會欣賞到櫻花，是山谷中最深最廣最迷人的一段！這段路有個很大的特色，那就是迴盪於山

註❸霧台山豬王 墜谷不治（自由時報）
http://www.libertytimes.com.tw/2008/new/
dec/15/today-south3.htm

❶接近阿禮部落時，可以清楚看見往小鬼湖的林道及瀑布，可惜路已經中斷無法前往。
❷盛開的李花。
❸阿禮頭目家屋（上部落）。
❹下滑往神山中再度以各種角度欣賞百看不膩的霧台，真的好棒喔！

壁間越爬越高，路旁完全沒有護欄，也就是騎行間視覺上完全沒有阻隔，彷彿是在山谷上騰空前進，是一種非常特別的感覺。

下午三點半終於抵達今天的目標─台24線終點阿禮部落。一路盡是崎嶇的路況，阿禮部落遭遇八八風災，豪雨後的地貌改變，已經無法復原，原來遷往平地的居民，還是陸續回來在此生活，他們在此隨時為生存而搏鬥。

霧台臥虎藏龍

回到神山，將單車放到民宿後，開始走到街上找吃的，一路下山忍受寒冷，看到路邊以甘蔗糖和老薑現熬的薑茶，立刻試飲幾杯取暖，且還買下，準備帶回台北。接著，又看到販賣琉璃珠的小店舖，琉璃珠是魯凱族與排灣族重要的飾品，據老闆娘說每一個珠都有代表意義，在傳統的社會階級中，只有貴族可以擁有琉璃珠；我們現在已經晉為單車族(誤)，因此也買了一條戴上！

神山愛玉的陳老師推薦我們到附近一家名為「冒煙屋」餐廳晚餐，曾經在板橋開過餐廳的老闆娘，原住民風味加上巧手，料理自然是好吃。

老闆娘很健談，出完菜跑來和我們聊起天，過程中，她發覺我們對魯凱族有基本認識，但對於其他族又能朗朗上口，半開玩笑的說：

「這樣不行，你們知道的都已經比我還多了，我要找我老公來和你們PK！」

繼續笑談一會後，他先生果然來了，這位蓄著鬍鬚頭戴毛線帽的「刀疤」兄，一看就覺得是很有故事的人。果然，他也是一位極富想法的雕刻家，我們很安靜聽他說故事。在我提到「神山部落下方的溪谷便道，是否能走時？」他停了一會，說：

「我兩個弟弟是魯凱族第一對存活下來的雙胞胎。」

「當時，我媽媽、爸爸帶著全家，就是順著你說的溪谷，連

夜離開部落，我弟弟們才能活下來。」

印象中，有些原住民早期的確是視雙胞胎為不祥[4]，此刻親耳聽到，突然不知該如何回應。因為這不是網路上簡單文字的記載，也不是書本上複雜的原住民歷史文化，而是一段真實的生命故事。

話匣子一開，老闆娘又拿了些菜來，另一位職業軍人退伍的朋友也加入，刀疤問起我們晚上住的地方，我回說：

「就住在底下的神山愛玉，是他們介紹我們來這晚餐的。」

這時刀疤說：

「其實我們部落裡臥龍藏虎，那個老闆巴先生以前曾經用走的環球，不信等等可以去問他。」

天啊！原來高屏單車族大概都知道，甚或是都吃過的「神山愛玉」主人巴大哥，在1985年與另三位勇者曾徒步環球[5]，而他太太陳老師當初任職舉辦此活動的自立時報，兩個即是因此而結識結婚。

由於夜裡起了風，冒煙屋不是屬於室內餐廳，風一吹越來越冷，我們依依不捨的告別刀疤大妻。

回到民宿，一進民宿看見陳老師還在忙，我開口大聲問：

「聽說妳老公以前曾經徒步環球是嗎？」

回到民宿問了陳老師，她笑著把巴先生找來，讓他親自跟我說說這段快30年前的迭事。原住民是以口傳歷史的民族，而這一夜，我們就是要聽一晚魯凱族近代的動人事跡。

今天剛好是寒流報到，原本應該溫暖的屏東也冷了起來，夜裡山上狂風呼嘯著，民宿男主人靦腆的回應我們，當初環球的種種，漸漸聊到有關霧台、神山魯凱族的過往，也再度談起為何我們那麼想騎到對面的佳暮部落，我說：

「其實，我是想由對山看過來，感受以前霧台抗日時日本人在德文以大砲砲轟霧台、神山的視角，雖然德文是在更上方，但

註④按照習俗，魯凱族視雙胞胎為不祥，因此生出時，得立刻結束其中的一個小生命，若沒如此做，部落裏族人發現也是難逃一死。摘自 http://collection.kmfa.gov.tw/kmfa/artsdisplay.asp?systemno=0000003552&viewsource=list

註⑤1985年林文彬、王秉泰、巴義成及徐海鵬，四壯士環球徒步，共二年、二十二個國家，總里程超過15000公里。當時的遊記書：走出地平線，四壯士世界徒步旅行記聞，出版：自立晚報。

❹

❶巴大哥雕刻作品
❷1985年徒步環球時照片，以及後來出版的遊記書。

佳暮是當時這裡因避難而形成的部落，而且地圖上看到有路可以過去，視角也是非常適合。」

巴大哥聽到我們提起霧台抗日事件，沉默了一下，指了指門口說：

「沒想到你們會知道這段故事，你們有注意到門外有掛一段木頭嗎？那就是以前抗日時，這裡被日本人由德文以大砲砲轟，當時家裡的石板屋被轟垮、並起火後遺留下來的，由於那根橫樑受損不大，因此事件結束後，重建家園時，又拿來當為橫樑。一直到改建為水泥屋，才被棄在田裡。後來問起母親那木頭來歷，才知道有這件事，深深覺得那木頭是我們傳家寶，因此特地將它掛在大門上方。」聽完，趕緊探往窗外看去，的確有根不小的櫸木掛著，不禁驚歎那段木頭背後的歷史。一直聊到9點多，才依依不捨回房就寢。

季節限定路線

經過一夜好眠，今日的天氣一樣是萬里無雲，雖然有些霧靄，但還能見到陽光。準備行李時，車友玉樹兄也已經抵達。下樓和他碰面，嘰嘰喳喳地聊起今天預計的行程，以及昨日所聽得的見聞。

吃完早餐，巴大哥熱心地過來，開車帶我們去一個瞭望台，要讓我們實際看看溪谷下是否可以通過？！

視線由眺望臺旁往下看去，能清楚看到對面的新舊佳暮部落、德文部落，隘寮北溪溪谷以前有座橋，如今已經被大水沖走，但看得出底下有便橋。車輪壓過的痕跡，除了接往上方產業道路，還延伸至溪谷下游，也就是說溪谷中有便道，而且可以通到谷川大橋。

當下我們決定變更路線，把原本拜訪完舊佳暮後，要沿對面屏38鄉道下山的計畫，改成走溪底便道。既然有這麼棒的季節限

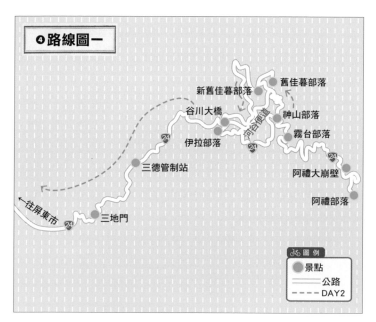

❹路線圖一

新舊佳暮部落　舊佳暮部落
谷川大橋　　　神山部落
伊拉部落　　　霧台部落
三德管制站　　阿禮大崩壁
　　　　　　　阿禮部落
往屏東市
三地門

圖例
● 景點
━━ 公路
┅┅ DAY2

定版路線，沒騎上一遭，實在太對不起自己了，而新的路線圖如圖一：

　　由於神山下切往河谷的道路正在整修，柏油路面已經刨除，最適合我們三人所騎的登山車。靠近溪谷，坡度逐漸和緩，出現了許多部落居民所開墾的農田。經由玉樹解說才知道這是紅藜米，紅藜和香草是霧台很特別的作物，先不論它的糧食用途，光是整片大紅景象，就非常引人注目了。

　　哇！下切下到底後，碰上一大段正在維修的崩壞路段，汽車已經無法再駛上這段路了。騎單車來的好處，就是扛上車子，就能輕鬆通過啦！而越過溪床邊橋，進入一長段碎石路，也就接上鄉道，再騎了一會，就看到了從前霧台的魯凱族人，因受到日本人砲轟，而避居至現在的舊佳暮部落了。

查遍Google不如騎入部落

　　一進舊佳暮部落，就看見一個刻著有關「日治時期高砂義勇

❸天亮後，才能看清楚這根未因為砲擊而焚毀的石版屋的樑柱，我們看到的是歲月痕跡，看不見的是它背後的故事。
❹虛線是原本要走的屏38鄉道，改成由橘色的溪谷便道，接谷川大橋。
❺來個在藍天下，以單車騎過神山部落的意象吧！

❶ 右邊下方是剛剛騎過的隘寮北溪溪谷，對面是彷彿仙境的神山部落，後方更高處就是霧台部落。
❷ 幾無人煙的舊佳暮部落，留下的是逐漸斑駁之痕跡。

註**❻** 台灣島上曾經有小矮人的傳說，屢次出現於史冊及日本文獻，他們身高大約3、4尺，行動敏捷。他們生活年代比平原的平埔人、山區的泰雅、賽夏、布農、鄒、魯凱、排灣等族群更早。小矮人和其他族群之間維持亦敵亦友的關係，最後在不明原因下遭受驅逐，導致全族滅亡之命運。摘寫自「臺灣原住民歷史語言文化大辭典網路版」一條目：矮人傳說。

隊」字樣的石板，立在一戶人家門前；想起昨夜和巴大哥所說的；

「在日據時代，父親參加高砂義勇軍後，會寫信回來告知他到哪個島，後來，很幸運地活著回來。」

在舊佳暮四處逛了一會後，原路折返往新佳暮部落。會到新佳暮部落，起因於巴大哥說在部落旁的小山丘上，曾見過小矮人[6]留下的建築殘跡，要我們來看看是否還在？

可惜，小山丘上已經被開墾，而且也設了鐵門上鎖，無法進入，只能抬頭看往山丘，憑著想像那些低矮的建築遺跡中，曾有傳說中的矮人在此生活。

離開新佳暮部落，緊接著，進入非原本預定路線的溪谷便道，在壯觀峽谷中，很難相信原來神山部落下方，竟然有這麼棒的便道，我們驚喜說不出話，因為有了這條在乾季因應修路而設置的便道，讓我們有機會一睹隘寮北溪溪谷兩側高聳的山壁。由閃閃發亮且平滑的岩壁，可以了解為何這裡有那麼多的石板屋，因為就地取材是生存的基本道理，查詢了不少介紹石板屋的資料，一進到溪底，馬上就有一種恍然大悟的快樂。

溪底便道超乎想像的平暢，里程進度比爬山路還快；當然，這樣的路線不僅是季節限定，也是車種限定。這趟有玉樹兄帶路、加上巴大哥指點，才能安心地由便道接上谷川大橋，準備爬往三德管制站，正式離開霧台，也是離開魯凱族的領域。

離開便道後，經過一段陡坡，接上屏38鄉道，再騎回台24線，爬著坡時，也剛好是以不同角度欣賞谷川大橋。

三個人越過三德管制站高點，滑進屏東平原後，在逆風中，以每人輪流騎在前頭擋風、讓後面跟騎的人少些阻力的輪車方式，很快地推進到市區，下午3點抵達一家屏東人氣很旺的咖啡廳「Eske Place Coffee House」，坐下來歇息。

一直到火車駛離前的一個多小時，才前往週五入住的旅館，取回馱車袋，跟玉樹告別後，搭上往台北的火車。

Youtube影片紀錄

https://www.youtube.com/
watch?v=dNy1594vyp4
魯凱，霧台，雲豹
《台灣・用騎的最美》

剪輯小記

騎往霧台經過谷川大橋時，想像橋下曾經的惡水，耳際響起《Bridge Over Troubled Water》這首經典曲的曲調，後來的路途上邊騎邊哼著。回來後，幸運的在「Youtube」音樂庫中找到鋼琴演奏版本，搭配上這次所拍的影片，看著看著又讓我彷彿再騎了一趟美麗的魯凱霧台。

路線規劃參考

交通接駁

要前往霧台的路徑非常單純，基本上就是沿著台24線走，回程也是走原路，因此出發點的選擇，可以依照交通接駁方式來選擇：
開車（四輪載二輪）建議由三地門附近組車出發，若不打算過夜，以霧台做為折返點。
火車、客運　屏東市交通便利，長途的火車與客運皆有抵達，非常適合中、北部車友利用；若是能提前一晚抵達屏東市，可以住在火車站附近的旅館，並將攜車袋寄放，待完成行程後，再來取回就行。

行程資訊

Day 0
火車段 🚌 台北→屏東，約5小時。
住宿：飛馬大飯店
地址：屏東縣屏東市光復路60號
電話：08-7326111
Day 1
單車段 🚲 屏東市→三地門→霧台部落→阿禮部落→神山部落，約60公里。
住宿：霧台神山愛玉
地址：屏東縣霧台鄉霧台村神山巷16之1號
電話：08-7902418
Day 2
單車段 🚲 神山部落→舊佳暮部落→新佳暮部落→三地門→屏東市，約47公里(以正常公路計算，非溪底便道)。
火車段 🚌 屏東→台北，約5小時。

時程紀錄

日期	地名	里程(KM)	海拔(M)	方式	時間	備註
Day 0	板橋市			🚌	17:40	請參考鐵路局時刻表
	屏東市				22:50	
Day 1		–	26	🚲	6:20	
	三地門	21.4	230		8:10	長時間停留
	三德管制站	25.5	514		10:30	
	伊拉部落	32.1	260		11:23	長時間停留
	神山部落	37.7	690		12:40	
	霧台部落	39.4	810		13:40	霧台至阿禮路況極差
	阿禮部落	49.2	1,213		15:30	
	神山部落	60.2	690		16:40	夜宿神山愛玉
Day 2					9:50	
	舊佳暮部落		455		11:20	
	新佳暮部落		457		11:40	
	三德管制站		514		13:17	新佳暮部落至三德管制站距離以公路計算，非溪底便道的距離。
	三地門		230		13:50	
	屏東市		26		14:50	
	板橋市			🚌	17:35	請參考鐵路局時刻表
					22:51	

相遇巴冷公主

魯凱族口耳相傳的古老傳說裡，
一位頭目的公主嫁給了百步蛇，而這位傳說的巴冷公主後裔，
就住在一個美麗部落，我們今天就以單車，尋訪這個故事吧！

魯凱族

上個月拜訪了霧台、神山後，對於魯凱族濃厚的藝術風格深深著迷。回家後，立刻在地圖上，研究規劃另一條也是以魯凱族為主的部落路線，準備再來一次魯凱族單車深度遊。

小尋找公主後裔

路線初步設定是魯凱族另一支系－下三社：茂林、萬山及多納。為了多了解這一路線，特地以**FB**私訊玉樹兄，請教前往的方式。從他的回答中，得知他們先前造訪三地門唯一的魯凱聚落－青葉村，而我也在網路查詢中，看見茂林國家風景區網站中這麼寫著：

「很多人聽過魯凱族巴冷公主愛上百步蛇的淒美故事。故事中的巴冷公主的後裔，現在就住在青葉村中。」

把這訊息貼給玉樹兄，希望他能夠指出巴冷公主後裔在青葉的實際居所，雖然玉樹回應是否定，但根據多次騎訪部落經驗，進入部落只要勤問，沒有找不到的地方，而且，往往可以挖掘出許多令人感動的故事。

跟著把這個訊息告訴Toby，和我一起看過魯凱族相關書籍

高度圖 屏東→沿山公路沿線部落→下三社

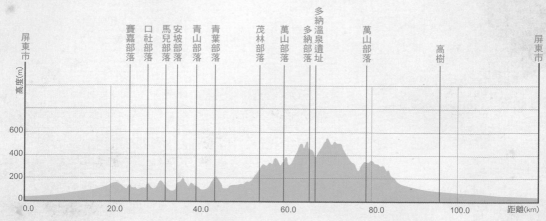

路線圖

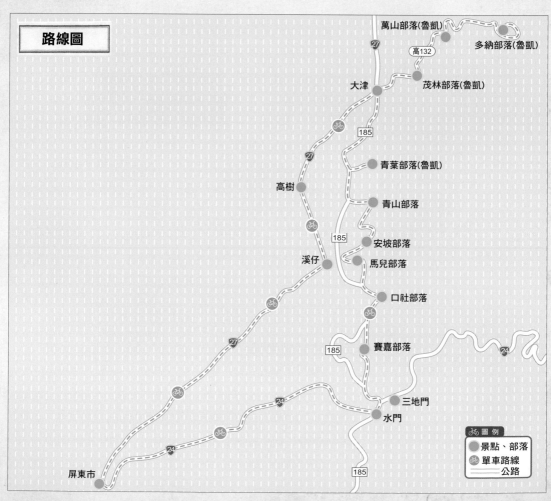

萬山部落(魯凱)

多納部落(魯凱)

茂林部落(魯凱)

大津

青葉部落(魯凱)

高樹

青山部落

安坡部落

溪仔

馬兒部落

口社部落

賽嘉部落

三地門

水門

屏東市

圖例
● 景點、部落
🚲 單車路線
━━ 公路

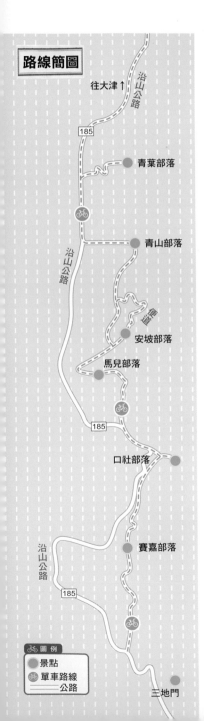

路線簡圖

往大津 ↑

沿山公路

185

● 青葉部落

沿山公路

● 青山部落

隧道

● 安坡部落

● 馬兒部落

185

● 口社部落

沿山公路

185

● 賽嘉部落

圖例
● 景點
● 單車路線
—— 公路

● 三地門

的她，也聽過巴冷公主故事，能夠有機會一睹神話中人物的後代，當然也想一探究竟。如此，青葉村成為此行一定要造訪的地點，因此，將前往青葉村路上、但大多為排灣族的安坡觀光自行車道，納入路線，好成為一個環線，可以一次領略豐富的排灣、魯凱風貌。

補充說明：青葉是由霧台的大武、佳暮與好茶等地遷至此的魯凱族部落，是三地門鄉唯一的魯凱族部落。

雖然這次的行程距離只約120公里，但要去的部落多，所以仍然分兩天騎，避免為了趕時間，而無法細細欣賞部落風光。以下即是這次的實際路線，採逆時針方向，由屏東市出發：

屏東市→三地門→賽嘉部落→口社部落→馬兒部落→安坡部落→青山部落→青葉部落→茂林部落→萬山部落→多納部落，隔日原路折返經高樹回屏東市。

其中經過的部落，包括排灣族的賽嘉、口社、馬兒、安坡、青山；魯凱族的青葉、茂林、萬山與多納，青葉位於屏東三地門鄉，茂林、萬山、多納位於高雄市茂林區，又另稱下三社[1]。

路線中有一部分是走沿山公路185縣道(沿山公路上)北段旁的安坡觀光自行車道，但自行車道並非都是在沿山公路上，而是由串起幾個部落的小徑組成，因此將此段路線另畫成一個簡圖，讓車友參考。

再訪賽嘉憶飛行

上個月到霧台是搭火車南下，由於先前差點上不了火車的教訓，這次改成搭統聯客運。我們住中和，統聯有一班是由板橋發車往屏東，行經路線設有中和站。出發當天Toby提前下班，基於上回準備經驗，因此整理行李很快，提前在下午3點就到中和站了。

雖然選擇的統聯客運，不是預定車次，但只要有位子，就能提前上車。我們到站時，那班3點自板橋發車的車班未到，在站務員

協助下，順利地搭上車，經過三部電影的時間，就抵達屏東市。

經過一夜好眠，隔日天剛亮就起床，就開始了這次的行程了，是不是真的能找到巴冷公主的後裔，一切就看緣分啦！

離開旅館，先在街上吃了一份滷肉飯搭虱目魚湯的台式早餐，然後我們開始往三地門鄉出發；入山前，還在小村「水門」的7-11補充一杯咖啡後，也就騎進了三地門鄉，沿著185縣道，很快就找到往賽嘉部落的岔路。

來到賽嘉，不大的排灣族部落，家戶牆上都有許多美麗的圖案。離開賽嘉部落，再度回到185縣道，路旁即是航空公園的降落場。對於這裡我們不太陌生，記得多年前為了試飛一頂二手飛行傘，還特地選在周末，開夜車到屏東，隔天上午直抵賽嘉山腰的起飛場試飛行，起飛後，就降落在這片大草原。

行抵排灣族第一個長老教會

順著自行車道來到口社部落，這裡是個清爽乾淨的社區，濃濃的排灣風格以及居民親切的問候，讓人覺得此行真是來對了！

從口社到馬兒部落的自行車道，是走一小段185縣道，再轉入更靠山區，這時坡度變陡，但車輪壓過滿地落葉聲響，搭著此起彼落的鳥鳴，讓人不得不讚嘆這段路，讓人心曠神怡。

接著，路徑開始連續下滑，前方應該就是馬兒部落，這時已經11點，肚子有些餓，決定進部落裡覓食了。

進到馬兒部落後，沒有看到賣吃的，但從部落非常整齊乾淨的景象來看，不難了解社區的用心經營。我們特地繞進社區，並且尋先前慣例，先找教會吧！

這時，騎在前面的Toby，突然停了下來並回頭向我示意，視線往一個宅戶的前院看去……

原來有好幾位婆婆媽媽，正忙著以木樁槌著黃色的泥狀物，原本以為是小米，但一問之下，才知道是木薯。

❶

❶路上都是剛開花的芒果樹，少數幾株已經結實纍纍。

註❶下三社群又稱濁口群，為魯凱族支群之一。魯凱族的下三社群於濁口溪流域的三個部落，於日治時代取名為下三社，是居住在濁口溪支流荖濃溪上游地帶鄒族沙阿魯阿群的四個部落的相對指稱，因為納、萬山、茂林分布在下游便被稱為下三社番，而稱彼為上四番。
摘寫自台灣原住民歷史語言文化大辭典，辭條名稱：下三社群
http://210.240.125.35/citing/default.asp

❶獵人女兒手工藝作品，這背袋是自用不外賣，可愛到我看得好心動喔！

❶

　　經過她們的同意，我們進到院子，聞到木薯泥散發出濃郁的香味，好幾位大姐熱情邀請我們嘗試，將沾上鹹花生粉的木薯泥放入口裡，簡直就是人間美味，實在太感動了。我們一人吃了一個原味、一個沾鹹花生粉的木薯泥，原來肚子的空虛感，即刻就被滿足了。

　　繼續站在她們身旁聊了起來，順便問起部落內的馬兒教會位置，忙著將木薯泥沾鹹花生粉的媽媽說：

　　「教會就在我們隔壁呀，因為明天有新的牧師要來報到，我們要慶祝，這些木薯就是明天要用的。」

　　掩不住欣喜在心中吶喊：「哈，真是踏破鐵鞋無覓處，原來要找的教會就在隔壁，太妙了！」

　　謝過她們後，牽著單車繞到隔壁，果然看到一個藍色教堂建築，躲在一個大棚架下，難怪剛剛一直找不到。有許多男士正忙著整理教會的裡裡外外，也擺上許多椅子，看來明天新牧師報到的場面，應該很盛大才是。

　　拍照時，來了一位親切的先生，他是馬兒部落社區發展協會的會長，也是一位退休警察，剎時間，我想到了那位神山愛玉老闆巴義成大哥，也是警察退休，打聽一下，果然他們彼此認識，想想還真是有緣。

　　我們向會長了解這部落的特色，他指著後面的教會說：

　　「這個教堂是，排灣族第一個成立的基督長老教會[2]，明天要來牧養教會的牧師，其實已經快退休了，還特地請調來這裡，一了他選擇在最老教會退休的心願。」

　　在會長帶領，我們拜訪了住在教會旁的獵人，看到一屋子山豬下顎骨以及他以鹿皮製成的禮服，不由得令人敬佩他年輕時的勇猛。

　　和會長等部落裡的朋友聊了好一會，才依依不捨的和他們告別，騎上非常優美的聯外楓林大道，準備轉往另一個部落－安坡。

輕易達到目的

　　先前在馬兒部落停留不少時間，這下抵達安坡部落後，僅騎進部落稍微逛逛，離開時，向部落裡一位朋友打聽前往青山部落的路徑，他指引了一條繞進山裡的便道，並表示是通到青山部落的主線。估計此路應該不難走，因此就依照他的建議試試！

　　在山裡東繞西繞終於接回主線，而這時所騎的路是屏7鄉道，而不是185縣道。抵達青山部落繞了一圈，拍了幾張照片後看時間已經是下午1點多，後面除了青葉外還有茂林的下三社要去，為了避免弄到夜騎，還是繼續往下一個重點青葉部落前進吧！

　　由青山村接回185縣道（沿山公路），轉往青葉部落的岔路，由於青葉部落是獨立於一個平台上，因此又是一段連續爬坡啦！

　　進到部落，各種魯凱圖騰映入眼簾，行於寬闊的入村道路外，居民騎機車經過，還笑咪咪的對著我們說：「歡迎蒞臨青葉，祝你們玩得愉快喔！」

　　聽到這樣熱情的歡迎語句，我們對這裡好感度馬上破表。我們心裡掛念要找巴冷公主後代所住的地方，又有時間壓力，因此看到有位先生站在天主教會旁的住家門前，**Toby**立刻趨前問路：

　　「請問喔，聽說巴冷公主的後代住在村裡，請問您知道是在哪嗎？」

　　這位先生的回答讓我們非常驚喜：

　　「知道啊！就從前面路口左轉，第三個十字路再左轉左側第二間，他們家正在整修，去就可以看得到了。」

　　隨後，我們聊了一會兒，知道這位先生姓賴，順著他指引的路徑出發，先看到的是賴先生老家，據他說他們祖先眼睛具噴火的神力，因此牆上畫有眼睛和火焰的圖騰。

　　來到傳說中巴冷公主後代所在的小徑，一看到房屋前石板上的圖騰，我們馬上知道已經找到了。

註②排灣族第一位受洗的基督徒為三地門鄉馬兒村的林泉茂，排灣名Pangder。1950年7月自山地宣道所畢業，之後在馬兒做傳道的工作。同年10月，馬兒村蓋了排灣族及魯凱族第一間聚會所……
摘自：http://www.laijohn.com/archives/pg/Paiwan/Pangder/brief/Kang,Sgin.htm

❶揮手的小男生是巴冷公主第五代，右邊為第四代的Ba Lheng小姐；左邊為另一位姓巴的大姊。
❷謝謝Ba Lheng小姐，我們太開心太感動了！

超時空的奇遇

這時，看到有幾個人正坐在院子裡吃便當，我們開口問道：

「不好意思，打擾用餐，請問這裡是巴冷公主後代住的地方嗎？！我們是否可以拍照！」

一位年輕女生親切的說：

「是這裡沒錯，你們可以到裡面來拍呀，不過不好意思，現在正在整修比較亂喔！」

我們走進去後，Toby馬上說：

「那請問妳們就住在這裡嗎？所以是巴冷公主的後代？？」，這時旁邊另一位巴姓大姊說：

「對，跟妳們說話的是第四代子孫，那兩位小朋友是第五代。」

巴大姊接著帶我們進入屋內，說明巴冷公主住所整修的規劃及理念，預計年底會完成整修，我想，屆時巴冷公主的傳說，會有更美麗的氣氛。參觀完，Ba Lheng小姐端出一鍋暖暖的羊肉湯，我們就在柴火堆旁邊吃邊聊，繼續聽著魯凱青葉部落的故事，享受這段有如超時空的奇遇。

離開部落前，找到達拉瑪卡烏TalaMakau頭目(楊永福先生)的家。青葉村主要是由達拉瑪卡烏與達德勒兩大部落，以及後來好茶、霧台、佳暮等魯凱族人遷入而組成，是三地門唯一的魯凱族部落。這裡每家每戶都有不同的壁畫、雕刻，如果時間更充裕，可以放下單車，改由步行細細賞遊。

繞進萬山部落

看看時間已經是下午3點多，再不入山真的得夜騎了，依依不捨地離開青葉部落，回到185縣道，加快速度，奔馳於沿山公路上，抵達大津後轉入高雄境內，接上高132鄉道往茂林。

一進高132縣道，路旁有個「茂林遊客中心」，在這裡上洗

手間，並詢問山裡的路況後繼續前進，兩個人專心地爬著，不到20分鐘抵達茂林。雖然不想夜騎，但騎到茂林肚子又餓了，因此還是停下來在路旁小攤吃了些道地魯凱風味美食，才繼續地往山裡前進。

下三社的茂林、萬山、多納相互之間距離並不遠，由185縣道起點到位於多納的終點，大約只有15公里，抵達中間的萬山部落時才四點多，遠遠就看到部落裡有個很特別的教會，因此還是先繞進部落，打算好好瞧瞧這座教會。根據隔天一位部落文史工作者馬樂老師解說，我們才了解這是萬山部落基督長老教會，是萬山遷村(民國46年)後，改建的第3代。教會牆上在百合花與陶壺下面是萬山岩雕的圖騰，而萬山岩雕是部落裡非常特別的一個史蹟。

在茂林遊客中心問路況時，服務人員建議途中可以改行多納高吊橋，而我們切往多納吊橋小徑後，很清楚的看到多納橋與龍頭山。龍頭山與晚一點也會看到的蛇頭山是一種罕見的曲流、環流丘地質景觀[3]，是走這條路線不容錯過的景觀。在這傍晚時刻，龍頭山盤據於溪谷中，狀似一條正要休息入眠的巨龍，讓人忍不住想用手隔空輕撫牠。

順著路，我們抵達吊橋時已經快5點，四周已經有些昏暗，少了光線無法拍太多照片，因此只有在橋頭稍停一下，即直接騎過橋。

進入多納部落

騎上吊橋，側看下方「老鷹谷」、「龍頭山」以及明天返程時就是要走的「多納橋」，欣賞片刻後，穿過吊橋回到公路，出現眼前的是另一個巨大環流丘－蛇頭山。

在魯凱族眾多圖像中，百步蛇是最重要元素，對魯凱族人而言是一種祖靈的象徵。在這個魯凱族領域裡看到這樣的「蛇頭山」實在別具意義，特別是，今天還遇到嫁給百步蛇王的巴冷公

註③曲流與環流丘：環流丘是河流掘鑿作用中將曲流頸切斷而形成的現象，屬於曲流地形的一種，所以在形成環流丘之前，一定會先形成曲流。曲流的形成是因為河水受到阻力向外側沖刷，使得岸壁受到沖蝕逐漸形成凹岸（稱為切割坡）。而流速較慢的一側則會發生沙石堆 積的現象，使得岸邊較寬廣低平形成凸岸（稱為滑走坡）。隨著河流作用，曲流的彎曲度逐漸變大，使曲流頸慢慢的被截斷河川改走新河道，舊河道逐漸枯竭，而地殼舉升使得陸地高出河平面並被新舊河道所環繞，這個被環繞的山丘即是環流丘。

❶靜謐但有五顏六色的部落。
❷從在這裡這個時候見到的是美麗
多納。
❸由祭人頭場再往上走是勇士步道
及勇士呼喊台。

主後裔，儘管此刻陽光已經即將沒入山際，還是停下來欣賞一番，祈求一路上都能平安順利。

離開蛇頭山爬了一段連續坡，在彎延曲折山徑努力踩踏著，終於越過一處名為「多納古戰場」的最高點，開始下滑後，美麗的部落終於映入眼簾。

到啦，到啦，我們到多納了！

滑進部落已經5點多，找到我們預定要住的「阿拉斯民宿」。匆匆地將行李安頓後，即在部落裡找了一家正準備打烊的麵店晚餐，吃過晚餐，在星空下閒逛部落，回到民宿，趙媽媽坐在客廳，作著魯凱傳統手工藝，我們和她聊了好久，許多在網路上、書本上讀得的故事，經由她以不太流利的國語，傳述部落裡發生的大小事之間，瞬間有了串聯。

真好，今天又是有故事的一天。

祭人頭場

第二天一早起床在部落裡遊逛，看見陽光逐漸越出山巔，照耀在木雕圖騰上，讓圖案更加立體。這時，回想起昨夜聽到已經78歲的趙媽媽所說的：

「以前日本人走了之後，中華民國來了，我沒有讀到書，會說你們的話，是和來這裡的人常常說話學的……」

這段話讓我有所感觸，騎單車由城市到部落，這些影像、聲調變化，就像是在看一部課本上沒有的歷史時光電影，唯一不同的，是所有場景是活生生的就在我們身邊，而電影裡的故事，等著我們自己去演繹。

基督復臨安息日會－多納教會，我們住的民宿隔壁就是個美麗的教會。

回到民宿，把所有行李整理好，在部落找到一家早餐店，在此和服役於海軍陸戰隊的部落青年聊聊，知道多納溫泉確實已經

沒了，但他建議我們一條風景不錯的路線，以不同的角度，欣賞美麗的多納部落。

註④參考茂林國家風景區網站：祭人頭場，http://www.maolin-nsa.gov.tw/user/Article.aspx?Lang=1&SNo=04001211

順著他的指引，來到這條步道，眼前出現一處石板堆起的架子，石板堆出的牆上空洞，據說是部落出草後，砍得的人頭祭放處。以前一個部落就等同於一個國家，族人都需要保衛自己的領土與主權。當出草成功回來後，族人會將人頭高掛並祭拜，這種祭人頭文化在台灣許多原住民族群都有。從前令人敬而遠之的祭人頭場，現在已開放為讓人可以參觀的景點，讓遊客可以更深刻了解文化[4]。

告別美麗的多納

逛著部落時詩歌聲響起，順著悠揚的歌聲走，果然找到基督長老教會(多納教會)，教會裡許多年輕人正在專注地唱著歌，連站在門口發傳單的女生，也跟著哼唱擺動，展現山裡朋友熱情好客的特質！

逛完回到民宿，將行李整理好背著，跟趙媽媽道別後，跨上單車由部落後方通往多納溫泉便道下滑，看到已經被土石淹沒的溫泉區。

順著小徑以不同角度不同高度悠賞了多納，繞了好大一圈，才終於回到昨天傍晚轉入部落的岔路，來到這裡也代表我們要正式跟多納告別進入回程啦！

遇見馬樂

回程有了陽光的加持，整個人融入了蛇頭山巨闊的山壁河谷之間，在下滑中，蛇頭山跟著緩緩轉動，有如是一隻巨蛇活生生的盤踞在河谷上！

景物不斷掠過中，滑至谷底再度慢慢爬升，不久，萬山部落已經清楚可見。這時候兩個也有些餓了，進到萬山部落找了一

下，儘管遍尋不著販售食物之處，但還是整個部落走一趟。

逛了一圈正打算回頭往上推，Toby似乎看見了甚麼，跟我招手往一處廣場走去，原來，部落舊學校裡正有個萬山岩雕遺址影音展，而且有導覽志工在解說，正感動於這些難得的遺跡能有這樣的展示時，志工看我們問了許多問題，特地推薦我們到廣場中找到展覽的推動者馬樂老師。

經由馬樂老師現身說法講故事，讓我印象最深的，是為了將萬山舊部落的樣貌複製花了許多心血，而過程部落裡知道的人不多，最後完成時還殺豬祭拜，當部落裡老人家看見萬山舊部落一模一樣的模型，尤其是他們的老家時，不禁老淚縱橫說不出話，讓他覺得為部落做了一件非常有意義的事，讓老人家有找回真正根的感覺[5]。

在魯凱族傳統上，「家」不僅是住所也是生命的發源地，是族人心中最神聖的地方，由早期的室內葬也可以看出魯凱族人對家的重視與信仰的態度。萬山部落經過遷村後，舊部落被群山惡水阻隔，老人家已經無法回去尋根，因此看見萬山舊部落模型中的老家才會有那樣的感動。

有萬山部落馬樂老師的解說，讓我們更進一步了解萬山部落文化，實在太幸運了！

告別馬樂老師，回到公路上，才想忘記吃飯，繼續下滑滑到台27線，途中才找了一家麵攤中餐。

餐後，經過3、40公里的高速奔馳，下午3點多回到屏東市區，這時一身又熱又渴，找到位於民族路的屏東觀光夜市裡一家「進來涼冰果室」，這家60年以上的老店(創立於民國38年)，這時當然還要再來清涼一下啦！

心滿意足的吃完冰，才回到週五晚上投宿的飯店取回寄放的攜車袋，搭上17:40開往台北的自強號，開開心心完成這次跨時空的「相遇巴冷公主」魯凱單車旅程。

❶雖然沒了溫泉，但這條可以經過部落墾種農作物台地的小徑騎起來也不賴。
❷再見啦，美麗的多納部落。
❸進入老鷹谷，龍頭山旁的多納橋有如一條白色巨龍。

註❺萬山部落在1956-1957年遷村後，居住在新萬山的族人，稱呼舊萬山為ka-'oponoh-ae，意指「完整的」、「真正的」文化存在處。(參見：http://ihc.apc.gov.tw/Journals.php?pid=616&id=723)

Youtube影片紀錄

相遇巴冷公主 Part 1 - 茂林、萬山、多納
《台灣‧用騎的最美》
https://www.youtube.com/
watch?v=TTEp8mfGDnc

相遇巴冷公主 Part 2 - 茂林、萬山、多納
《台灣‧用騎的最美》
https://www.youtube.com/
watch?v=3Ssm4bQSZvE

路線規劃參考

兩日遊：由於這個路線是結合了185縣道沿線部落與高132縣道，魯凱下三社而成，沿途部落多，如果車友是由外地來而且是搭大眾運輸工具，適合由屏東市以兩日來進行；若是4+2而且也是要一次走完，則可以由三地門一帶作為出發點。

單日遊：可將185縣道沿線部落與132縣道魯凱下三社分切為兩次路線，搭大眾運輸工具由屏東市出發(越早越好)進行；若是4+2，則可以各由三地門附近、茂林遊客中心附近分段進行。

出發前該做的：如前面所述，此路線經過部落非常多，各有特色，而且族群上涵蓋了排灣族、魯凱族，雖然兩族有共通之處，但實際上文化差異很大，甚至同為魯凱族的下三社與青葉部落就差異極大，因此務必事先透過網路、書籍適當了解，有一定程度了解後，去了收穫會更多。

行程資訊

Day 0
巴士段 🚌 台北→屏東，約5.5小時。
住宿：東星大飯店
地址：屏東縣屏東市光復路18號
電話：08-7330088

Day 1
單車段 🚲 屏東市→三地門→185道路沿線部落→多納部落，約66公里。
住宿：阿拉斯民宿
地址：高雄縣茂林鄉多納村二鄰32號
電話：(07)6801277

Day 2
單車段 🚲 多納部落→多納溫泉遺址→高樹→屏東市，約52公里。火車段 屏東→台北，約5小時。

時程紀錄

日期	地名	里程(KM)	海拔(M)	方式	時間	備註
Day 0	板橋市			🚌	15:15	統聯客運
	屏東市				20:45	
Day 1		–	26	🚲	6:08	
	賽嘉部落	24.5	133		9:24	
	口社部落	28.6	140		10:26	
	馬兒部落	32.8	126		11:05	長時間停留
	安坡部落	35.6	156		12:40	
	青山部落	39.5	124		12:57	
	青葉部落	44.2	202		13:24	長時間停留
	茂林部落	54.4	266		15:40	午餐補給
	萬山部落	58.8	300		16:20	
	多納部落	66.2	450		17:25	
Day 2					9:50	先繞往溫泉舊址
	萬山部落	79.5	300		11:50	參觀部落
	高樹	94.2	87		14:40	
	屏東市	118.1	26		15:50	
				🚆	17:35	請參考鐵路局時刻表
	板橋市				22:51	

融入的悸動──
新、舊達來，德文、大社、瑪家、舊筏灣

在水霧飛濺的瀑布下，思索著為何有如此多的感動？來到一條孕育出排灣和魯凱族文化的溪流源頭，真實體驗我們正存在於此。感受了這一切，懷著感恩的心，跨上單車，再度越過崩壁恣意下滑！

排灣族

去年開始連續騎了好幾趟屏東部落行程後，深深覺得屏東是單車騎訪部落的聖地，一次與FB朋友討論中，在Google衛星圖上不經意地看見新達來部落舊址位置，就在往霧台的台24線附近，而且舊部落竟然是一個保存良好的石板屋群，雖然沒有老七佳的規模，但只要下切越過隘寮溪即可抵達，於是動起念頭想去造訪，而且是騎著單車去。

看著Google的衛星地圖上舊達來的位置，突然靈光一閃，整理出一條跨時空的單車路線出現，一條可以一起造訪新舊達來

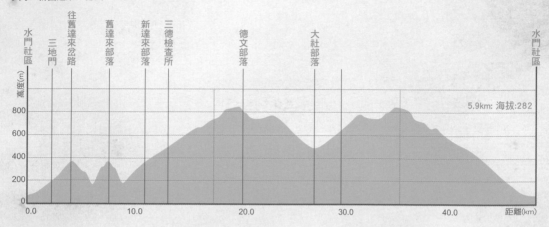

高度圖

水門→新舊達來→德文→大社

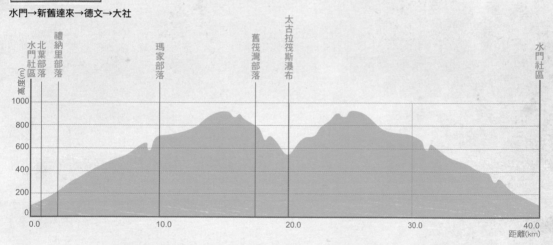

高度圖

水門→新舊達來→德文→大社

部落、新舊大社部落、新舊瑪家部落，以及傳說中排灣族發源地的舊筏灣部落的路線，這是一條可以看見近代此地排灣部落遷移的路徑，也是一條值得探索的單車路徑。

　　由於這次路線串起的部落並非在同一條路的沿途，而是分布在隘寮溪的兩岸山區，因此將起點它設定在進入三地門之前的內埔水門村，以水門村的旅館為基地，分兩天來進行，換個角度來說，這回可以說是由兩個單獨的路線合併在一次行程中，但兩個路線都是同時在探索新舊部落移動的足跡。

前往得趁早

　　兩條路線都要以水門作為出發點，考慮到背行李的麻煩，Toby特地請一天假，我們計畫在週五早上就先搭車到屏東後，下午前騎至水門的旅館安頓好，若是時間允許，可以當天就先跑一趟禮納里，因此整個路線計畫如下：

第一天：台北(統聯)→屏東市，屏東市→水門→北葉部落→禮納里部落→水門，夜宿水門。

第二天：水門→舊達來→新達來→德文→大社→水門，夜宿水門。

第三天：水門→瑪家部落→舊筏灣部落→太古拉筏斯瀑布→水門→屏東市，搭火車返台北。

　　一切都準備妥當後，我們搭上統聯客運一路往南，由於是白天進入南台灣，在北部路段小睡片刻後就一直欣賞著沿途風光，很期待下午就能開始騎車。抵達屏東後，組妥單車收好攜車袋，打算到屏東火車站行李房將攜車袋寄放，但沒想到這樣的服務，竟然只限當日。

　　很幸運的，順利的找到了一家可以寄放三天行李的店家，營業時間也比火車站的行李房更長。這次沿台24線往山區前進途中，特地繞進瑪家鄉三和村，要去找一家名為「蕃藝書屋」的獨立書店。

　　這家書店，據說裡面有相當多有關原住民以及其他一般書店少見的書籍，由於沒有事先約，結果經過時看到門鎖著，只好在店前拍個照留個紀念後，還是繼續前往水門，抵達水門的屏山旅館時，還不到下午四點，辦好入住手續卸下行李後，立刻起身續往北葉部落和禮納里部落。

　　北葉部落與禮納里部落距離水門很近，由水門村出發不到10分鐘就來到北葉，原本要直接騎往禮納里，途中發覺Toby沒有跟上，回頭後才發覺她跑到部落一個雜貨店內和幾位媽媽聊起來，她們正在為明天部落裡一個婚禮忙著綁鮮花圈。

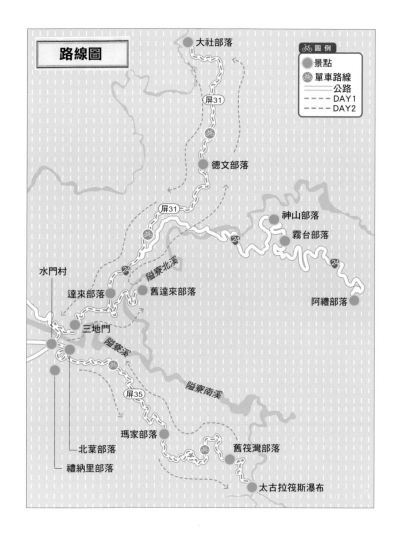

路線圖

大社部落

屏31

德文部落

神山部落

霧台部落

水門村

達來部落　舊達來部落

隘寮北溪

三地門

阿禮部落

隘寮溪

屏35

隘寮南溪

瑪家部落

北葉部落

舊筏灣部落

禮納里部落

太古拉筏斯瀑布

圖例

● 景點

單車路線

公路

DAY1

DAY2

　　本來要催促她繼續前進，但進到飄著新鮮草香、花香的雜貨店內，聽到充滿著歡樂的笑聲，讓人不禁很想留下來跟著去參加。

　　離開北葉，進入因八八風災而遷村，由受災的瑪家部落、好茶部落及大社部落組成的禮納里部落，隨意逛中，在好茶村一家「阿啦六文物館」時，一位朋友看到我們經過，熱心的招呼我們停下來。他雖是平地人，但對各地部落如數家珍，開始熱心的

介紹起文物館的人事物,幾個人連同文物館的魯凱族男主人一開聊,直到天色已經暗下來,才依依不捨跟他們道別,而原本要逛禮納里部落的計畫,變成只是在往山下途中隨意拍些照片。

綠色世外桃源

隔日一早,耀眼的晨霞中,我們正式進入這次以隘寮溪為界,探索兩岸舊部落的心動之旅。

由水門村一過三地門橋,開始進入繽紛的色彩中,清晨的陽光下騎在兩旁不時出現排灣族特有的多彩圖案的路上,實在是一種美妙的享受。我們在三地門的7-11停下來吃早餐,有別於上次來在這裡許久,一吃完就趕緊繼續出發,因為今天預計的里程雖不算長,但得上下爬多次陡坡,因此時間上得有所控制,以免因貪圖美景而搞到夜騎下山。

由三地門7-11上爬約2公里,還沒到新達來部落前,從一家居高風味餐廳右側的岔路往右切,連續陡下滑到接近溪底前,已經可以看到橫跨隘寮溪的達來吊橋。

很可惜的是吊橋這時正在整修,原本想在這座據說相當漂亮的吊橋拍照的計畫因此無法進行,但也意外的有個收穫,那就是一位在鷹架上正漆著排灣圖騰的盧先生,分享一些經驗給我們,要我們在舊達來除了部落裡的道路外別亂闖,因為有可能誤踩陷阱,而且部落有族人會上去耕作,要尊重當地人的土地,此外,也建議下午我們到大社部落時,可以留意那邊也有很完整的石板屋可以參觀,非常值得前往。

謝過盧先生後,過了吊橋先進入一段水泥路,沒多久轉為碎石路,而且也開始陡了。1.75的防刺胎,在這種路況並不好騎,即使是下坡也抓不住,因此把單車置於路旁改成徒步上山,據盧先生說,走上去約半小時,花不了太多時間的。

進入舊達來,出現的是一個整潔乾淨、猶如世外桃源的綠色

部落，包含路旁的矮牆、石板屋、道路小徑，都是一塊塊石塊堆砌起來。我們走進一間很完整的石板屋前廊，可以發現它的前牆是水泥，因此應該較後期的石板屋。另外，在部落的空地有栽種著咖啡樹，有族人騎著機車來此採收，我們趨前跟他問候，得到的是歡迎的笑容。

順著石板道往前行，找到了達來教堂，這個已經沒有屋頂的舊教堂，在陽光下斑駁中露出一種莊嚴，正驚喜於看見這樣的景象時，發覺教堂旁有位姓羅的大哥正在除著草，打過招呼後，羅大哥談起這教堂是全村的人由水門將建料搬上來，全人工建成的。

「部落老人家就是辛辛苦苦地守護，才能有這樣的景象。」

他的表情與聲音，傳遞著他仍然深愛著這個家園的訊息，也讓我們這兩個來自都市的單車客，沉浸在他訴說的往日情景中。聽了許多他分享部落的點滴，實在很捨不得離開，只是不太好意思一直巴著他聽故事，還是跟他道謝後繼續在部落逛了一大圈後，回到放單車的地方，跨上單車再度越過達來吊橋，開始爬往新達來部落。

原民特色信仰

新達來部落除了大頭目的家屋屬於較有傳統特色的建築外，其他以現代建築為多，而特別的還有矗立在台24線旁的達瓦達旺長老教會，特殊的造型，加上黑色的牆面搭著排灣傳統圖騰，令經過的人不得不多看它一眼。在舊部落遇到的羅大哥建議我們可以去進去看看。我們騎到教會停好車，看見門是開著，確認可以入內參觀後，開心的走了進教會，去看看羅大哥建議來看的一個漂流木十字架。

一進教會馬上被聖台上一個超大的十字架吸住目光，果然是如羅大哥所形容的巨大，教會裡的工作人員還特地為我們解釋這個十字架及旁邊的講台等，都是八八風災漂流木製成，希望作為

❶由全村的人將水泥、磚頭搬上來，合力建造的達來教會。
❷登上瞭望台，可以居高觀看部落四周景象。

❶達瓦達旺長老教會，特殊的造型及色調，極吸引路過旅客的目光。
❷舊達來部落由台24線就可以看見。
❸快到德文部落時，可以看見大榕樹位於道路最高點。
❹大榕樹旁石板上刻畫著霧台抗日的血淚史。
❺德文咖啡配排灣現烤豬肉，絕配！

那次大災難的紀念，能為教友帶來新的力量。雖然因西方宗教傳入原住民社會，傳統信仰因而漸淡，但在多次的天災中，教會的力量的確是族人心靈支撐的後盾，才能安然度過次次的苦難。

走過舊達來、新達來，帶著新舊教會的故事串起的感動，我們告別教會裡的女士，跨上單車繼續我們這次排灣新舊部落的探索旅程。

路途上的美景與美味

回到台24線，過了三德檢查所沒多久左切進入屏31鄉道(三德道路)，5公里連續爬坡後，即可進入德文部落，然後再約8公里(最後有段約3公里陡下坡)，就可以到達今日的終點－大社部落。

連續爬升中，遠望隘寮北溪切畫出曲折溪谷，往左側較高海拔方向看去是屬於魯凱族領域的神山、霧台部落方向，最遠方跨過溪谷的長橋即是谷川大橋。

日治時期，1914年的霧台抗日事件期間，日本警察就是在隘寮北溪右岸制高處設置砲台砲擊對岸，而現在要去的即是砲台的設置地點。

5公里連續上坡，旁邊是綠樹是峭壁，一路上對面的神山、霧台清楚可見，也可以從另一個角度觀看谷川大橋。在抵達制高點時，可以看見一棵大榕樹，是一棵兩株互相纏繞而成的雀榕樹，傳聞據說是一顆「吊人樹」，但眾說紛紜，版本甚多。

不管是不是「吊人樹」，大榕樹位置在制高點，而砲台遺址也是在附近，由這裡往對岸望去，雖然今天有霾害能見度不佳，但其實已經很有感覺了。

來到德文肚子已經餓，而且由舊達來出發過吊橋後是連續爬坡，因此也有些累，在附近看到有當地人賣著現磨的德文咖啡和烤豬肉，當然要坐下來好好品嚐，也可以跟當地居民套套交情，

聽聽這裡更多的故事。

　　由賣自家咖啡的排灣族柯姓老闆處得知，他部落的家是雜貨店，家人在顧店。我們與他聊了一會，出發不久進入部落後，果然在一家雜貨店門前旗子認出是他家，Toby逮到機會跟他媽媽聊了起來，他媽媽看我們是騎單車來，認為只有買飲料來喝肚子還是會餓，拿出自製的原住民山地小芋頭乾請我們。第一次吃到這種原住民傳統美味，香氣與酥脆實在的口感，讓我們想起剛剛喝的咖啡，深覺這兩樣應該合起來搭配才對，絕對會是德文咖啡可以營造的特色啊！

高感度的悸動

　　帶著滿嘴芋頭香，與部落朋友話家常的輕鬆，繼續在滿植咖啡樹的山坡路上下坡踩動不久，在一段先下滑後超陡的爬坡之後，來到一處隘口，過了隘口，已經可以看見今日終點－大社部落，而它位置是在遠遠的下方，不只遠，而且海拔落差真不小，感覺等等回程絕對不輕鬆啊！

　　雖然還要爬回來，但已經都騎到這裡，而且知道大社有我們想一探的部落風光，兩個人還是繼續前進，由高處看雖然很遠，但畢竟是下滑，還是很快地就進入大社部落了。

　　進到部落，偌大的社區幾乎完全沒有人煙，每戶都是大門深鎖，只見到大約二、三戶人家還有人在，應該大部分都遷到禮納里了。

　　緩緩地順著社區道路拜訪了大社的「大力馬老頭目家屋」，學校、教會，以及一條兩旁有不少石板屋，我們稱之為「石板巷」的小徑。

　　看看時間已經過了下午2點，雖然還早，但這時山裡太陽下山的早，況且回程還有一大段爬坡等著我們，該是啟程往回走了。離開部落開始進入連續坡前，Toby說了一句激勵人心的話

❶高感度的悸動，唯有親臨現場才能感受那份真實。
❷禮納里部落入口。
❸俯瞰欣賞隘寮溪曲流，以及環流丘上的原住民文化園區。

語：「看得到的都不算遠，我們約在最高點吧！」，拉起迴轉數率先彈了出去，我當然也不甘示弱，也跟著衝出，半個小時後越過最高點，再次進入德文部落，來到中午喝咖啡的地方。

柯老闆看到我們回來，聽到我們有吃了他家的烤小芋頭，特地帶著我們去參觀烤小芋頭的地方，原來，剛剛吃的小芋頭，其實就是在他賣咖啡攤位的後方烤的，據他說要連續烤幾天，在烤的過程人要旁邊顧著，非常辛苦，但成果卻也是珍貴的。

因為再來都是下坡，已經沒有時間壓力，因此和柯老闆又聊了好久，一直到下午快4四點，才告別柯老闆等人回到水門村。

不同高度不同角度

一夜好眠後，第二天先將行李整理好寄放在屏山旅館櫃台。在水門村吃過早餐，由於今天山上去的都是已經下撤的部落，沒有的補給，因此在早餐店加買一些煎餃、吐司，連同昨夜買的一些水果帶著，就當成要到山上野餐，友人玉樹也跟我們相約往山上半途相會，因此，把該帶的都背上，跨上單車直接出發了。

連續爬昇中，經過昨天造訪過的北葉部落、禮納里部落入口，海拔高度順著屏35鄉道一直攀升，由於路是沿著山勢往上，展望極佳，在不同高度中可以不同的欣賞屏東平原、三地門以及位於隘寮溪南岸環流丘上的原住民文化園區。沿途遇到幾位也是來騎車運動的車友，也有許多來爬山甚至跑山的朋友，互相打招呼的問候聲不絕於耳，這條路線果然是條好地方，玉樹的推薦果然很有料。

我們在綠蔭盎然的山路，一條位於屏東深山，以前在台北從未聽聞過的小徑，幸福的享受一段有汗水的騎行，這時玉樹也停好車過來跟我們會合，邊騎邊聊的繼續往上爬。

巍巍北大武

途經進入瑪家部落前涼亭休息時，我看見遠處有些白雲開始

覆蓋的高山。

「等一下快到舊筏灣前有個視野很好的地方，到那邊看北大武非常棒，你們一定會喜歡的。」

玉樹知道我們都愛山，因此對於他的推薦很有信心，充滿期待的要找個好視角觀看排灣、魯凱族共同聖山－北大武山。

在涼亭與遊客聊了一會，休息夠之後，繼續往瑪家部落出發。進入部落，由於已經遷村，因此四周冷冷清清的，雖然教會依然美麗莊嚴，但感覺上總是少了些什麼。

順著道路慢慢騎過部落，欣賞瑪家豐富的圖騰雕塑後，繼續隨著玉樹的帶領，往舊筏灣部落前進。

過了瑪家部落後路況變得稍差，而且開始一連串的髮夾彎之後，高度又攀升不少，由於路途上風景優異，又有瀑布水源，途中遇到不少開車來此露營的遊客，看來這裡是南台灣一個愛好戶外休閒朋友的好去處。

在經過一處大型崩塌不久，路已經變緩，一個大彎之後，一幅讓我驚喜萬分的景象呈現眼前。

「沒錯吧，這裡很棒對不對？我們也非常喜歡騎來這裡，由這裡看北大武的角度最好了。」

玉樹很驕傲的將這個南台灣秘境推薦給我們。

興奮地停下腳步，我們在這裡盡情地吹風賞景拍照，直到收集好各種角度後，才依依不捨的跨上單車，通過崩壁向前下滑。

化身雲豹縱入山林

通過崩壁下滑不久，就抵達傳說中排灣族發源地－舊筏灣部落，由於舊部落沿山坡而建，單車無法進入，因此我們將單車至於路旁，徒步進入部落中。

今天在連續的爬坡耗盡大半體力，然後看見巍峨的北大武山後，再親自進到這個部落，即使部落已經因無人居住多處殘毀，

❹瑪家部落遺留的派出所、學校、屋舍已經人去樓空。
❺連續的髮夾彎騎過後回觀看，非常有成就感。

但仍是感動萬分。在部落四處走過一圈後，心滿意足的由旁邊的小路走回入口，跨上單車，準備前往下一個也是不容錯過的秘境－太古拉筏斯瀑布。

由舊筏灣部落旁小徑往下，進入一連串非常陡的下坡，過了一座名為「朝聖橋」的水泥橋之後，原本水泥路沒了，變成是碎石泥土路，由於許多段非常陡，看起來回程會騎不動，因此還是將單車至於路旁改為徒步繼續往下走。由舊筏灣部落連騎帶走，大約30分鐘，終於來到要離開小徑往下直切處。

由於是垂直往下，許多處都要拉繩子，幸好騎車都有戴手套，加上騎了車身體等於都熱了身，因此爬起來沒有太多困難，手腳並用往下爬了幾分鐘，已經可以看見瀑布就在下方，大約10分鐘，一幅青山綠水畫面呈現眼前，陣陣澎湃雄厚水聲震撼胸口。

若說舊筏灣部落是傳說中排灣、魯凱族的發源地，那太古拉筏斯瀑布可以算是接近隘寮溪的發源地啦！這時趕緊將在水門村採買的食物、水果拿出，玉樹也由屏東帶來在地的美味，三個人就在太古拉筏斯瀑布前的斜壁上，享受一次絕妙的瀑布野餐。

我在瀑布飛濺的水霧，被微風帶到臉上的涼氣中沉思著，為何在這裡有這麼的愉悅，我想，這兩天沿一條孕育出魯凱和排灣族文化內涵的溪流的兩岸探索著，這時的喜悅，是源自於我們來到了她的源頭，不僅真實的體會排灣、魯凱族人源自於此，也感受我們正存在於此，是這樣濃烈的存在感而感動。

帶著一身的輕盈回到小徑跨上單車，再度越過讓我們看見北大武的崩壁，跟著在暢意的下滑中與玉樹告別，回到水門的旅館揹回行李，繼續回到屏東市，取回攜車袋打包好單車，搭上5點多開往台北的自強號，在接近午夜終於回到台北家中，結束這次三天兩夜屏東原鄉部落探索之旅。

❶舊筏灣的排灣族石板屋尚有許多相當完整。
❷整個舊筏灣部落由石板構成的階梯、小徑串聯。

Youtube影片紀錄

https://www.youtube.com/
watch?v=ljhalE-X9Yw
低彩度溶入的感動，舊達來、舊筏灣
《台灣‧用騎的最美》

路線規劃參考

擴大範圍的規劃

如果時間允許，以水門為據點是可以將三地門、瑪家、霧台路線一次走完，包含這次的舊達來、大社、德文、舊筏灣，然後加上往台24線往內走的伊拉、神山、霧台、阿禮、佳暮、大武，能更完整的體驗排灣、魯凱的文化風貌（這些部落除了德文、大社外，基本上都是在隘寮溪及其上游流域）。路線規畫建議如下：

Day 1：水門、三地門、舊達來、伊拉、神山、霧台，夜宿霧台。

Day 2：霧台、阿禮、大武、霧台，夜宿霧台（或神山）。

Day 3：霧台、德文（若神山往佳暮路有通，可以繞由佳暮再往德文）、大社、水門，夜宿水門。

Day 4：水門、瑪家、舊筏灣、太古拉筏斯瀑布、禮納里、水門。

行程資訊

Day 1
客運段 台北→屏東，約5小時。
單車段 屏東市→水門→禮納里部落→水門，約27公里。
住宿：屏山旅社
地址：屏東縣內埔鄉水門村中山路339號
電話：08-7991803

Day 2
單車段 水門→舊達來部落→新達來部落→德文部落→大社部落→水門，約48公里。
住宿：屏山旅社
地址：屏東縣內埔鄉水門村中山路339號
電話：08-7991803

Day 3
單車段 水門→瑪家部落→舊筏灣部落→太古拉筏斯瀑布→水門→屏東市，約60公里。
火車段 屏東→台北，約5小時。

時程紀錄

日期	地名	里程(KM)	海拔(M)	方式	時間	備註
Day 1	中和市				8:20	請參考統聯客運時刻表
	屏東市				13:15	
		–	26		14:20	屏東單車出發
	內門	19.3	115		15:30	辦理旅館入住
	禮納里	21.5	222		16:20	長時間停留
	內門	27.0	115		18:15	夜宿內門
Day 2		–			7:00	
	舊達來	8.0	390		9:00	後段為步行
	新達來	12.1	435		10:30	
	德文部落	20.1	847		12:05	
	大社部落	27.6	505		13:40	
	內門	48.2	115		16:20	夜宿內門
Day 3		–			6:30	
	瑪家部落	10.0	709		8:35	
	舊筏灣部落	17.5	831		10:10	進舊部落探訪
	太古拉筏斯瀑布	20.2	560		11:10	後段為步行陡降
	內門	40.4	115		13:10	
	屏東市	60.0	26		15:30	
					17:35	請參考鐵路局時刻表
	板橋市				22:50	

騎訪大武山之七佳社＋
沿山公路南段

看到老七佳部落的石板屋保存的這麼完好，真的令人驚訝，
因為我們看過不少有關書籍，對於原住民族傳統的建築總是僅能紙上談兵，
來到這邊，眼前看到的是數百年來真實的實體呈現，
我們如何能不感動？！

排灣族

記得去年為了能多了解排灣族與魯凱族，購得一本圖文豐富的《石板屋的前世與今生：排灣及魯凱石板屋聚落－以七佳社（tjuvecekatan）為例》回來參考，那時才對七佳社有了初步印象。其中很吸引我注意的一點，它是台灣世界遺產潛力點之一，這些世界遺產潛力點幾乎都是台灣具有自然、文化與歷史特色知名景點。其中的排灣族及魯凱族石板屋聚落一項，七佳社可說是排灣族及魯凱族石板屋聚落的代表。

看完這本書，網路上剛好有車友PO出遊記，看完後覺得可以列為該去拜訪的一條路線，不過當時並沒有立即排入行程，因正忙著要去霧台、多納等路線，而且到七佳的路我還不熟，等去過霧台、多納後，發覺因事先讀過那本書，讓我們了解「家屋」在排灣族與魯凱族傳統觀念中非常重要，因瞭解了這個重要性，讓

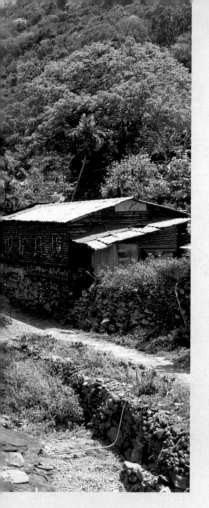

路線圖

高度圖 屏東→老七住→泰武部落→平和部

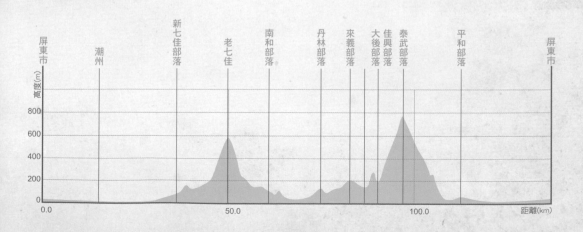

那兩次的旅程收穫豐碩，因此，回來後又再翻來詳讀。

　　而這時，沒想到好友少飛也完成了一次老七佳一日來回單車旅程，有了他詳細的紀錄及路況說明，我發現去完七佳社之後，恰好可以同時賞遊屏東沿山公路南段，以及逆爬曾經去過的泰武部落。

遺世老聚落

　　好極了，這樣安排兩天跑一趟屏東就非常適合，因此，把路線敲好之後，確認過天氣，跟Toby利用週五傍晚提前搭客運到屏東市，第二天我們就要去拜訪，這個大武山沒有電力的遺世老聚落－七佳社，並且順遊沿山公路南段的幾個排灣部落。

　　這次路線由屏東市出發，而重點區域是以185縣道（沿山公路）南段靠山側為主，途中會經過相當多排灣族部落，可以說是一次專屬排灣族單車深度遊路線，我們會經過的部落如下（參考地圖，但有部分部落沒有標示）：

Day 1：七佳（新七佳）、歸崇、力里、舊七佳、七佳社（老七佳）、南河、文樂

Day 2：丹林、古樓、義林、來義、大後、佳興、泰武（舊）、武潭、平和

潦溪走雙騎

　　在中和搭上直達屏東的統聯客運抵達屏東市後，落腳在火車站附近的東星大飯店，辦好入住手續將單車行李放好。

　　第二天一早六點多，打理好行李，將攜車袋寄在飯店（週日要搭車時再來拿，可以省下背包空間及重量）後，開始出發。

　　要由屏東市去七佳社，透過地圖規劃，我們要由台27線南行到萬丹左轉189縣道到潮州，在潮州轉入台1線續南行，過佳冬後在戰備道附近左轉屏132鄉道，然後直行即可入山，路線非常

單純好走。

出發後在市區奮戰一大段，終於來到比較有綠意路段，好久沒有這樣騎在車水馬龍的公路上，耳朵被呼嘯而過的大車震得不太舒服，想到許多車友環島選擇走靠近城市的省道，真佩服他們願意能在這樣吵的路上騎上好幾天。

騎到潮州找了地方吃早餐，並在市場裡買好上山要的午餐，因為入山後是沒有商店（新七佳還有7-11），尤其是老七佳，基本上是一個沒有電力的原始部落，因此連水也要事先準備才好。

由於屏東市到入山口新七佳距離達37公里，因此和Toby吃完早餐後，以輪車方式在公路上奔馳，路上遇到公路車友雖然跟不上，但多少追一下，讓里程快速的轉動，終於，在8:50抵達新七佳。到了新七佳不急著入山，除了在部落逛了一圈，也在7-11坐下來喝個咖啡喘個氣。

由新七佳（七佳村）續往山裡會經過力里，一直走經過舊七佳就可以往老七佳，而若由新七佳右轉，經歸崇即可前往赫赫有名的浸水營古道及大漢林道。由於這趟不是用巧克力胎，而且據說浸水營古道單車被禁止進入，因此就沒有將它規畫進去，否則，越嶺到台東大武可是件刺激的挑戰。

在7-11休息並確認該增加的補給都妥當，就可以入山了！

過了力里部落，來到一個岔路，這邊有指標，往左是舊七佳部落、往右是老七佳石板屋。事實上兩邊都可以走，由於我們這趟概念上要由新七佳、舊七佳到老七佳（七佳社），依照七佳社的遷移軌跡倒著走，因此先左切進舊七佳部落，等等再接回主線。

進入舊七佳，簡單的聚落住戶不多，路一下子就接回往老七佳方向。續行沒多久，我提醒Toby說：

「由於往老七佳的水泥橋及吊橋在八八風災時已經被土石沖毀，而且路也一直坍壞，因此要有走溪床便道的心理準備。」

「你的意思是說可以潦溪囉？」有多次騎溪床經驗的Toby

❶令人會心一笑的提醒牌。

❶

眼睛發亮的回我。

「是啊，這趟走溪床算是重點耶！」好友少飛的遊記最打動我的，就是據說有一大段路可以走力里溪的溪床，想到就很興奮了。

沒多久，前方果然出現一條岔往溪床的便道，看起來應該可以走。於是、我們開始進入蹦蹦跳跳的溪底便道。

力里溪的溪底便道分為兩段，第一段比較短，沒多就接回產業道路，回到產業道路騎沒多又再度進入溪床。騎在河床上，往旁邊山壁看上去，產業道路上下迴旋在山腰，要是沒走便道，肯定要多爬不少山路。由溪床上殘留的屋舍及電線桿，可以清楚看到當初八八風災帶來的土石流有多驚人，整個溪床墊高非常多，屋子只剩屋頂，電線桿有大半深陷土石之中。

我們順著力里溪往上游騎，在一個兩溪匯流處右切進入一個河道較窄的峽谷，沒多久，已經可以看到橫跨溪谷的吊橋了。由便道旁一條小路往上爬，很快地來到了吊橋的入口，新的老七佳吊橋最近才通車，還沒通車前，得繼續沿溪谷騎，直接橫過溪谷就可以由對岸吊橋旁便道爬上去。

新的老七佳吊橋除了有濃濃的排灣特色外，橋上還有石碑記錄著老七佳的歷史，石碑上寫著在莫拉克颱風重創了原住民族部落後，為了讓兩岸的部落維持生機，興建了這一座橫跨力里溪的現代化懸臂式吊橋，春日鄉公所為尊重部落族人，特別召開部落會議並投票決議命名該橋為「老七佳吊橋」。

看完後更清楚今天要去的地方，是一個藏有排灣族重要文化資產的聚落，並也知道要以更虔誠的心去朝聖。

奇遇石板屋

再度跨上單車騎過吊橋，馬上就是連續的大陡坡，加上南臺灣熾熱的陽光加持過，有點難以消受。我們騎了一會開始下來牽，幸好爬到更高處轉個彎之後，除了有了樹蔭，陣陣涼風也

起，不禁覺得好清爽。

　　這條路給我的感覺是重重山頭不斷，雖然幾個爬坡後有些使不上力時，看見有個指標上寫著「恭喜」，但仍然不見部落，只有水泥路沒了變成是碎石泥土路，不過，至少坡度不再那麼陡，而且又加上有風，騎來非常舒服。

　　由吊橋騎了快1個小時，終於來到一個岔路，路口有清楚的部落地圖，可以讓我們了解所在的位置。這裡還有個很特別的地方，就是部落地圖旁有個石板疊起來的石牆，那是部落以前放人頭的敵首架，因此再往前沒多遠應該就可進到部落了。

　　果然續走沒多遠，抵達期待已久的老七佳了。

　　部落入口前有個廣場，日治時期是駐在所所在地，現在是個停車場，廣場旁有個大石頭，上面寫著「春日鄉老七佳石板屋部落」。部落比廣場高度低，因此站在廣場邊緣可以將整個部落一眼望盡。

　　部落的石板屋依山而建，沒有電力、自來水，加上由黑色石板構成的屋舍聚成一個名符其實的「黑色部落」。這裡聽不到電視或卡拉OK的聲音，而是僅有回到這裡生活的族人整理家園在掘土或「喳、喳、喳」的砍柴聲。

　　我們將單車停放在廣場，徒步踩著石板鋪成的石階走入部落，來到看起來應該是一戶頭目的家屋。原味十足的門雕、石

雕，傳遞出頭目家在這裡數百年來的經營傳承。由於現場沒有人，沒有多停留，繼續往部落內走入，走到一戶看起來是正在整理的石板屋前，看到兩位年青人打著赤膊正在刷去一大片有歲月痕跡的木柴。

經過了解，原來兩位年輕人是屋主謝先生的兒子，他們利用假日回到山上，完全靠自己的力量整理家屋。

在石板屋內，除了看到他兩個兒子正在漆屋樑外，最吸引我的是由屋頂灑下的一道光柱，這是由於沒有電，白天是完全要靠屋頂開的孔讓陽光照亮屋內，而由於屋內燒材火的煙霧讓陽光成為光柱，看到這樣的景象，讓我暗暗的驚呼：「好美的一幕喔！」

很幸運有這機會在現場氣氛中，讓書籍中的描述活絡了起來不再艱澀，這些原住民生活文化的一部分，我們真的很喜歡到現地與在地朋友用聊的，因為感覺就是那麼的真實。

整整在這裡逗留了20分鐘，才不捨的跟謝先生一家人告別，繼續逛著老七佳，而在另一戶石板屋遇到一對回山上度假的高姓老夫妻，他們看到我們經過，熱情地邀我們坐下來聊天休息。

坐下來後，又有一位愛山也是車友的莊先生，也一起天南地北的聊著，直到山谷裡風漸漸大起來，陽光不時被快速移動的烏雲遮蔽。這時想起氣象預報今天有鋒面報到，雖然主要影響是北

部，但南部也有降雨機率，因此還是起身告別熱心的老夫妻及莊
先生，開始準備往山下移動。

單車路上不孤獨

離開老七佳滑過碎石段，由吊橋旁小路再度進入力里溪溪
床，騎在廣闊的溪床上，四周高聳的山壁及湧動的積雲，如快轉
般掠過，讓人感覺騎單車來實在是太享受了。

由於明天計畫要到大武山入口的泰武部落，因此，我們下山
後在舊七佳右轉過一座橋，橫過力里溪進入南和部落，這樣走小
段山路後可以接上185縣道（沿山公路），於途中再轉切往丹林
部落的產業道路，這樣就可以順利接上明天的路線，而且可以拜
訪沿途排灣族部落。不過，現在比較麻煩的，是在規劃時一直找
不到這帶有地方可以住下來，因此萬一騎到丹林部落仍沒有民宿
可以落腳，那就可能得離開山區到較熱鬧的潮州或萬巒去找了。

離開南和部落在上爬途中，遇到一群由北葉教會帶的年輕人
正騎往南和部落，一聊才知道他們是由屏東縣瑪家鄉北葉村開始
往南騎，每到一個部落就繞進去教會休息拜會；突然發現，他們
走的方式是跟我們一模一樣，也是將部落串起來成為一個路線，
只是方向相反而已。

順著規畫路線經過文樂部落後，天際烏雲更濃了，甚至還有
飄點雨絲。一路上都看不到有民宿，正當打算放棄，決定到丹林
部落後要往潮州方向去找時，突然看到路旁有「丹林渡假村」的
旗幟飄著，原來這裡有個渡假村。依照旗幟上電話打去，真的有
得住也有簡餐。

這可以說是最意外驚喜，因為這樣就不須多騎到潮州那段往
返的平地路程，明天由這裡直接再出發即可，真是太棒了！！

搞定住宿後在渡假村的高台上享用簡餐，與朋友聯絡得知台
北下了一場大雷雨，而這裡卻是雲已經漸漸散去。看著落日的餘

❶民宿主人藏了不少排灣族藝術
品，讓我們了眼界。

①

韻，我想明天應該還是有好天氣才對，唯一擔心的，由於明天到泰武部落要爬不少高度，溫度可別太高啊！

算起來第二天是個輕鬆的順遊路程，因為目標之一的泰武部落曾經騎上去過，只是這次要換由另一頭逆騎上去；會想要這麼走，最主要是上回騎過後，總覺得逆騎可以有較多時間看山景，與另一邊大部分是看高屏地區平原與海岸各有千秋，今日有機會再來，當然要來試試。

訪聚落、品咖啡

一夜好眠後，起床後第一件事是看天空，果然又是個萬里無雲的好日子，由於渡假村沒有供餐，因此早早就出發，沿途看看部落已沒有早點可以買，萬一都沒有，繞到古樓應該沒問題，因為那邊至少有個7-11。

結果一路來到丹林部落都沒看到有早餐店，四周逛了一下，遇到一位來晨騎的車友，告訴了我們這帶的路況，他提到我原先規劃不經古樓而是由丹林直接到義林部落的小路已經坍很久了，但我們還是決定繞去看看，若能扛車通過，也是不無可能。反正背包中有戰備糧、水果，拿來當早餐也是OK的。

決定去探路後，順著小徑沿著林邊溪左岸上行，果然，路到最後中斷，出現一個非常大坍塌帶，坍下來的土石也已經長滿雜草灌木，仔細看看附近，找不到有小路或是替代山徑可以接到義林，只好放棄由原路往回騎。

由原路掉頭，來到古樓村的7-11買了早餐，並在村子裡逛了一下，準備往泰武部落前進。

離開古樓，要開始一連串的排灣族部落之行了！首先來到的是義林部落，順著路進入部落，部落裡安安靜靜的，只有晨陽下的慵懶小貓，看到有陌生人進部落，突然警覺了起來。

接著，離開義林部落續往來義部落前進，結果過了部落後路

中斷了，回到部落詢問居民，知道後面的確無路可以通，因此我們原路回頭。雖然今日已經兩度因道路中斷得掉頭，但是換個角度想，若沒有因是以串起部落為路線，也不太有機會進到這些美麗的聚落。

掉頭後來到一個岔路，記得以前是由左邊過來往古樓，這次事先知道右邊是可以往大後部落，而且大後接佳興往泰武部落的橋已通，兩邊不同之處，是右邊得爬一座山；問過路旁農舍裡正在忙的阿伯，他的回答讓我們很輕易地就選擇往右走：

「往右邊可以通，而且爬上去往下看很漂亮，風景也很好，你們該往這邊走，出來騎車就不要怕爬山。」

說得太好了！「出來騎車就不要怕爬山」這句完全中了我們癢處，當然毫不考慮地往右衝啦！我們往右爬後真的是一段超美的林蔭美徑！滑過大後部落經過紅色的泰義大橋（鋼橋），開始要一大段連續長上坡，經過佳興部落後繼續往上爬，就可以抵達今天的目標泰武部落。

緩緩爬升中上爬到佳興部落，底下大後部落及鋼橋清楚可見。部落裡的教堂這時恰好傳來詩歌聲，美妙的聲音迴盪在寧靜的山谷，我想，這就是台灣單車的仙境吧！在教會伴奏的鋼琴聲中繼續往上爬，開始可以看到更多的山巒雲彩，雖然陽光熾熱，但這條路樹蔭濃密、而且山谷中不時吹來涼風，因此雖路很陡，但騎來卻是很享受。

沒想到離開佳興部落後悶著頭騎了一段時間，有段路兩旁種的是咖啡樹，騎在這樣的行道樹旁，讓我想到抵達泰武部落，一定要去喝杯在地的咖啡啦！

騎著騎著，後面的越來越陡，當爬到滿頭大汗，力氣快放盡時，終於再度來到泰武部落。抵達後先吃個小米粽充飢，然後找到這裡最知名的「泰武咖啡」，我們可以喝咖啡啦！

坐在「泰武咖啡」裡和當地的車友邊喝咖啡邊聊是非，這真

是人生享受啊！在這裡，和老闆、車友哈拉好久，最後坐到竟然感受到旁邊就是山谷迎風面的寒意，依依不捨地起身準備下山，因為等等還有個好地方要去加碼探探，得保留點時間頹廢才是。

木棉林秘境

這次下山選擇往經武潭部落的小路下滑，然後接上185縣道（沿山公路）往南行。在花東，海岸山脈旁有193縣道讓人回味無窮；而在屏東，中央山脈旁有185縣道沿山公路則會讓人驚喜不已，喜歡騎車喜歡挑戰的車友千萬別錯過喔！

下滑至山下進入沿山公路往南行，不多久，入口到了，我們要去的地方叫平和部落（比悠瑪部落），也是個排灣族部落。

進到部落先小逛一下，但事實上我心沒有留在這邊，因為更吸引我的是在一個小學裡面的秘境，Toby一直不知道我要帶她到哪，由於滑到平地來溫度飆升，騎到有點昏頭也有點脾氣了，但我一點都不擔心，因為這處一定會讓她心動的！

原來，我要出發前為了找要騎回屏東市路線時，不經意地發現平和部落裡的武潭國小平和分校校園裡有一大片美麗的吉貝木棉林，與Toby抵達校園親眼看到後，兩個人不自覺的驚呼了出來：

「這些樹怎麼長得那麼高啊！」

在這裡，我們在樹蔭下席地而坐，把背包中剩餘的食物、水果拿出來享用，靜靜地讓微風拂過全身，直到時間差不多了，才依依不捨的往屏東市前進，結束這次美妙的沿山公路南段單車旅程。

回到屏東市時間還早，因此先逛到夜市裡吃個剉冰清涼一下，才到旅館取回攜車袋打包，上了車在火車上呼呼睡了一路，深夜十二點多才抵達台北。

台北在冷氣團報到下冷颼颼的，讓更我懷念這兩天南台灣溫暖的陽光。

下次，我們一定還要再來啦！

Youtube影片紀錄

https://www.youtube.com/watch?v=na-m0w_4Wb0
騎訪大武山遺世老聚落－七佳社
《台灣·用騎的最美》

https://www.youtube.com/watch?v=na-m0w_4Wb0
大武沿山騎風情，沿山公路南段＋泰武部落
《台灣·用騎的最美》

路線規劃參考

行程安排

這次行程屬於兩條路線合併：老七佳部落＋泰武部落，事實上屏東沿著185縣道（沿山公路）有許多值得一訪的部落路線，例如這次前往的老七佳、泰武部落，以及霧台、神山，或是德文大社部落、舊筏灣部落，甚至是進入高雄市境內的茂林、萬山、多納部落，都是非常經典的排灣族、魯凱族路線。

因此，若您是南部的車友，由於地理距離近，時間成本低，可以4+2或兩鐵方式以一天一夜甚至是當日來回，一條一條的拜訪；若是中北部甚至是來自海外的車友，則建議依照您所擁有的假期時間，選擇地理區域較近的路線合併，來作為行程安排的依據。

季節限制

由於老七佳位於力里溪中上游，在汛期時道路本來就很容易有落石甚至中斷，而溪底便道也會因河水沖刷而消失，因此較適合造訪的時間還是以秋冬之後的乾季為佳，在秋冬前往，也可以避免日照高溫的不適，這是與搭汽機車前往有所不同之處。

進入部落的態度

不要以觀光到此一遊的態度進到老七佳部落，更不要在部落裡喧

嘩嬉鬧。老七佳能成為台灣世界遺產潛力點之一，是部落族人及一群有識之士所努力而成，因此對他們最尊重的方式，是能透過書籍、網路、文獻，事先對了排灣文化至少有基本的了解，造訪老七佳的感動，會隨著您對它的了解程度成正比例上升，而再加上是透過騎單車流下汗水的拜訪，感動會更是加倍。

行程資訊

Day 0 客運段 🚌 台北→屏東，約5.5小時。
住宿：住宿 東星大飯店
地址：屏東縣屏東市光復路18號
電話：08-7330088
Day 1 單車段 🚲 屏東市→潮州→老七佳部落－南和部落→丹林渡假村，約74公里。
住宿：丹林渡假村
地址：屏東縣來義鄉丹林村7號
電話：08-7833725
Day 2 單車段 🚲 丹林渡假村→大後部落→泰武部落→平和部落→屏東市，約62公里。
火車段 🚌 屏東→台北，約5.5小時。

時程紀錄

日期	地名	里程(KM)	海拔(M)	方式	時間	備註
Day 0	中和市			🚌	約5.5小時	統聯客運
Day 1	屏東市	–	26		6:25	
	潮州	16.4	14		7:14	
	新七佳部落	36.6	84		8:50	
	老七佳部落	49.8	562		11:40	長時間停留
	南和部落	61.0	102		14:50	
	丹林渡假村	74.0	123	🚲	16:25	宿丹林渡假村
Day 2					6:15	至古樓早餐並沿途拜訪各部落
	大後部落	90.2	195		9:20	
	泰武部落	97.0	763		10:48	於泰武部落休息
	平和部落	112.8	57		13:02	
	屏東市	136.0	26		14:57	
	板橋市			🚌	約5.5小時	請參考鐵路局時刻表

走過台灣大歷史

上一回走訪老七佳，沒有將附近的大漢林道和浸水營古道排入行程，
但這條記錄台灣數百年來，篳路藍縷的古道，
是探索部落路線，不能錯過的一段，腦海中快速地浮現一個念頭：
「應該把和歷史前後有關的現存路線串起來，才是我們該走的路線。」

排灣族

卑南族

經過連續好幾天的資訊蒐集，腦海中串聯路線藍圖，將歷史
上的牡丹社事件帶入後，地圖開始清晰起來，更有了方向
感，而且藉由書籍、文件的閱讀，我們體認到，這已經不只是單
純排灣族部落路線，事實上，這是一條可以用單車走過台灣大歷
史的路線。

規劃路線主軸

以這個主軸規劃出來的路線分為兩大部分，第一部分以牡丹
社事件，日軍行進方向與此區的排灣部落為主，預計要2天的時
間完成，第二部分則是接續第一部分的琅嶠－卑南道與浸水營古
道東段沿途的排灣部落探索，以及這兩條古道東段的主角－卑南
族部落探索。

路線規劃出來後，和Toby計畫利用4天的時間來將這兩路線
一次騎完。而以下兩張示意地圖，即是這次為期4天的路線。

高度圖 牡丹社事件＋瑯嶠→卑南道探索

路線圖

牡丹社事件＋瑯嶠→卑南道探索

Part 1 牡丹社事件＋瑯嶠→卑南道探索

預計路程：車城→四重溪溫泉(宿)→石門古戰場→高士→旭海→達仁／安朔→尚武(宿)

Part 2 浸水營古道(東段)＋瑯嶠→卑南道探索

預計路程：尚武→加羅板→浸水營古道(東段)→新化→土坂→金崙→太麻里→知本(宿)→卑南

額外說明：

　　如果您不想讓路線過於嚴肅，或是計畫要逆時針方向環島，可以參考路線圖一中箭頭指向的走法，除了將日軍行進路線概念拿掉外，由牡丹水庫切入產業道路後不轉往高士村，而是直接接往200縣道，這樣的安排，即使直走199縣道，也可彌補無法前往台26線旭海到港仔這段極美風景的遺憾。

啟程梅雨時

　　出發當天，台北一早已經下起大雨，在家裡打理好行李穿上雨衣，騎至中和統聯站搭巴士到達左營，在這裡換搭墾丁快線。

　　由於一路都沒塞車，早上搭6:45的車出發，下午1:20已經抵達這次出發點的車城。先將攜車袋以超商寄往卑南南王部落，方便於週日在台東搭火車北返，然後在車城鎮內吃過午餐，開始往海生館方向出發。

　　行進中，已經可以清楚看到右方突起的山丘－龜山，據說龜山上視野非常好，由於突起的龜山目標明顯，沒多少路之後就來到了登山口，我們將單車放在入口，徒步15分鐘爬上海拔約72公尺的龜山。

　　在1874年的5月初，日本軍隊就是在這海岸附近(射寮)登陸，然後兵分三路攻打牡丹等排灣部族。站在高點的展望台前，回想一百多年前的此刻，必定是驚心動魄的場面。我想，這趟行程就在這樣的畫面中，由日軍曾經駐紮數月的龜山山頂出發，我

高度圖 浸水營古道(東段)+瑯嶠→卑南道探索

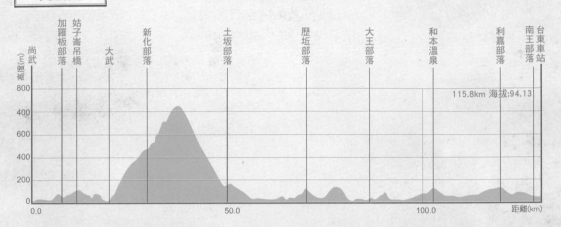

115.8km 海拔:94.13

路線圖 浸水營古道(東段)+瑯嶠→卑南道探索

路線圖一 台26線靠海岸線

們要依著日軍攻入排灣族人領域的其中一條路線，來領會這個走過1874~1871年台灣大歷史路線！

正式出發後，先到海生館旁找一個紀念碑，這個紀念碑是日治時期所建，上面原本刻的是「明治七年討蕃軍本營地」，不過，上面的字樣已經被抹除，僅剩碑體豎立。

這是當初日軍撤離台灣時所建的紀念碑，清兵接收後拆除，後來台灣進入日治後重建，而上面字樣則是二戰後被抹除。看完紀念碑也算是完成一開始的想拜訪的據點，接著開始往四重溪溫泉、牡丹方向的199縣道前進。

進入199縣道，經過一處稱為統埔的社區，突然看到路旁有個「琉球藩民墓」指標轉入，發現1871年遭難琉球人埋葬的墓地。

離開「大日本琉球藩民五十四名墓」之後，天空已經下起了不小的雨，我們繼續趕往四重溪溫泉區。

我們在四重溪溫泉安頓好住宿後，雨已經變小，正準備要前往古戰場時，遇到一個意外的插曲，竟然遇到香港的臉書朋友Lolly，沒想到第一次看到本人，竟然會在國境之南的山裡面。

離開四重溪溫泉，約3公里的路程來到古戰場，首先到的是建於1936年的「西鄉都督遺蹟記念碑」及旁邊的「征蕃役戰死病忠魂碑」。「西鄉都督遺蹟記念碑」上的字樣已經被「澄清海宇還我河山」取代，而「征蕃役戰死病　忠魂碑」則已經不見字跡。

從古戰場步道往上走，可看到遊客中心，裡面有許多解說看板，甚至還有個互動式有關牡丹社事件的問答。

這時，石門古戰場雨又大了，天色也暗了，因此返回四重溪溫泉的旅館，梳洗後在街上找吃的。在7-11旁看到一家麵攤，進去後發現這家開了數十年的店，老闆很健談，而且店裡以老式的音響放著台灣老歌曲，簡單有味的麵食搭著小菜，讓我忍不住向老闆豎起大拇指說：

「老闆，配上這些老歌，您這麵真的是道地台灣味呀！」

❶牡丹鄉的野牡丹開始盛開，粉紅色的花朵點綴在春綠當中顯眼動人。
❷超有創意的蝸牛爬在國小大門門柱上。

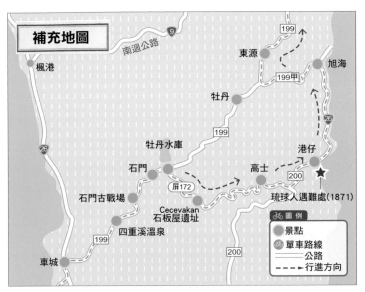

野牡丹盛開

第二天，一早5點起床，天氣依然還是陰天，且有涼意。今天的路線，要暫時脫離當時日軍進擊方向，改切往另一路的方向前往高士部落(參考路線圖)，然後前往1871年事件的導火線發生點，而且，途中也要專程探訪一處名為「Cacevakan」的石版屋遺址。

石門部落是牡丹鄉公所所在地，由於今天是非假日，趁學生上學前，我們闖進美麗的石門國小，以及附近一處超有排灣特色的天主堂，近距離感受這個部落的點滴。在石門部落繞了一圈，繽紛的色彩及圖騰，讓我們暫時脫離昨日的肅穆感，在部落裡多逛了好一陣子，才起身續往下一站－牡丹水庫。

牡丹水庫位於四重溪上游，距離四重溪溫泉約只有6.5公里，在這邊我們由牡丹大橋旁右轉進入屏172鄉道（參考補充地圖），這樣繞除了可以前往高士部落，還可以拜訪前面提過的「Cacevakan」石板屋遺址。更重要的，這樣的走法可以在去完高士部落後進入200縣道，然後在港仔接上台26線，以靠著太平洋海岸方向往北行，欣賞這條號稱台灣最美的海景道路，也可以

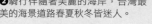
❶進入屏172鄉道回望美麗的風景。
❷騎行伴隨著美麗的海岸，台灣最美的海景道路春夏秋冬皆迷人。

看見1871年事件發生地「八瑤灣」（九棚灣）。

　　抵達前往石板屋遺址的入口，將單車留在這裏，徒步往石板屋遺址前進。

　　走在步到上，除了雨天陰濕，一路上有許多蜘蛛網。我們撿了根潮濕的枯木邊走邊撥，並小心踩著滑溜的土石或木梯，約15分鐘，看到立著一個佈滿青苔的木牌，上面刻寫著「祖靈聖地、請勿喧嘩」，我們已經進到一個排灣族舊部落遺址了。

　　或許是這裡祖靈願意接受我們的來訪，原本陰晦的四周不知覺中已經是陽光灑落，讓長著青苔的斑駁石板和腐木，以及替祖靈看守家園的斯文豪氏攀蜥看起來頗讓人親近。

　　循著步道指標走到頭目家屋前，雖然已坍毀，但巨大的石板都還在，站在頭目家屋門前石板鋪成的大廣場，想像著從前部落的生活景象，瀰漫著思古幽情，然後走回入口處，繼續我們的探索旅程。

見證時代風起雲湧

　　回到公路續爬一些高度，過了越嶺點下滑一陣子後回頭看，電線桿指引出剛剛走過的路線已在山間盤繞多回。下滑到一個岔路口，由於屏172鄉道若是直走會在分水嶺接上200縣道，而我們要去高士部落，因此在這路口要左轉離開屏172鄉道。

　　轉入後不久，遇到一個下滑，開始進入充滿排灣風貌的高士部落（高士村原名為高士佛，後來改為高士）。

　　這裡嚴格說並非當初牡丹社事件的高士佛社原址，經請教一位當地居民，才知道舊部落是在不遠的較高處，現在高士村有上、中、下三個部落，住民除當時高士佛社的後裔，也有其他遷入人口。

　　離開高士部落接回了公路，我們終於進入今日路線的重點「八瑤灣」（九棚灣），1871年琉球藩民擱淺的海灣。

即將進入梅雨季的這個時刻，原本可見得到的陽光，已經被由太平洋上飄來的烏濃雨雲遮蔽，這時九棚灣起風了，四周也暗了下來，我們彷彿看見一百多年前因颱風而飄流擱淺的船隻，同時也見證了台灣風起雲湧的關鍵時代。

一陣驟雨過後趁著雨稍歇停，收起飄廻於一百多年前的心，我們沿著前身是瑯嶠－卑南道的台26線往北行，繼續我們的跨時空之旅。

拜訪大龜文王國

因為台26線的旭海到安朔這段還未開通，幸運地保留下瑯嶠－卑南道原始的面貌，由於安朔部落舊稱為阿塱壹，而「瑯嶠－卑南道」的說法字串長又繞口，加上未開通的是旭海到安朔段(阿塱壹)，因此就以「阿塱壹」為名，成為後來大家熟知的「阿塱壹古道」。

日本在二戰末期，為避免美軍在台灣東南部登陸利用這條古道，將部分路基炸毀，目前僅能以步行通過，若是騎單車進去，得花不少時間在扛車，因此若是真的要進阿塱壹古道，建議用走的方式。我們小逛一下旭海端的入口後，要繞往東源、壽峠，由南迴公路接往達仁，然後轉個彎去造訪傳說中的「阿塱壹－安朔部落」。

由阿塱壹古道旭海入口回到旭海街上，又遇到香港的Lolly等一票人，互打個招呼後，又下起不小的雨。我們乾脆先用午餐休息到雨轉小，才開始進入爬往東源、壽峠的路程。

❷

吃飽後體力充足，加上下過雨天氣涼爽，很快爬升高度，沒多久就清楚看到牡丹灣，但開心沒多久，在抵達東源部落前，又開始下雨，而且這回雨勢真的不小，因此只好先找個路旁的餐廳躲雨。

我們躲雨的這家餐廳，遇到幾位排灣族的原住民，很熱情的

註①浸水營古道，這一條路原本是卑南族、排灣族聯絡南台灣東西兩岸的社路，後經多次開鑿整修。在清代與日治時代，浸水營古道是使用率最高也是使用最久的一條越嶺道路，一直到南迴道路開通，才逐漸平息。古道西起屏東枋寮，又稱「三條崙本營」的石頭營，向東越過中央山脈經浸水營、出水坡下至溪底，順大武溪到巴塱衛(台東大武)，然後沿著太平洋海岸向北經太麻里、知本到卑南，全程99公里，其中，屬於山路的三條崙至巴塱衛約47.2公里。以上係參考徐如林、楊南郡老師《浸水營古道：一條走過五百年的路》書裡的序摘寫。
現今浸水營古道西段已因軍事用途開闢為大漢山林道，東段由林道23.5公里處「大樹林」至姑子崙吊橋的15.4公里路段，已由林務局整理規劃為「浸水營國家步道」。

跟我們聊天，聊到單車更是話題不斷，頗有遇到同好的感覺，轉進餐廳內看看，看見牆上一個令我非常感興趣、上面寫著「大龜文(Tjaquvuquvulj)王國 Ruvaniyau頭目」的牌匾，牌匾底下寫著統轄部落及部落頭目的列名。

在規劃路線時，了解牡丹社事件前後相關資訊，曾大略知道「大龜文王國」是指南排灣建立的一個王國。排灣族是貴族式傳統，具人民、土地、主權、政府的要素，因此在當時已經是具備準王國的形式，王國與荷蘭、明清、日本等強權交涉、締約，都顯示具有實質的外交能力，只是被當時的政權消滅。看到這個牌匾，可以算是很不錯的收穫呢！

在餐廳等了一會，雨似乎沒有轉小的跡象，因此還是穿起雨衣，跟餐廳的朋友告別，進入景色優美的東源部落。

逛完東源部落後，刻意繞往小路，由另一個方向看部落以及水上草原，在雨絲薄霧下，這個深藏台灣東南方山區的部落，真是綠得動人。當然，馬路旁的哭泣湖，也是值得駐留的美景。

到了台9線最高點的壽峠，這個單車環島，最重要的指標點處已經聚集了許多車友，看起來都是因環島而來此。其中有四位來自台中弘光大學的學生，由背包中取出學士服穿上，要我們幫忙拍照，才知道是把環島當成是畢業旅行。

幫同學拍完照，感染了興奮心情，由南迴公路快速的下滑到達仁，在這邊先轉往安朔部落，看看曾經的阿塱壹部落是一個甚麼樣的部落。

進到市區，在左邊有個「安朔村」牌樓的路口轉進去，路旁屋下有幾個人在小酌聊天，我們向前確認往安朔部落的走法，在一位長者熱情的邀請下，也顧不得時間已經有些晚，還是坐下來聊一會兒。沒想到長者遞來一張名片，上面寫著「大龜文王國國王」，還來不及多看其他的頭銜，我知道我們又有故事可以聽了，實在太棒了！

原來，這位聲音宏亮頭髮斑白的長者，是曾任達仁鄉鄉長，也是政大民族學博士的張金生先生，他也是其模族Lovaniyau宗親會的理事，還特地到屋內拿出他論文以及學位證明讓我們驗明正身。

由他爽朗的聲音，講述著大龜文王國過往，勾勒出牡丹社事件的時空，以當地的視度詮釋這個歷史事件，又以學者具邏輯的見解，點醒我們許多疑惑。

跟他們告別後，我們進入安朔部落看看，大略逛了一下已經5點多，趁著夜色未到前，順著太平洋邊的南迴公路台9線北行，終於來到位於大武－尚武7-11旁，今天預計過夜的旅館。

淺探浸水營古道

一早起來，天氣很可惜沒有放晴，而氣象預報台灣正式進入梅雨季。

今天要去拜訪浸水營古道[1]東段入口的加羅板部落，如果路況好，還想要進古道走走，因此，趁早上雲層不厚，由尚武的旅館，繞進市區先往金龍湖騎繞一圈，然後切往加羅板部落方向的路途。

以下即是今日預計要走的路線圖，以及路線計畫：

首先前往加羅板部落，視路況決定是否騎到姑子崙吊橋及進入古道。

回大武，若時間充裕，續轉往新化部落經土坂部落下到大溪，然後往金崙、太麻里、知本，預計夜宿知本。

離開金龍湖，爬行越過了高點，已經可以看到位於大武溪畔的加羅板部落，進入後，許多人都正在做整理社區的工作，問了居民，才知道今天是一個月一次的「清潔日」，他們會將社區裡外整理打掃，隨時歡迎外來的訪客。我們順勢請教由此到大武的溪底便道的通行狀況，答案竟然是否定的！

❶把環島當成是畢業旅行，留下人生中最值得的回憶。

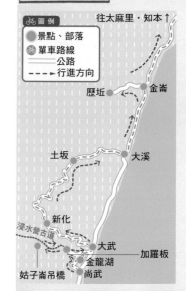

浸水營古道
路線計劃

圖例
● 景點、部落
❀ 單車路線
—— 公路
----→ 行進方向

往太麻里・知本↑

歷坵　　金崙
土坂　　大溪
新化
浸水營古道
大武　　加羅板
金龍湖
姑子崙吊橋　尚武

於是，我們放棄由溪谷出大武，繼續騎往此地一座名為「加羅板橋」的水泥橋後，打算回頭出去大武，準備轉往新化部落。在橋上遇到一位名為「嘎比」的部落長者，我們向他打聽前往浸水營古道的方式，他指示由部落旁的砂石空地進入，跟著汽車軌跡行進，即可抵達。

這位漢姓為「陳」的「嘎比」長者，他告訴我們部落名稱「加羅板」，是母語中一種樹的名稱，早期他們住在大約海拔500公尺山裡，政府來台後才遷到現址。最後他還說：

「來了就騎進去看看，你們的車騎那些路沒有問題，大約20到30分鐘就會到，吊橋那邊風景非常棒的！」

調整好可能路線變動，跟陳先生再次道謝後，開開心心依照他的指引進入溪底便道。

由於在溪谷裡貪玩，走走停停，花了快1個小時才抵達姑子崙吊橋。進入古道，因為路況之故，於是將單車放在入口，改成徒步方式進去走走。

浸水營古道經過相關單位整理照護，路況非常棒。當我親眼看到這裡，可以理解為何會有許多愛爬山、單車的遊客，不遠千里相偕來此體驗。

看著清代、日治時期的遺跡，想像著五百年之間，在這條南台灣交通道上，有多少人走過，他們都只是這條路的過客，而身處古道兩端的排灣族、卑南族等原住民族人，才是這條路的真正主人。

古道中一個漆成綠色的鐵柵，據了解，為了安全與環境保護等因素，相關單位在兩端設立路障告示，防止愈來愈多進入浸水營古道越嶺賞遊的騎客。

在這裡，聆聽千百年來山林裡的呢喃，靜靜地欣賞姑子崙吊橋優雅的橋身，回頭，我們願以最輕柔的姿態，滑向太平洋海岸。

時間差不多了，該是往下一段旅程前進，再度過了吊橋，進入平整堅實的溪底便道，離開浸水營古道騎往大武。

巧遇排灣族婚禮

回到公路，在大武街上超商做些補給，看看時間才9點出頭，跟Toby簡單討論後，決定還是轉往新化部落，再接土坂部落。雖然路較陡又較遠，但畢竟台9線上吹著北風且車流量高，山上車少空氣好，又有美麗的排灣部落可以探索，怎麼說都值得！

往新化部落的產業道路很好找，一過大武市區就可以看到左邊岔路，往山的方向一直進去就可以抵達，只不過這一路上是坡度不小的爬坡，幸好，陰陰的天氣還飄著小雨，車子不多的路上涼風吹來，不禁覺得舒服宜人！

隨著高度提升，大武市區已經拋在遠遠的下方，四周正值開花的相思樹，黃澄的花和雨絲形成的花雨不時落在身上，顯得特別詩意！

其實騎在黃白繽紛的台灣東南端秘徑，對的季節對的心境來，看到都是最美～

在時而汗水時而細雨紛飛的山裡奮力爬了好一段時間，終於，進到位於深山高處的新化部落了。

進到部落，恰好看見幾位部落年輕人正在聊天，我們湊了過去，其中一位朋友告訴我們新化這邊實際上有三個部落，而且，中間部落今天正好有婚禮進行，建議我們可以去觀禮，因為會有排灣的傳統禮俗。

來到中部落，果然看到一個莊園有位排灣美女，據聞就是新娘，不過剛剛訂婚儀式已經結束，等等會在往下的另一個部落廣場，舉行歸寧宴會，許多穿著傳統服裝的耆老都在那邊，新郎新娘等一下也會過去，聽了他這麼說，當然繼續往下一個部落前進囉！

來到另一個部落，真的有喜宴的現場！這實在是太棒了，簡直跟意外中彩券一樣開心，在這麼深山遇到排灣族婚禮，特別的服飾與禮俗讓人大開眼界。

感染了婚宴的喜氣後，繼續踏上我們旅程，一直到離開部

落，仍然可以聽見傳來的歌舞聲，看看時間，這時已經快12點，婚宴應該即將開始吧。

用心觀美

過了新化部落，遇到幾位當地騎機車的朋友口中獲得證實路有通，所以很放心地繼續往越嶺高點爬上去。

果然，新化部落往土坂部落的產業道路，越過高點開始下滑後，遇到許多碎石路段，甚至因坍方未整修，我們行在旁邊開闢出的便道，底盤低的汽車，是無法通過這樣的路段，但是對於機車、或是我們這種登山車，就沒什麼問題，騎起算有樂趣。

這段路最高點海拔達800多公尺，因此越過高點後下滑很久，終於在接近土坂部落前，看到一座非常特別的吊橋。這座吊橋名為土坂吊橋，位置就在道路旁與水泥橋並行。由於旁邊就是道路，吊橋交通聯絡功能被取代，橋的設計具觀光功能取向，很適合在兩座橋之間互相取景拍照，因此騎到這裡一人走一邊，感覺非常棒！

土坂是一個非常大的部落，在部落慢慢逛一大圈，感受這裡排灣族人實際生活樣貌，部落入口處公園裡有五年刺球祭活動的雕像，雕像區是開放的，自然停下車逛過去看看。

離開土坂部落、回到東海岸公路上，在大溪找了個麵攤午餐後，開始沿著海岸公路往北騎。原則上，現在所走的是瑯橋－卑南道，也是浸水營古道以及南迴公路，沿著海岸往台東卑南的路途上，只是古徑現在已經為寬闊的柏油路面，以及海岸邊的防波水泥塊，前人在古道上的身影，僅能用想像力去描繪了。

沿海岸公路騎抵金崙後，再度離開公路繞往山裡面，到金崙一個美麗的小部落－歷坵走走。

進入歷坵部落，沒有太多停留，不久即再度返回海岸公路，繼續往太麻里前進。

卑南王原鄉

　　冒著不小的雨勢，進入太麻里市區，先找到位於市區與鐵路之間的大王部落，那是我們計畫拜訪東台灣，最北的排灣部落，來到這邊，騎訪排灣族路線算是一個階段完成。

　　再來就是進入屬於卑南族的領域了。進到大王部落時雨勢更大了，我們趕緊回到太麻里街上的超商躲雨，順便吃點東西去去寒，等到雨終於稍歇，才繼續出發往知本前進。

　　離開太麻里已經是傍晚5點半，由太麻里往知本的路上，和Toby討論晚上就住在知本溫泉吧！

　　順著海岸往北，天黑之前終於抵達知本溫泉，決定落腳一家曾經去過的「橙品」旅館。

　　結束今天的路程，就要回台北了，由於遇到連續假期，而我們火車票是11點多，由台東開的班次，加上現在已經進入梅雨季，台東這邊的降雨機率高，因此趁著一大早還沒下雨，趕緊整理好行李，離開知本溫泉往卑南的方向前進。

　　卑南族分布在台東的平原，及花東縱谷南側山麓，這回由屏東車城越嶺到東海岸，循著歷史古道軌跡往卑南，台東平原幾個部落是會經過的點。

　　由知本往卑南路途上，先進到知本（卡地布）部落及建和部落，簡單的逛了一圈，繼續往利嘉部落及南王部落前進。

　　離開建和部落過了台9線384公里新園橋，在路旁一家早餐店吃早餐，老闆、老闆娘看到我們的打扮，以為是在環島，Toby概略的跟他們解釋騎訪部落路線概念後，老闆娘建議我們該前往後面的「東興村」，並且告知是台東唯一魯凱族部落。

　　這個提醒讓我想起台東的確有個魯凱部落「達魯瑪克」，是由屏東翻山越嶺而來的，只是沒想到路線中會經過，誤打誤撞地在這個早餐店，遇到老闆娘熱心的提醒，當然要進去順訪一下！

　　達魯瑪克部落是台東唯一魯凱族聚落，著名歌手沈文程就出

❶美得讓人捨不得滑太快的小徑。
❷祭場中頭目們的角度，專注與榮耀的一刻。
❸我們來這裡騎著並用心才看到最美麗的故事。

生成長於這裡。在部落裡的一個族群移動圖版中顯示，他們是由霧台、瑪家鄉經過接近百年的移動才來到現址。由於時間有限，無法在這裡多停留，因此進到部落後簡略逛過一圈後，就回到台9線往卑南繼續前進。

離開魯凱的達魯瑪克部落後在台9線沒多久，轉入台9乙線進到利嘉部落。這個中等規模的卑南族部落，位於中央山脈山腳下，街道乾淨景色優美，在這裡放慢速度繞了好一陣子，才由利嘉路轉和平路，接到太平溪另一側的台9線，準備進入這次旅程的終點「南王部落」。

要進入卑南王所在的南王部落前，經過一大段的綠色隧道，除去一身的塵埃後，四天的旅程終於完成了。

我們終於來到叱吒台灣東部、南部的卑南王所在地－Puyuma普悠瑪部落，也就是南王部落。

4天的時間，由屏東車城開始，我們以單車走過200公里，靠著自己的力量越過山稜騎入溪谷，在跨越500年歷史古徑上緬懷先人的勇敢與艱辛；常有人說，單車是車輛、是休閒工具，但我要說，單車是我們探訪台灣的最佳夥伴，而這條跨越時空的路途，是深訪台灣近代歷史的最佳路徑！

Youtube影片紀錄

https://www.youtube.com/watch?v=AzJHiC5kH-E
走過1874~1871台灣大歷史路線
《台灣・用騎的最美》

https://www.youtube.com/watch?v=9d-JhLj38DY
淺探浸水營，騎謁普悠瑪
《台灣・用騎的最美》

路線規劃參考

交通接駁

這次行程去程為搭客運，回程是搭火車，在購票順序上，一定要提前先訂到台東回程的火車票，如果您是住北部，萬一沒買到直達台北的班車，甚至可以考慮買往高雄或屏東，多花一些時間轉車，但前提一定盡量事先訂好票。

先處理好回程的車票後，去程相對單純許多，可以選擇搭火車、高鐵或客運搭至左營站或高雄站，再轉搭左營→墾丁、高雄→墾丁的客運往車城，到達車城後，收好攜車袋寄到台東火車站附近的超商，就可以不用帶著跑了。

其他注意事項

加羅板部落至姑子崙吊橋間的溪底便道，要在乾季時才會通，建議春天進入雨季後，不要安排前往；若有進入浸水營古道，要注意蛇類、虎頭蜂的侵擾。

由於乾季時正逢東北季風強盛，而此路線屬逆風向，因此在沿海公路騎車時，得留意強陣風。

達仁、大武之間可以住宿的旅館、民宿較少，儘量事先預訂，或事先將可能可以到達的當地的民宿電話抄錄，在途中確定可以前往時，提早去電預約住宿。

恆春半島屬熱帶型氣候，因此除非冬天有大寒流，否則天氣通常較溫暖，加上沿途遮蔭少補給點少，因此水的準備要特別留意。加羅板部落往浸水營古道溪底便道、新化部落往土坂部落均不適合公路車，公路車車友將這幾段排入行程中。

行程資訊

Day 1
客運段 🚌 台北→高雄左營，約5小時；高雄左營→車城，約2小時。單車段 車城→龜山→石門古戰場→四重溪溫泉，約20公里。
住宿：川酈溫泉渡假休閒旅館
地址：屏東縣車城鄉溫泉村文化路4-1號
電話：08-8823056

Day 2
單車段 🚲 四重溪溫泉→牡丹水庫→旭海→大武／武尚，約78.5公里。
住宿：華園大旅社
地址：台東縣大武鄉尚武村客庄路12號
電話：089-791006

Day 3
單車段 🚲 大武／武尚→姑子崙吊橋→新化部落→金崙→太麻里→知本溫泉，約103公里。
橙品溫泉民宿，台東縣卑南鄉溫泉村龍泉路118號 089-516263

Day 4
單車段 🚲 知本溫泉→卑南／南王部落→台東火車站，約27公里。
火車段 🚌 台東→台北，約7.5小時。

時程紀錄

日期	地名	日里程(KM)	累積里程(KM)	海拔(M)	方式	時間	備註
Day 1	中和市				🚌	中和至左營約5小時，左營至車城約2小時	搭統聯客運至左營轉墾丁快線到車城
	高雄左營						
	車城	–	–	6		13:20	車城午餐
	龜山	3.8	3.8	56		15:05	
	四重溪溫泉	14.0	14.0	50		16:10	
	石門古戰場	17.1	17.1	80		16:55	
	四重溪溫泉	20.2	20.2	50		17:30	於四重溪溫泉過夜
Day 2		–				6:20	
	石門部落	5.3	25.5	85		7:00	
	牡丹水庫	6.6	26.8	98		7:30	
	cacevakan石板屋遺址	10.7	30.9	217		8:07	石板屋遺址約需徒步20分鐘
	高士部落	20.0	40.2	123		10:00	
	九棚灣	27.8	48.0	14		11:26	
	旭海部落	36.7	56.9	21		12:58	午餐
	東源部落	47.2	67.4	302		14:47	
	壽	57.5	77.7	459		15:48	
	安朔部落	71.0	91.2	37		17:15	
	武尚	78.5	98.7	6		17:55	宿大武－武尚
Day 3		–			🚲	6:15	
	加羅板部落	7.8	106.5	63		7:10	
	姑子崙吊橋	11.6	110.3	118		8:05	徒步進入浸水營古道
	大武	19.6	118.3	5		9:15	
	新化部落	29.2	127.9	458		10:32	
	土坂部落	50.0	148.7	158		13:00	
	歷坵部落	70.0	168.7	101		15:12	
	大王部落	86.2	184.9	29		16:30	
	知本溫泉	102.6	201.3	118		18:35	宿知本溫泉
Day 4		–				6:40	
	利嘉部落	17.0	218.3	123		8:48	
	南王部落	25.2	226.5	50		9:30	
	台東火車站	27.1	228.4	46		10:00	
	台北				🚌	約7.5小時	請參考鐵路局時刻表

海岸山脈五橫縱騎

阿美族是台灣原住民人口最多的族群，
主要分布在立霧溪以南、中央山脈以東的花東縱谷、花東海岸一帶。
也就是說，整個花東處處都可以見到阿美族的蹤跡，
而花東又是台灣觀光重鎮，更是單車旅行勝地。

由於以前曾環繞海岸山脈兩次，回想那時都是以觀光旅遊的角度來規劃，而這次希望以貼近當地人的路線進行，在這樣的思維下，很自然的選擇串起海岸山脈的橫貫公路來規劃，形成了這次三天的「海岸山脈五橫縱騎」行程。

實際上橫貫海岸山脈的道路有七條，我選擇了其中五條來做為這次的路線（參考下圖）：

花38-1鄉道，米棧水璉產業道路、台11甲線，光豐公路、花64鄉道，瑞港公路、 台30線，玉長公路、 台23線，東富公路。

日程規劃參考：

Day 1：花蓮→光復 98KM（1、2），宿光復。

Day 2：光復→玉里 117KM（3、4），宿玉里。

Day 3：玉里→台東 110KM（5），搭火車回台北。

高度圖　海岸山脈五橫縱騎

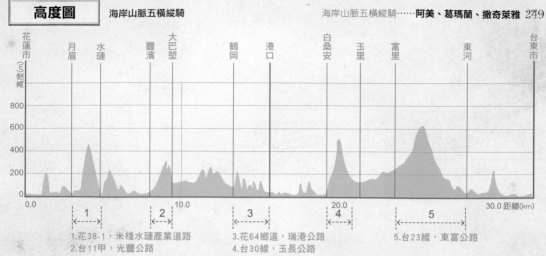

1.花38-1，米棧水璉產業道路
2.台11甲，光豐公路
3.花64鄉道，瑞港公路
4.台30線，玉長公路
5.台23線，東富公路

路線圖

深綠色圓點區塊是阿美族所在領域。

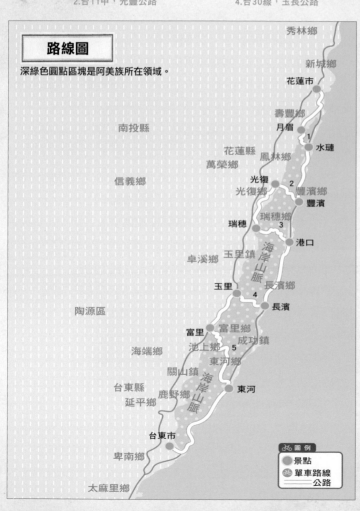

圖例
景點
單車路線
公路

❶騎經花蓮大橋，遙望花東縱谷與中央山脈。
❷爬完牛山段的坡，已經可以看到磯崎海岸囉！

　　由於好友Wish恰好也要到東部，讓我除了能搭便車到花蓮外，途中他也能陪騎幾段，在單車行程前一日和Wish開車抵達花蓮，準備隔天清晨開始這次的行程。由於前一晚就到達花蓮，第一日騎車時間變得非常充裕。

熱身行程

　　今日4點醒來，天空能看到清楚的星光，早早喚醒了Wish，想要有欣賞美景的機會，一定得要勤快一些呀！

　　抵達南濱公園時，自行車道旁已經有許多遊客也等著欣賞日出了，我們跨上單車往南行，反正騎單車機動性高，要往人少的地方很簡單。接近日出時刻，太陽出來前色彩變化萬千，而且可觀賞的時間較長。趕緊再往南騎了一段路，繞出公路再繞回海邊，這裡已經沒甚麼人，於是坐下來恣意欣賞！

　　看完日出，順著自行車道沿花蓮溪畔往花蓮大橋前進，再順著台11濱海線騎沒多遠，就看到可以通往遠雄的岔路，往上騎了一點路就看到一個大石上寫著「東山安樂園」。

　　續騎沒多久高度漸升，視野也越來越好，可以回望花蓮市區以及縱谷、中央山脈，居高臨下的視野實在棒！

　　與Wish邊騎邊聊，直上到快最高點抵達遠雄前，先經過一處墓園，站在墓園廣場前，可以清楚看到花東縱谷平原、木瓜溪一直到遠處的奇萊山，視野實在是一流的讚！

　　接著續行到遠雄悅來飯店，典雅的飯店建築優雅的環境，飯店前方是花東縱谷，後方是無際的太平洋，果然是度假的好地方。站在這裡一時之間沉浸於藍天藍海中的度假村，真的很讓人心動！

　　下滑中看到旁邊就是遠雄海洋公園，順著海洋公園旁的道路爽快的下滑，一會功夫就看到台11線。順著台11線往北走，下切後，海岸山脈最北端赫然出現眼前，由小廟後面的山丘開始，就是往南綿延100多公里到台東市的海岸山脈。

第一橫：花38-1鄉道，米棧水璉產業道路

順著193縣道經過月眉，在接近米棧大橋前找到往花38-1鄉道入口，在這邊和要先行去辦事的Wish道別，相約晚上在光復見面，再來就是我獨騎越嶺了。

進入花38-1鄉道景色很棒，只是路真有些陡！若是騎公路車來，恐怕不太適合。而且最讓人頭痛的是陡坡不是短短一小段，而是越來越陡，又加上後面連續坡度上升時，幾乎沒有樹蔭可以遮蔽，熾熱的陽光，曬紅了皮膚痛。

再怎麼陡，坡總是有盡頭，由193縣道岔路口開始曬了快一個鐘頭，終於騎到月眉山步道口，再來應該就好騎了。緩騎一會後，道路逐漸轉為下坡，下滑中穿過許多果園，已經遠遠可以看到水璉部落了。雖然此行以串連阿美族部落為路線為主，但途中會經過撒奇萊雅族與噶瑪蘭族部落，是值得多逛逛了解與體驗。第一段越嶺後來會選擇花38-1鄉道，也就是因水璉與月眉，都是阿美族與撒奇萊雅族混居的聚落。而等一下再由水璉往南行前往磯崎部落，那又是一個以撒奇萊雅族為主的聚落，相信又會有一些可以逛逛的地方。

滑抵位於台11線的水璉部落已經11點，部落裡有幾個教堂分布於不同角落，部落中老人悠閒地坐在屋前乘涼，一種和諧共處的氛圍。

由於水璉部落旁邊就是太平洋，走吧！順著部落小徑去吹海風吧！來到海邊，看到花東最乾淨的天空與藍色啤酒海，在這裡讓海風喚醒我的精神不濟，離開水璉部落，繼續前往下一個磯崎部落！

抵達磯崎部落後，無意間逛進磯崎國小舊址，學校校舍已經被塗上屬於撒奇萊雅族特色彩繪，騎上學校操場旁的海堤繞往海邊，可以看到許多人在此衝浪。

回到公路上繼續前進，磯崎住戶不多，部落房舍散落於台11

線兩側,旁邊就是磯崎海濱遊憩區,有段美麗的沙灘可以戲水,另外還有個小漁港,是當地賴以為生的捕魚基地。這時是下午一點,肚子已經飢腸轆轆,在磯崎附近的龜庵看到路旁大嬸在賣烤飛魚,那就吃條烤飛魚先充飢,等等到豐濱時再到7-11吃個便當吧。

在等大嬸烤著飛魚時,我隨口問對方是否是阿美族?

「不是,我是噶瑪蘭族,但是會說撒奇萊雅話。」

這樣的回答引起我莫大的好奇,因此烤好魚後與她聊了好久,才知道她媽媽是往南一點新社部落噶瑪蘭族人,嫁到住有許多撒奇萊雅族的磯崎部落,因此她會說噶瑪蘭語和撒奇萊雅語。而她先生是豐濱的阿美族人,因此她也會說阿美族語,而她和我聊天時說的是國語,真是有趣的多語言模式啊!

離開撒奇萊雅族的磯崎部落沒多久就來到屬噶瑪蘭族新社部落,這兩個原住民族以往僅是在報導中聽過,腦海中根本沒有太多的圖像與記憶可以辨識。但是當遇到烤飛魚的大嬸並跟她聊過後,來到新社部落,可以想像這個遠離宜蘭故鄉,往南遷移至此的民族,是經歷了許多少生命的經歷才能在此落腳生根。而這種人親土親的感覺,正是台灣單車旅行令人迷戀之處。

來到新社部落才下午2點,再沒多遠就可以抵達豐濱轉入第二橫的台11甲線,時間看起來很充裕,因此在新社四處多逛逛!

離開新社,下午兩點半抵達位於豐濱溪出海口的豐濱市區,等等就要穿越台11甲線(光豐公路)到光復。豐濱在清朝時稱為貓公,日治時改為新社庄,民國35年更名為豐濱鄉。而光豐公路最早是稱為貓公越道路,後來由才日本人闢建為公路,政府遷台後再重新闢建並編為省道。

這次來到這邊,繞騎體會一番這個濱臨太平洋小鎮的風光。繞進小巷就看見一處看來很有歷史的豐濱聖母堂,然後又在一個路口看見一個木牌刻著「貓公部落」,逛一圈果然收穫滿滿。

第二橫，台11甲線，光豐公路

在豐濱用餐並和Wish約好在光復碰面地點後，開始進入台11甲線（光豐公路），準備再度越過海岸山脈到花東縱谷，完成這趟第二橫。

進入光豐公路，一開始道路沿著溪畔往上游前進，路面寬大好行，坡度也很緩，這時陽光已經沒入雲中，在上坡中少了陽光的熾熱，騎起來果然舒服很多。騎入光豐公路不久，看到旁邊有個岔路可以到一個稱為豐富的阿美族部落，一時腳癢就爬了上去。

由於這條是光復與豐濱間重要聯絡道路，沿途也有許多農園風光，第一次騎經此路的我充滿好奇東看西逛，還遇到放養於路旁的水牛，讓騎車過程充滿樂趣。不過到了越嶺點，就開始下起不小的雨，前方一片迷濛，趕緊下車穿起雨衣，穿好雨衣繼續下滑後，面臨超大的雷雨，我緊握把手不敢滑太快，就這樣在大雨中耗了20分鐘終於抵達光復太巴塱。

這時Wish也過來會合，而雨一時間並沒有要歇緩的樣子，因此在光復街上吃過晚餐後，決定就住在附近的一個傳統旅館。

進到位於大路邊一家雜貨店樓上的東泰旅社，好客大方的老闆娘，熱心地介紹這裡的種種，還拿了自種的香蕉、柚子請我們

❸台11線旁的新社，稻田裡有著堆出的草堆與稻草人。
❹騎在台灣美麗的東岸，留住最棒的記憶與色彩。
❺在新社國小外當心椰子掉落的有趣告示！

吃，讓全身溼透了的我們倍感溫馨。

希望入夜後不要再下了，否則以這樣大雨勢再多下一些時間，明天瑞港公路和玉長公路不免有坍方的危險，而為了安全我就得考慮中止這次的路程了。

有了第一日海岸山脈兩橫的經驗，預定的另外兩橫（瑞港公路、玉長公路）難度沒有比較高，應該可以順利完成而且不會花太多時間，因此，途中多安排了幾個去處，特別讓人期待。

到了清晨，是個晴朗的大好天氣，而且經過昨日大雨的洗滌，想必縱谷間的空氣必定乾淨透明，有得瞧了！

天氣好時間充裕，我們不急著去海岸山脈越嶺，先到著名的馬太鞍濕地，這裡是由一大片農田、濕地組成的區塊，也是阿美族馬太鞍部落生活的地方，隨處繞繞，都是美景。

位於中央山脈馬錫山山腳下的馬太鞍溼地，清澈的芙登溪流過其間，四處隨時可以看到青翠的植物及飛舞的蝴蝶、昆蟲，到處都充滿著生機，而且，還有非常特殊的天然湧泉就在路邊。湧泉旁有個非常精緻的彩繪告示牌，寫著Sa'tack(撒達克)湧泉是年輕人「汲水敬老」的重要文化財產。

再度騎上台11甲線，我們要由靠中央山脈側的馬太鞍部落出發，橫過花東縱谷前往位於海岸山脈東麓的太巴塱部落。

太巴塱部落與馬太鞍部落都是阿美族大部落，昨天因大雨，改成早上再次來訪，這樣也可穿過部落進入193縣道，前往大農大富平地森林公園與瑞港公路。若是昨天下午沒下雨，今天早上路線原本是要由太巴塱部落往馬太鞍，然後走台9線到大農大富平地森林公園，再接回193縣道往瑞港公路。

進到太巴塱部落，很難不被部落裡各式的木雕圖騰吸引，若想要更深入一些，這裡還有太巴塱文化館、阿美族文物展示室與拉度倫文物廣場，拜訪太巴塱部落絕對是了解阿美族文化最棒的去處。優雅的教會建築外觀，也是部落裡的特色之一。

逛完太巴塱部落，順著指標進入193縣道，一路上美的不像話，開著黃花的台灣欒樹和路樹將這裡點綴成彩色的，搭配旁邊青翠的稻田形成了一幅絕色畫面。

離開太巴塱部落沒多久就進入另一個也是阿美族部落－砂荖部落。砂荖部落並不大，許多小地方都非常細緻並且維護得很好，連家戶前的信箱都長得同一模樣，十分可愛有特色。看得出部落非常用心的經營，乾淨清朗的街道以及清楚的解說牌區，讓過往的人很輕鬆地就可以對這裡有初步的認識，進而願意慢下腳步在部落裡駐足。

離開太巴塱約40分鐘，終於抵達今日另一個重要的景點－大農大富平地森林公園。大農大富平地森林公園雖然已經來過幾次，但這裡整理得越來越棒，而且裡面有段很美的自行車道，來此無論如何一定要進去朝聖一番才是。

Wish陪我騎到大農大富後，又得離開去忙了，但他忙完會開車到玉里與我會合。一個人騎回193縣道，開始拉起轉速趕一點路，等等要經鶴岡進入瑞港公路了。

幾個簡單的上下後開始一大段下坡，路旁兩側都是果樹，這些就是赫赫有名的鶴岡柚子，因此這段可以稱上「柚子大道」，若是3月開花時，這裡就是「柚香大道」！進入了鶴岡，看著左右兩旁農家都正忙著整理豐收的柚子，準備運往各地做為中秋節最佳禮品的情景中，鶴岡離開193縣道，準備進入花64鄉道－瑞港公路。

第三橫，花64鄉道，瑞港公路

進入瑞港公路，毫不客氣的就先給我來一段連續陡坡，中途停下來休息時，聽到遠方傳來嘻笑聲，原來是有一批要泛舟的遊客，正由秀姑巒溪瑞穗大橋附近出發。為了抵達出海口，開始努力往上爬，終於到了高處，被秀姑巒溪切劃過的海岸山脈峻峭的

❶第一次到馬太鞍就被這優美景色深深吸引。
❷這裡又長又直的道路，騎過的人都會直呼過癮啦！
❸騎入小徑，享受了一段超棒的林蔭下的清涼。
❹有聞過柚花的香味嗎，若是沒聞過來一趟，保證您一定會愛上。

山勢果然非凡。

進入瑞港公路約半小時，抵達第一個高點後，整個視野變得非常開闊。一旁是秀姑巒溪切割出的峻峭溪谷，下滑時欣賞是在線中移動的山谷，一邊吹著風，真的是一種無與倫比享受。

接著騎進奇美部落，前往原本就在行程計畫中的「奇美原住民文物館」，逗留好一陣子後，來到部落裡一家雜貨店補充水，再度往太平洋方向前進。

騎沒多久，看到路旁有個基督長老教會頗有特色，特地繞上去拍照。一直以來在山裡騎車，經常看到部落教堂都很特別，有些甚至會有該族的特徵，這應算是騎單車的另類小收穫吧！

再度爬升到最高點前，有個角度回望奇美部落很棒，這角度能看出部落深處海岸山脈與秀姑巒溪之間的美麗景色！爬完這段坡進入樹蔭陰涼處時停了下來喘口氣，趁著光線不錯時玩玩拍單車後，開始進入下滑段！

很快地看到遠方的長虹橋，也聽到底下泛舟的乘客嬉笑聲，這代表我又要完成一橫，也代表騎單車和泛舟走瑞港公路時間，還真的相差無幾耶！

在港口國小看著秀姑巒溪出海口，連絡上已經開著車要來會合的Wish，他要我先往北走到港口部落去等他，由於不是事先計畫好的路線，但是聽得出他對港口部落非常推薦，因此往北逆風騎到部落。到達港口部落後往海邊走。

「天啊！怎麼有這麼讚的地方啊！」

當我沿著小路抵達海邊，興奮的叫了出來，沒想到離秀姑巒溪出海口不遠處有這麼棒的地方，幸好剛剛沒有決定直接往南行，否則就真的錯過這裡了！這時Wish也已經驅車趕到。

在海祭場吹了好久的海風，才依依不捨地離開港口部落開始順著台11線往南行，先繞進秀姑巒溪出海口右岸的靜浦部落逛逛，然後再接回台11線。

騎到位於台11線旁的真柄部落入口，當打算繞進去瞧瞧傳聞中的美麗梯田。經過一路爬坡，沿途是純樸乾淨的房舍區域，然後就看到了許多梯田，只可惜時間不對，無緣看到金黃色穗海的景象。

順著部落裡的指標轉了兩個彎，在一處民宅後方，看到岩棺遺址入口，離開前，在入口奉獻箱投了50元硬幣，慰勞社區對這裡辛勞維護。沒想到很神奇的，投完幣陽光突然露臉，我開心地再次入圍，並拍照留念。

拍完照走到外面，民宅的女主人恰好到外頭來，她建議我可以去忠勇自行車道看看。我由社區接上了長光產業道路，一個大轉個彎後，我呆住了。

「這太美啦！」

在自行車道繞一圈，回到市區，來到長濱的7-11和Wish會合，一同在此午餐。離開前遇到一位來台灣環島的德籍玩家，他準備以15個月的時間環球，我們祝福他能順利完成夢想。告別這位德籍朋友，啟程出發，準備完成這趟的第四橫－台30線（玉長公路）。

第四橫，台30線，玉長公路

台30線西起卓溪東至長濱，全長36.256公里，其中玉長隧道長2.66公里，是唯一穿越海岸山脈的隧道式公路。也是目前橫越海岸山脈的主要三條公路中路程最短、路況最好的一條。由於接近傍晚，溫度涼爽，加上路並不陡，大約騎了半小時，就看到前方亮著白色光線的隧道口。

穿過隧道後是一路下滑，原本以為迎接我的會是已經暗沉的天色，沒想到一出隧道，前方滿天通紅，天空出現大片橙色的雲彩，讓整個山裡陷入紅紅的光芒中，顯得十分瑰麗！

隨著天空由亮紅逐漸轉為暗沉，下滑到安通溫泉，繼續騎往

❶秀姑巒溪將海岸山脈切割為北南兩段，溪畔旁曾有奇美古道
❷港口部落的海祭場，實在是太棒啦！
❸以阿美族為主的樟原部落，最具特色的地標就是「樟原基督教長老教會」。
❹石棺遺址。
❺「什麼金城武大道、伯朗大道，這裡應該叫做『海岸山脈、太平洋大道』啦！」

玉里，計劃今夜留宿曾經住過的瓦拉米客棧。

抵達玉里車站對面的瓦拉米客棧後，老板娘推薦我們前往距離火車站不遠的「橋頭臭豆腐」，口味特別且炸得十分酥脆的臭豆腐入口，肯定是我心中的排名第一。尤其再搭上一瓶店家自製冰紅茶，更是絕配！

完成第五橫－台23線東富公路後，還要騎到台東火車站，搭車回台北，所以隔天還是要一大早就出發。

這天，先不走台9線而借道玉富自行車道，當看到陽光由海岸山脈峰頂露出，不禁想到這趟實在幸運，連著三天都可欣賞日出。

玉富自行車道除了有遊客造訪，也是當地居民的交通連絡道，看到學生騎單車上學，真的羨煞長居城市的我。

在舊鐵橋上停留了好久，欣賞日出美景，才依依不捨的朝自行車道繼續前進。經過安通站，找了個缺口，接上台9線大馬路，以更快的速度前進！

在台9線上，不時被漂亮波斯菊花田吸引，還繞進富里街上吃早餐，並在小鎮逛一了下，補充足了體力與精神，打算挑戰海岸山脈五橫縱騎的最後一關－台23線（東富公路）！

第五橫，台23線，東富公路

帶著愉快的心情，進入東富公路，映入眼簾的，是一幅世外桃源似的青山綠野。或許是因已經騎了四橫，而且前兩天都是一日二橫，今日只要再一橫就騎完，因此沒有特別在意到東河的距離與高度。剛剛在富里轉入東富公路時看到路標上距東河為「16KM」，雖然知道這里程，會與實際抵達東河的台11線有些落差，但認為應該相距不遠，因此速度上放很慢。

結果，這個「16KM」數字讓我吃足苦頭，原來東富公路，全長是「45.503公里」，而「東河 16KM」路標事實上是指公路到達東河鄉界距離，「16K」與「45.5K」的差距是天差地別

的，尤其還有一大段是上坡。

記得在規劃海岸山脈五橫時，有人特別提醒這裡除了峽谷景色，尚有保存完整的水圳文化景觀及梯田，已經登錄為花蓮縣文化景觀－「花蓮縣富里鄉豐南村吉哈拉艾文化景觀」。

順著公路繼續前進，經過吉拉米代教會及看起來像是集會所的廣場，一個上坡轉彎後，一個山洞出現眼前。

沒想到峽谷這麼快就到了！旁邊潺潺水聲的就是鱉溪，這裡是騎車經過，絕不能錯過之處。過了第一個山洞，不到500公尺的距離，再度遇到另一個山洞，過了洞口往左側看去，可以看到沿山壁開鑿引水灌溉梯田之水圳系統，這裡就是前面提到的水圳文化景觀。

由山洞旁的小路爬一段陡坡來到位於梯田旁的小聚落，經過在地人的提點，找到位於海岸山脈深處的美境。

或許是騎單車來，經過一番辛苦的爬坡及推車，站在美麗的梯田上方往下望去，除了微風帶來的清涼，更能體會阿美族人，在此的辛勤與努力，這樣的親近鄉土，可以說是這趟最有收獲的一門課！

離開梯田回到公路，開始了一大段辛苦且冗長的長坡。大太陽下爬了好久，好不容易爬到一個路標標示「東河 1KM」處，以為再來可以輕鬆下滑，哪知道前方的山還是一望無際，整個人陷入無奈情緒中。

由於在指標「東河 1KM」開始騎了1個多鐘頭仍還沒到泰源， 停下來做了調整身體狀況，體力上恢復不少，然後一路撐到泰源，趕快補水、順道吃點東西吧！

泰源盆地是由海岸山脈的兩條次山脈包圍成的一個橢圓形盆地，而泰源是盆地中最大的村落，台23線是泰源的命脈，也是往來的旅人重要的休憩點。街上的房屋商店，就能嗅出這裡濃濃的古味，有九份的山城樣貌，但無九份過度商業化後很不協調的氣息。

❶兩位車友新婚就來環島！
❷感動的剎那，和夥伴站在地球兩大板塊間等待日出。
❸陽光剛穿過薄霧，讓翠綠的稻田像是舖了一層薄紗，好不動人。
❹富里鄉豐南村，阿美族語部落名為Cilamitay吉拉米代，是「大樹根」的意思。
❺梯田－「豐南村吉哈拉艾文化景觀」。

❶都蘭部落「阿美族發源地」。
❷3天325公里。在伽路蘭迎著風往回望，完成海岸山脈五橫縱騎心願。

　　坐在一家雜貨店的長板凳上，喝冰沙士吹吹風，大口灌著冰涼的飲料，休息夠了，五橫已經差不多接近尾聲，該準備出發完成最後到台11線這一段囉！

　　繼續出發後，來到台23線和台11線岔路口。今天總共花了4小時20分，由富里越過海岸山脈來到東河，我終於完成海岸山脈五橫了！

最終章—阿美族發源地

　　轉入台11線後，順著風一路南行，有北風的推助下，速度越騎越快，50分鐘後就拚到了都蘭。Wish在這邊與我會合，並推薦我往都蘭遺址去繞一圈瞧瞧。

　　朝著指標「都蘭遺址」方向進入部落，面向海岸山脈聳立的「聖山」都蘭山前進。在一段不算短的微爬坡後到達石棺區，但令我感興趣，是另一處稱為「石壁區」的遺址。

　　繼續爬著坡，越來越靠近海岸山脈了。

　　騎進濃密的綠蔭下，天氣不再炎熱，由北邊吹來的風甚至有些涼意，接著看到一個寫著「阿美族發源地」以及「都蘭遺址－石壁區」，我知道我來到一個重要的地方了。在這裡輕輕的將單車留在路口，改用徒步進入石壁區。

　　走完都蘭遺址石壁區，我知道這趟旅程最佳的終點就是這裡，真感動喔！

　　離開都蘭遺址石壁區來到最高點，說明牌上寫著我騎的這段路叫做「都蘭秘境自行車道」，長度7.7公里，高低差約200公尺。下滑後很快地就回到台11線，繼續朝台東市前進吧！一路順暢的順風南下，海岸山脈與都蘭山已越來越遠了。

　　行程結束！

　　回到家中，迫不及待地將記憶卡放入電腦讀取，望著2000多張的照片發呆，整理這些照片是我另一次挑戰的開始啦！

路線規劃參考

交通接駁

由於要騎完五橫全程需要至少三天，因此可以使用攜車袋搭火車到花蓮後，將攜車袋寄到超商，以店到店的方式寄到台東(若反向由台東出發，就寄到花蓮)，結束行程後再領出將單車裝袋，可以減少帶著攜車袋的不便。另外，台東返家的車票較不好訂，最好事先訂好車票，或在途中就上網訂票，再到超商付款取票，以免發生結束行程時無車可搭的窘境。

要往北部的車友，萬一台東往北都沒有位子，也可以改搭往屏東、高雄或左營，再換西部幹線或巴士、高鐵往北。

住宿點選擇

五橫中除瑞港公路的奇美部落，均無方便的住宿處，住宿點建議以各橫貫道路兩側的鄉鎮來規畫。又以花東縱谷側較容易找到落腳處，因此在路程時間規畫上得多留意。

補給點選擇

各橫貫道路間可以補給的商店很少，甚至有兩三條是沒有任何店家，因此得在進入前就預先補充好飲水及乾糧。

季節、方向選擇

海岸山脈間的橫貫道路海拔高度不高，夏季無風時溫度容易飆高，因此較適合在非夏日拜訪，以春、秋兩季為佳；如果在冬季造訪，要留意東北季風帶來的強風（海岸側最明顯）以及降雨，挑戰方向以北往南為佳。

行程資訊

Day 0
開車段 🚗 台北→花蓮，約4小時。 **住宿：**花蓮市區

Day 1
單車段 🚲 花蓮市→月眉→水璉→豐濱→光復，約98公里（花38-1鄉道，米棧水璉產業道路；台11甲線，光豐公路）
住宿：東泰旅社 **地址：**花蓮縣光復鄉中正路一段146號
電話：03-8701056

Day 2
單車段 🚲 光復→鶴岡→港口→白桑安→玉里，約117公里（花64鄉道，瑞港公路；台30線，玉長公路）
住宿：瓦拉米客棧 **地址：**花蓮縣玉里鎮大同路214號
電話：03-8883106

Day 3
單車段 🚲 玉里→富里→東河→都蘭→台東市，約110公里（台23線，東富公路）
火車段 🚌 台東市→台北，約6小時

時程紀錄

日期	地名	里程(KM)	海拔(M)	方式	時間	備註
Day 0	中和市			🚲🚗	18:00	
	花蓮市				22:00	
Day 1	花蓮市	–	13		5:02	先繞往遠雄悦來飯店
	月眉	30.4	48		8:46	
	水璉	48.4	20		10:58	
	磯崎	65.6	13		12:47	
	豐濱	78.8	19		14:35	午餐、補給
	太巴塱／光復	98.0	116	🚲	16:57	宿光復
Day 2					6:10	先往馬太鞍
	鶴岡	130.0	130		10:05	
	奇美	141.6	67		11:20	午餐、補給
	港口	156.4	7		13:40	
	白桑安	192.4	15		16:57	
	玉里	214.8	138		18:45	宿玉里
Day 3					5:58	
	富里	238.0	243		8:04	
	東河	282.8	38		12:55	
	都蘭	296.8	56		13:42	午餐、補給
	台東市	325.4	44		16:48	
				🚌	17:00(約)	請參考鐵路局時刻表
	板橋市				23:00(約)	

縱橫山海太魯閣

騎車以前，一直分不清太魯閣族與賽德克族、泰雅族之間的關係。
經過一年來騎訪部落，閱讀書籍、網路文獻，才漸漸弄懂一些概要。

過去太魯閣族與賽德克族被歸為泰雅族的賽德克亞族，即使三族語言不通，但因都有出草及紋面等類似的傳統文化，因此當時都被歸為泰雅族。直到2004年太魯閣族才正式成為原住民第12族，而與太魯閣族同源的賽德克族也於2008年正名，才結束長年來都是以泰雅族來囊括這些山區族群的方式。

太魯閣族與賽德克族早期是居住在中央山脈濁水溪最上游，大約是現今的仁愛鄉一帶(與現在賽德克族領域重疊)，分為太魯閣群（ Truku ）、道澤群（ Teuda ）、和德克達雅群（ Tkdaya ）三個群。後來人口增加、耕地不足以及尋找新獵場，有一部分族人越嶺到立霧溪、木瓜溪、三棧溪中上游流域，以及大濁水溪下游流域逐漸建立部落，日治時期日本人為了獲取山地龐大資源，在1914年慘烈的太魯閣戰役後，太魯閣族人的部落被迫遷至中央山脈東側河谷，以及縱谷平原。

高度圖

縱橫山海太魯閣

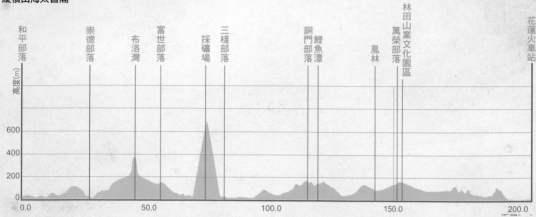

路線圖

而留居原地，現今為賽德克族，是1930年成為震驚國際社會的霧社事件的主角，賽德克族除了大量被殺害，部分遺族也被迫遷居他方，細數台灣原住民與日本殖民政府發生的衝突，同源的太魯閣族、賽德克族可以說是最為慘烈。

太魯閣族族人認同在現今南投縣境的Truku Truwan是族人最原始的聚居地，Truku為「太魯閣」名稱的由來，現在的太魯閣(Taroko)是日本時期的稱法，後來被沿用，因此族名稱為「太魯閣族」，區域內成立的國家公園為「太魯閣國家公園」。

花了以上一大段來解釋太魯閣族的種種，有了基本概念，這時再看以下的路線圖就會清楚一些了。

我們要由太魯閣族最北的大濁水溪附近和平部落出發（參考上圖），一路往南騎，串起沿途的太魯閣族部落；會經過驚心動魄的蘇花，也要進入壯麗的太魯閣峽谷，當然，也有因採礦而開闢的道路，鳥瞰台灣最美的曲線－七星潭海灣，以及因觀光衝擊而近來爭議不斷的銅門部落。回程繞往海岸山脈西側的193縣道，由那邊看回兩天騎過的山腳，然後回到花蓮火車站搭車離開。

這樣的安排不是只為了串起部落，而是路線上其實有許多迷人漂亮的風光，尤其在離開太魯閣國家公園轉往三棧後的路線，精采度雖不比七星潭自行車道，但沒甚麼車的小徑絕對是最佳單車路線。

為了不讓行程太趕，因此時程就設定為三天。由於剛好遇到連續假期，只搶到回程的自強號，去程只好選擇萬華－頭城、頭城－和平兩班兩鐵區間車次，以接駁的方式前往花蓮。

在梅雨季節預定要去騎車的車票其實很冒險（尤其是蘇花、太魯閣），訂完車票後最怕出發時下連續大雨。幸好出發前一週開始轉好，而且，目標區域的花蓮這波梅雨鋒面中沒下太多雨，因此我們還是順利出發。

出發當日，清晨5點由萬華上火車，在頭城轉搭上另一班兩

鐵班次，終於在9點左右來到和平站，我們刻意先往北騎一小段路來到大濁水溪（和平溪）橋上。去年我們也是有一趟行程由這裡出發，不過那次是往北走，探訪的是大南澳的泰雅族，而這次是要往南行，走的是串起太魯閣族的路線。

大濁水溪橋上向南行

由大濁水溪橋往南行之後，和平部落位於路線上第一個太魯閣族部落，旁邊是台泥和平廠以及和平港，這個聚落不小，但社區氛圍十分安靜。

離開和平部落繼續往南走，來到和中部落，這聚落位於蘇花公路與山脈之間的山坡台地上，社區道路是整齊地井字型，屋外各式的原住民圖騰，織布、彩虹、獵人是共同的象徵。這裡的圖騰用色簡潔，圖案線條直爽，如同太魯閣族一直以來的強烈性格。

再度進到公路，戰戰兢兢的騎進蘇花令人既愛又恨的懸崖峭壁路段，今天的車流實在非常多，我們不敢大意也不敢停下來多拍照。

由於這次行程規畫上較為寬鬆，因此穿過蘇花最後一個隧道－崇德隧道之後，我們就越過馬路由鐵路下方進到一處稱為「坂下海岸」的海灘，近距離欣賞太平洋以及蘇花公路、清水斷崖。

在這裡讓海風將剛剛在蘇花緊張的情緒舒緩後，離開「坂下海岸」來到崇德部落，隨意地繞進部落，結果騎到一個高架橋上，意外的發現這裡是個取景的好地點，因此在此停留等著火車經過。

過足癮後繞進部落，這時球場上正在舉辦籃球比賽，看起來是部落之間的友誼賽，賽場上競爭非常激烈，兩邊的加油聲尖叫聲也是比熱情，連Toby也忘情地拍手一起加油。

一位小朋友看到我在拍照，拉著我一定要轉到一個特定方向幫他拍，然後還拉著相機檢查拍出來的樣子，他說：

「對，就是這樣，看到了沒？」「後面是我的教會，要PO出去喔，知道嗎！」

我答應他，因為這是他希望被看見的笑容，您看見了嗎？

驚遇移動長城

離開崇德部落轉往中橫太魯閣，這時已經過中午，原本的計畫是進入中橫要騎到天祥去探訪白楊步道，但是在崇德待了太久，而且這時已經起風，下午降雨機率大，因此把計畫稍微調整保守些，等等往內走之後，只要覺得雨會下大就掉頭往回走。

調整好計畫，沿著立霧溪左岸前進，不時可以看見對岸的富世部落，以往經過時沒有太多留意，沒想到由此看過去是這麼美麗，房舍散布在綠濃濃的山間，範圍極廣，等等回來時一定要好好逛一圈。

在橫貫公路牌樓前巧遇一群車友，他們也是要進入中橫，但是行程方向與我們不同，他們要攻上武嶺，今夜要住在天祥。一群人浩蕩同時出發，在峽谷間形成一條漂亮的車陣，如果說台灣最美的風景是人，那太魯閣最美的，除了巍峨峽谷就是穿梭其間的單車人啦！

再度來到中橫，看見中橫白沙橋段新形成的大崩塌氣勢非常驚人，高聳且被烏雲遮蔽而見不到山頂，而幾乎是垂直的新形成斷壁前，有座尖銳的大石山，騎車經過時，尖山緩緩地跟著轉動，猶如山神盯著你，冷峻的眼神令人感到一身寒意。

這回進中橫有個地方一定要去看看，那就是要另外爬一段路的布洛灣，因為那裡以前是太魯閣族部落所在地。以開車而言，布洛灣只是轉個彎開個幾分鐘就到，但是騎單車就得花約15分鐘，而且是一段頗陡的連續長坡（約2公里）。

離開主線轉入往布洛灣岔路，爬完連續坡，上到美麗的布洛灣已經下午快3點，在餐廳點份套餐當成午餐，這時和Toby達成

共識，那就是等等騎完最精華的峽谷段之後不去天祥，另外也該
要找地方住下來了。

　　吃完餐點，進入國家公園設立的展示館參觀，展示館內有許
多太魯閣族文物，呈現以前族人在此地的生活。

　　離開管理站往上騎到位於上台地的山月村飯店，除了繞一下
外也詢問是否還有房間，由於是連續假已經客滿，我們決定等下
到富世村再找地方住了。由於不去天祥讓時間充裕了起來，因此
滑回公路主線後還是繼續往上爬，進入立霧溪峽谷最膾炙人口的
一段路去拍照。

　　這次騎在崖壁林立的太魯閣峽谷拍照，發現天氣不好明暗處
反差不會太大，反而有利於拍出峽谷風貌。連白沙橋段也是一
樣，如果是好天氣，由於山勢高聳入天，曝光時人和景勢必只能
選其一來測光，人與景也會因反差大而有可能出現兩主題其中之
一曝光不足或過度的問題。

　　一路拍照的回程中，經過了長春祠岔路口，Toby突然說：

　　「我們騎車後就沒有進去過，再去看看好嗎？」

　　我回她：

　　「不好吧，人那麼多，妳看遊覽車已經排到外面來了。」

　　不過，她還是堅持要進去，因此我們由左邊是峭壁，右邊是
有如移動長城般的遊覽車所形成的隧道穿越，到達長春祠走了一

圈。這個隧道，可以說是追求來台觀光客數字所創造出的國家公園新景觀，震撼度已經不輸剛剛的太魯閣峽谷了！

環島拜媽祖

離開中橫峽谷，直接滑到富世部落，富世部落是富世村大聚落，幅員非常大。部落的名稱在太魯閣族語有來此會合之意，居民多是由山區陸續遷居至此，大小部落據說有6個。

逛過一圈，在立霧客棧旁一家名為紅瑛民宿住了下來。洗去一身今天在蘇花、中橫車陣帶來的油臭以及汗臭後，到附近一家曾經去過的餐廳吃飯。

用餐時，老闆炒完菜離開廚房，和另外一桌的客人打招呼，看起來是互相認識，他看見我們衣服上有單車，而且兩個人穿相同T恤，問起是不是有騎單車，也提到他有去環島。聽到環島，我半開玩笑的說：

「我們很喜歡騎進部落，一路過來走了好幾個太魯閣族部落，也拍到許多很有特色的教會。以後要是有機會沿著西部海岸走，遇見媽祖廟、天后宮，每個都進去蓋個章拍個照，那一定很有意思。」

「不只海邊，媽祖廟山上也很多。」我說的正開心時，一臉酷樣的老闆回應我。

「今年我花17天環島，騎了2000多公里，拜了全台灣500間媽祖廟，山上的媽祖廟真的很多。」他繼續說著。

老闆帶我們到餐廳後方，牆上是他特製，貼滿五百間媽祖廟香火包的環島認證紀念，然後跟我們細數何能一天最多拜完55間媽祖廟的標準SOP：

「進到廟裡先投香油錢，然後再拜拜，拜完求香火，香火求完再拍照。」

「所以我的行李最重的就是香油錢，出門的時候換了2萬多

塊的50元硬幣！」

聽完他一大堆環島拜媽祖的趣事，特地跟他要了名片電話，他還說：

「若是有車友也想這樣瘋狂一次，我可以提供詳細地圖。」

回到民宿，和虔誠基督徒的老闆聊天，經由他的解說，才知道距太魯閣牌樓約650公尺的美麗教會，是台灣原住民第一間教堂－姬望紀念教會，創建人是一位太魯閣族女士。老闆每到周日，都會開著福音車到部落裡，接行動不便的老人家到教堂做禮拜，建議我們明日早上可以再去教堂走走，裡面有紀錄這位女士的事蹟。

姬望紀念教會

第二天，天氣晴。

天剛亮，已經被太魯閣口富士部落裡嘰嘰喳喳鳥語喚醒，今天計畫在三棧要加碼爬一條採礦道路，距離不長但非常陡，而且據說砂石車經過時會塵土飛揚，會車也有危險，因此早早起床準備，希望趕在礦場開始作業前抵達。

經過民宿廖大哥的指點，我們再度來到「姬望紀念教會」，進入教會左後方，找到以前姬望女士在此秘密傳教的地洞。這個天然地洞有三處開孔，裡面光線充足。地洞位於樹林旁，相當隱密，若不是有人指引還真找不到。

台灣最美的曲線

離開富世部落，進入一段大路旁的自行車道，自行車道旁長滿爬藤的圍牆內是水泥廠。

但是由騎到廠區盡頭右轉往秀林，就可以很清晰的看見大範圍水泥廠就矗立在太魯閣國家公園的門口，若以先後來論，太魯閣國家公園是設在水泥廠之後的。

遠離水泥廠之後，一個短下滑就進入秀林街區，一條直筆幾乎看不到盡頭的道路沿著山邊走，兩旁都是住家，這裡可說是現今太魯閣族的大本營。而我們得趁陽光發威前趕往三棧。

抵達三棧，經過詢問當地的居民朋友，找到正確路口，一進去馬上就發覺這條往礦場的路，非常非常陡，基於載重車要走，地上的水泥路，畫有橫紋增加摩擦力。因此只能低著頭緩慢的騎車。

當爬到相當高度後，路旁逐漸開闊，辛苦有代價，果然無敵美景出現了！

正在半途開心看著風景時，一台吉普車停下來，下來三位原住民，有點擔心他們會把我們請下山，沒想到三位在礦場工作的太魯閣族朋友是開車上來除草，一直推薦我們要騎到最頂端，說那裏更是美。

續爬不到1公里，他們說的果然沒錯，遠遠就看到大彎旁有一棵大樹。這裡的風景比剛剛更無敵，大樹下剛好可以讓我們遮蔭，因此在這裡停了下來拍照乘涼，並聯絡上好友Salu，約好等等在三棧碰面的位置。

第一位客人

下滑來到三棧布拉旦部落，車友Salu已經在部落裡等我們多

❶三棧溪畔的三棧部落好美！
❷怎麼看都是台灣最美的曲線啊！
❸吉安自行車道。

時。Salu帶著我們緩緩地進入部落，邊騎邊聊著這裡的種種，除了讓我們了解太魯閣族更細緻的人文，也結合另一個單車人對部落路線的看法，讓未來的旅程更豐富多元。

除了部落逛了一圈，在溪底泡了冰涼的溪水，也在部落的商店大口灌冰咖啡、飲料，總算稍解一身的痠痛及口渴。休息夠之後，接下來，要跟著Salu往下一個太魯閣族部落－銅門部落前進。

跟著Salu沿著山邊騎著，第一次將兩地沿著山邊小徑串起來，感覺非常新鮮。可能是這一帶有軍事設施、油庫，加上主要道路多是橫向通往花蓮、吉安市區，沒有直接縱貫於山邊的路徑，因此我們一直以山為指標，盡可能沿著山邊往南走，一直到吉安自行車道，才切出到市區午餐，再由台9丙線騎往銅門。

往銅門的台9丙線道路旁一個鐵皮小廟裡供著兩個石碑，一個是「橫斷道路開鑿紀念」，一個是「橫斷道路開鑿－殉職者之碑」，都是當初日本在太魯閣事件後的1918年9月開鑿，1919年1月竣工的能高橫斷道路所設之紀念碑。能高古道是日治之後，聯絡賽德克族與太魯閣族（當時均歸為泰雅族）兩大路徑之一。

抵達銅門部落已經是下午3點多，原本有考慮住在部落入口前一家不小的民宿，明天一早排申請進入慕谷慕魚峽谷，但詢問後已經客滿，因此打消念頭，先進部落逛一圈再說。

銅門部落社區不大，走完後繼續往內騎到管制站。這時是下午3點半，管制站旁當地太魯閣族居民，將一些李子和蔬菜擺在路旁地上販售，我們買了一包李子，當成今夜飯後水果。

菸樓之樓中樓

買完李子往回騎到銅門發電廠旁的台電員工消費合作社，吃了一支枝仔冰去暑，三個人決定騎往對岸的翡翠谷逛逛，然後再順著木瓜溪右岸小徑接往台9丙線道路，往鯉魚潭之前的文蘭部落前進。

❶希望對面位於木瓜溪右岸的銅門村下次來的時候,能夠恢復往日的寧靜。
❸趁縱谷還沉浸於霧靄,陽光尚未熾熱前出發!

原本抱著只逛逛的心態往翡翠谷,沒想到由木瓜溪左岸,同為太魯閣族的榕樹部落旁山壁開鑿出的小徑,過了採礦所開的古隧道後,有個柳暗花明的秘境。

在這裡腳踩冰涼的溪水,張開雙手,讓玻璃水濂般的瀑布霧氣清洗去一日的疲憊,讓水瀑聲沖刷車輛奔往來馳於慕谷慕魚道路帶來的煩躁。沉靜地站了好久,才依依不捨地爬回小徑,牽起單車往下一段路前進。

在翡翠谷泡過溪水,接近傍晚而且又是在山區,空氣已經不再熱烘烘,騎經文蘭部落,快到鯉魚潭時,原本考慮要在附近住下來的念頭打消。

而Salu決定過鯉魚潭下滑壽豐之後,就跟我們分道揚鑣,繼續他的花蓮單車露營小旅行,而我們則是收起散漫的心,專注的在台9線加快速度,希望在天黑前能多跑一些路。

5點由鯉魚潭開始,一個多小時騎了25公里,天色全暗之前抵達了鳳林,由於鳳林距離明日要去的萬榮部落、林田山林業文化園區不遠,因此決定在這裡找地方住下來。

找著旅館途中,我們還是覺得沒吃飽,又在路旁小攤填肚子,結帳時請教老闆娘鳳林適合的住處。

經由好心老闆娘指點,果然在消防隊後方找到這家民宿,結果所有的房間都沒了,只剩一間家庭房,這時已經快8點,經過Toby一番努力,還是以2人房的價錢住下來。

可以拍你們嗎?

第三天,晴

一早起床打理好行李準備出發,走到民宿庭院觀看整個環境,這裡的景致真不錯,難怪昨天小攤的老闆娘那麼推薦。事實上整個鳳林有相當多的點,可以騎著單車慢慢逛,算是花東縱谷重要的單車路線之一,不過我們下午得搭上已經預定好的火車,

而等等去完林田山，還要繞往193縣道回花蓮市，時間上無法在鳳林多逛，只能等日後再找時間來慢遊了。

來到萬榮車站附近，先找地方吃過早餐，然後在有客家味的街道逛一圈後，開始轉往林田山方向前進。

由萬榮車站往中央山脈方向前進，很快地就到了此行往南走、最後一站的太魯閣族萬榮部落。萬榮鄉是一個山地鄉，鄉內居民以台灣原住民太魯閣族為主，亦有布農族丹社群及泰雅族，鄉公所就在萬榮部落。

太魯閣族在中央山脈以東多次遷移，在這裡看見太魯閣族抗日英雄「哈隆比代」頭目的雕像。

逛完部落，繼續往山的方向前進，很快地就進到林田山林業文化園區。

林田山林業文化園區是這次部落路線順遊的一個景點，這裡以前也是太魯閣族傳統領域。由於我們到得早，園區內的居民，才剛剛把商車推出來準備中。我們問了其中一位先生，知道展覽館大約要九點才會開，他建議我們可以由旁邊小徑繞上去中山堂、教會等處先看看走走。

聽了他的建議，先繞進園區右側日式宿舍的住戶區看看，然後再往左側小徑爬上去。

由於早期到林田山工作的人來自各地，可以說是一個族群大融合的聚落，因此各種信仰的宗教幾乎都有，福安宮、天主教森榮露德聖母堂、台灣基督教長老教會森榮禮拜堂，依序在小路旁排著。

有一處山坡地，民國43年林田山最興盛時期蓋了大片的瓦房「康樂新村」，後來遭到祝融之災，現場有以當時留下未燒完的木柱排列，作為火災紀念意象，提醒人們燭火無情。

在這裡，四處是古意盎然的舊房舍，綠草處處的舊鐵道，讓這個紀錄了台灣早年林業的文化園區令人想多繞幾圈。

在園區裡向擺攤阿桑買了瓶青草茶，和她聊了起來，得知她是來自新竹橫山，客家人，先生是林田山已經退休的員工，以前在林田山就是開著位於她攤子後方的一台火車，兩個人就住在旁邊日式宿舍中。

最心動的時刻

和阿桑聊到9點多，才進入展覽館中參觀。裡頭展示著許多太魯閣族文物，以及太魯閣族耆老的照片，這些太魯閣族耆老紋面的照片，是來自不遠處萬榮部落的「原住民文物館」，能在這裡看見，也算是一個意外的驚喜。

林田山園區的好東西實在多，我們大概只看了二、三成，未來有機會一定還要再來。今天就先到這邊，準備開始啟程往193縣道，我們要繞往海岸山脈西側，順著往北到花蓮啦！

在鳳林找到可以接往193縣道的路徑，進入後發現這裡有一段筆直又沒車的路段，我們在這裡繞了好幾回，有點捨不得太早離開。

當騎到箭瑛大橋上往回看時，看見中央山脈橫亙於藍天白雲下，我想，以前的想像，如今化為真實的果實，我們已經騎訪了這條中央山脈東側，由太魯閣族部落串起的路線。

現在，我們就帶著喜悅的心，快樂的踏上歸途！．

❶宿舍區有人家正在辦喜事，由老人家的穿著可以看出是不同族群。
❷這時的花東縱谷實在美得不像話！

路線規劃參考

這次行程起點在花蓮的和平火車站，結束點在花蓮車站，接駁上得依賴火車，去程利用免用攜車袋的區間兩鐵環保列車以宜蘭的頭城站作為轉車點（參考下表），這方式非常適合想利用有限的時間，第一天就能全天都能騎到車的車友參考。

車次	車種	始發站至到達站	開車時間	到達時間	行駛時間
4118	區間車	樹林 至 蘇澳	萬華 4:57	頭城 6:49	1小時52分
4124	區間車	頭城 至 花蓮	頭城 7:20	和平 8:39	1小時19分

班次查詢時間 2014/10/16

而回程因免用攜車袋的兩鐵環保列車直達台北的班次稀少，又不是每天開的，因此我們除了先訂好可以上以攜車袋打包的自強號班次，也提前將攜車袋寄到花蓮火車站附近的超商（利用超商的店到店寄送服務），完成行程回到花蓮時才去領出將單車打包去搭車。

若您的時間較寬鬆，則可以宜蘭或羅東、礁溪當為轉車點，台北一宜蘭間搭乘適合的兩鐵環保列車或是首都客運，宜蘭一花蓮間搭乘兩鐵環保列車，這樣就可以全程免用攜車袋（首都客運要拆前輪），只是得付出較多的等車時間。

行程資訊

Day 1

火車段 🚌 萬華→頭城，頭城→和平，約4小時。單車段 和平→崇德部落→布洛灣→富世部落，約62公里。

住宿： 紅瑛茶坊民宿

地址： 花蓮縣秀林鄉富世村242之1

電話： 03-8610577

Day 2

單車段 🚲 富世部落→三棧部落→銅門部落→鳳林，約85公里。

住宿： 芳草古樹花園民宿

地址： 花蓮縣鳳林鎮中和路71號

電話： 03-8760437

Day 3

單車段 🚲 鳳林→萬榮部落→銅門部落→林田山林業文化園區→花蓮，約60公里。

火車段 🚌 花蓮→板橋，約5小時。

時程紀錄

日期	地名	里程(KM)	海拔(M)	方式	時間	備註
Day 1	萬華			🚌	4:50	由萬華搭兩鐵區間車於頭城轉車至和平
	頭城				7:00	
	和平				8:50	
		–	17		9:14	
	崇德部落	30.6	57		11:50	
	布洛灣	43.8	370		13:40	
	富世部落	61.8	65		17:00	
Day 2				🚲	5:50	
	秀林部落	67.2	40		6:30	
	採礦場	75.0	704		9:25	部分路段是搭便車
	三棧部落	81.6	30		10:10	
	銅門部落	115.2	181		15:12	往銅門途中轉至吉安午餐
	鯉魚潭	120.6	142		17:10	
	鳳林	146.4	104		18:35	宿鳳林
Day 3	萬榮部落	153.0	161		6:25	
					7:25	
	林田山林業文化園區	154.5	170		7:38	園區內賞遊至9:40離開
	花蓮市	206.5	14		13:45	
	板橋			🚌		搭乘自強號返台北

訪蘇花、探泰雅、尋大南澳

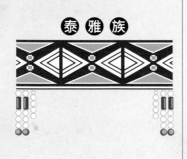

泰雅族

泰雅族是台灣原住民分布最廣的一族，範圍遍布台灣北部，大約是由南投縣北港溪及花蓮縣和平溪（大濁水溪）所連成一線以北的地區。其中位於東部崇山峻嶺與太平洋接壤的南澳是很典型泰雅山地鄉，這裡的泰雅族民（南澳群泰雅族）原居於東部的東澳溪、大南澳溪、和平溪（大濁水溪）等河川中上游山地，在種種的歷史因緣下，才移居到這些河川下游及出海口沖積平原，與漢人、噶瑪蘭、平埔族人分別建立起屬於自己的聚落。也因這緣故，1946年全台劃分行政區域為「平地」、「山地」時，以蘇花公路台9線作為分界，將靠海的大南澳平原劃屬平地鄉鎮的蘇澳鎮朝陽里、南強里，較北的東澳平原則是設蘇澳鎮東

離開南澳鄉最北的東岳部落，回到蘇花公路，爬了些高度後，再度看到令人心醉的湛藍色東澳灣。在欣喜中想了想，能夠看到這麼有感覺的角度，應該是騎單車才能體驗的視角吧！

蘇澳火車站
永樂火車站
東岳湧泉
東岳部落
東澳火車站
粉鳥林漁港
南澳部落
碧侯部落
金岳部落
南澳火車站
武塔火車站
武塔部落
金洋部落
澳花瀑布
漢本火車站
澳花部落
和平火車站

圖例
● 景點
🚲 單車路線
── 公路

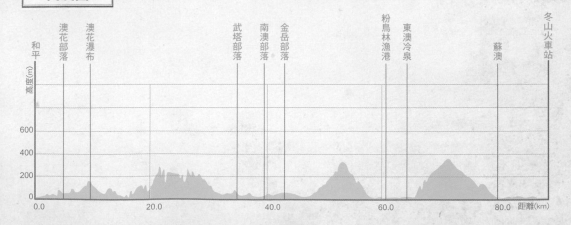

高度圖　和平→澳花瀑布→武塔部落→金岳部落→粉鳥林漁港→東澳冷泉→蘇澳→冬山

和平
澳花部落
澳花瀑布
武塔部落
南澳部落
金岳部落
粉鳥林漁港
東澳冷泉
蘇澳
冬山火車站

高度(m)

600
400
200
0

0.0　　　　　　20.0　　　　　　40.0　　　　　　60.0　　　　　　80.0　　距離(km)

澳里。而靠山側則劃為南澳鄉，屬原住民鄉，分為東澳地區的東岳村，大南澳地區的南澳村、碧候村、金岳村、武塔村、金洋村，澳花地區的澳花村，南澳的這七個村，全數居住的是泰雅族人。

平地鄉、山地鄉

由於南澳位置偏遠，較少受到漢人文化的影響，保留更多原住民傳統特色，因此若藉由南澳南邊的和平站出發，透過台鐵加鐵馬的兩鐵環保列車，串聯蘇花公路北段與村落間的聯絡道路，可以規劃出一條深具泰雅特色的單車深度旅遊路線。以下就是我們有了數次到南澳的經驗後，依上述思維並仔細搜尋許多資料，結合幾個特色景點，所規劃出來的路線計畫圖（見下圖），這次趁著參加宜蘭的單車活動，提前一天清晨由台北到宜蘭冬山火車

路線計劃圖

東岳村

東岳部落
東澳火車站

粉鳥林漁港

碧候村

南澳村

金岳村

南澳部落
南澳火車站

武塔村

武塔火車站
武塔部落

金洋村

圖例
● 景點
—— 公路

澳花村

站，準備再次來趟期待已久的蘇花公路單車行。

今天的行程概要：

冬山站→兩鐵環保列車→和平站，單車往北出發→澳花村→澳花瀑布→武塔部落→南澳部落→碧候部落→金岳部落→粉鳥林漁港→東岳部落→東岳湧泉→蘇澳→冬山站

　　一清早天未亮就搭車由台北出發，車子離開雪山隧道進入蘭陽平原時，正好是日出時刻，在國道5號上，看到太陽由龜山島附近升起，因為台灣南方有颱風緣故，美麗的橘紅色染紅大半天空，但同時也代表今天天候不穩定，這時雖是大晴天，但往南望去，花蓮那側的天空一片烏暗，此行在蘇花不求大晴天，但求不下雨就好。

　　在冬山火車站搭的是5:54往花蓮的區間車，這是最早一班兩鐵環保列車，我們已經搭過許多次，因此已經非常熟悉，原本想上車後小憩片刻補個眠，但一上車就被滿滿的單車嚇一大跳，車廂中滿到差點連站的位置都沒有。更令人意外的，是看到好友Rita和Gavin夫妻倆已經在車上，他們今天要在花蓮下車後往南騎，打算騎到玉里，再搭火車回宜蘭參加活動。

　　愛騎車的同好，不約而同在車上相遇，話匣子一開時間一下子就過去了，目的地和平車站很快就抵達，跟他們告別後下了車，正式進入今天的單車路程。

　　今天出發點是和平火車站，這裡已經屬於花蓮縣秀林鄉，是太魯閣族分布的區域，和平部落就在蘇花公路旁。選擇從這裡出發，除了想到澳花村、澳花瀑布一探之外，也是因為和平是蘇花公路上較熱鬧的聚落，這裡有超商、早餐店，方便於出發前做好補給。

老樹宜南第1號

　　在和平部落吃完早餐，騎車經大濁水橋離開花蓮縣境進入宜

蘭縣,這也代表要進入泰雅族的領域了。在橋上往左前方望去,位於大濁水溪(和平溪[1])左岸和支流間平台上的聚落,即是我們第一個要前往拜訪的澳花村。

抵達大濁水橋北側,在澳花隧道前小路左轉往澳花村,在入口看到有個清楚的石牌標示著部落裡各重要地點,讓原本對這裡還很模糊的我如獲至寶,除了趕緊記錄拍照外,也在仔細閱覽後跟Toby決定先往下部落,去澳花國小內尋訪一棵樹齡600年的老樟樹,然後轉往上部落看看,再由上部落小路接回往澳花瀑布的主線。

進入部落,果然充滿了泰雅風情,由路旁的護欄到澳花橋,都是漆上泰雅族特有的菱形紋[2]。找到澳花國小,一進入後完全不用再找了,因為在操場的另一頭就看到一棵超大老樟樹,在樹下有個解說牌,上面記載著是「宜蘭縣政府列管珍貴老樹,NO宜南第1號」!

600年的樹齡,見證泰雅族人從大濁水溪上游途經此地前往漢本一帶煮海鹽來回部落的旅程,泰雅族人就在這老樟樹與大濁水溪的伴隨下,留下了自己歷史痕跡。

往上部落途中,由和平溪支流的楓溪上的澳花橋,看往太平洋岸的和平水泥廠,這個角度看起來有些莫名的突兀感,因為橋的護欄是泰雅族傳統的色彩,而遠處的水泥廠,是高污染的工業建築,短短的距離,卻是兩個截然不同的世界,甚至有不同的時空的錯覺。

每次騎著單車由部落出發,總是可以看到不同於平地的景像,刺激了我對整個環境的認識與想像,說這是在運動外最大的收穫也不為過!

瀑布聲勢驚人

進到上部落東看西逛,有點迷路,恰好看到路旁一位女生,

註①和平溪又名大濁水溪,位於台灣東部,是花蓮縣與宜蘭縣的界河。和平溪發源於南湖大山的東北峰東坡,總長約有50.73公里。主要支流有和平南溪與和平北溪,流經南澳鄉與秀林鄉,出海口分為兩處,下游建有大濁水橋。(摘於維基百科)

註②菱形紋的泰雅語稱為roziq,是眼睛的意思,象徵著「祖靈眼睛」,可說是泰雅族圖紋的核心要素,有如隨時有來自祖靈守護的意義。

正整理房舍前的菜園，趨前請教可以接回往澳花瀑布的小路。經過她的指點，深入上部落繞了一圈，終於接上往瀑布正確的路途。

不過，騎了沒多久，就看到有路障擋著，更往前路況越糟，甚至有挖土機等大型機具在施工。好不容易繞過後，才勉強騎在稀巴爛的碎石路上，這時左方溪底便道上，有一台四輪驅動車的箱型車一直按喇叭向我們示警，於是趕緊停下，駕駛也下車遠遠的口手並用喊著：

「前面路已經沒了，你們要去瀑布，要往回騎到一個缺口，然後下去走我這邊啦！」

往回走找到那位大哥所說的缺口，順利地往溪床便道前進，下到溪床看到碎石路，我們簡直樂壞了，天曉得蘇花公路旁有這樣爽的Off Road路況呀！今天沒有大太陽，剛好可以在這段路清涼過個癮，真是太爽了啦！

過了往礦場岔路沒多久就沒路了，在現場施工的兩位工程人員，看我們騎著單車進來，一位表示我們牽過去，再往上走，就可以抵達瀑布，另一位想了想，說：

「再過去很陡，而且瀑布又不遠，你們把單車藏到旁邊，用走的上去反而比較快，而且我們施工後，等等怕你們回不去！」

❶看到這池由瀑布流下的清澈見底溪水，真想跳下去呀！！
❷由公路上微小的人，可以對照出這段懸崖的巨聳。
❸蘇花公路是東部交通命脈，山崖險峻。
❹許多人可能已經遺忘蘇花替的話題，但工程其實已經默默進行許久。
❺蘇花公路要轉入的部落前的泰雅雕像。

　　聽他這麼說，反正既然很陡距離又不遠，我們也不該為了玩樂干擾他們施工，因此當下決定棄車改徒步，至於單車放哪就不費太多腦筋，這種荒郊野外，山豬或是小米酒，肯定會比單車受歡迎，因此就丟路旁，反正有兩位大哥幫我們看著！

　　就如兩位工程大哥所說，過了溪經過一段很陡的水泥路後，就是石階路，約10鐘，就會聽到撼動人心的轟轟瀑布水花聲，期待已久的澳花瀑布就在咫尺，在濕滑的小徑小心前進，轉眼巨大的澳花瀑布，終於呈現眼前。雖然今天瀑布水勢較少，但氣勢仍然凌人。可惜的是，滾落的巨石阻斷了向前的道路，如果要更接近瀑布，肯定得費不少功夫及時間，今天計畫要騎完整個蘇花北端，而澳花村及前面的Off Road，已經耗掉不少時間，因此決定在此努力多吸幾口負離子和芬多精，喝口水後就準備下山吧！

收起玩心騎蘇花

　　離開澳花瀑布回到放單車的地方，跟現場的工程朋友謝過

後，開始另一段跳躍過程，快樂的**Off Road**下滑。由下滑實在太好玩，讓人錯過早上下來的岔路，乾脆直接沿著楓溪溪床，騎到和平溪畔，才經由小路上到蘇花公路口，回到大路，看到同伴身上車上都是滿滿一層泥灰，不禁互相取笑一番，因為誰也沒想到，今天會有這段意外的驚喜。

進入蘇花公路，收起玩心，小心地在一段段車流中，穿過隧道慢慢爬升，由於蘇花已經騎過幾回了，已經有了與來來去去的砂石車、遊覽車共行的經驗，途中也多了些機會可以拍些好景。

趁偶而露臉的陽光尚未熾熱，離開澳花村約1個小時後，我們已經拚上了蘇花公路的高點，等等下滑後，就可以探訪大南澳另外幾個部落，並且找個地方好好吃一頓！

蘇花下滑進入大南澳，轉入金洋產業道路，計劃由蘇花替的工程便道，直接騎往武塔部落。武塔部落小巧乾淨，一般人除非是要到南澳古道，或是要往金洋部落附近的神祕湖，很少會經過此地，但是這裡有個非常漂亮的武塔國小，開放又充滿綠意的操場，隨時歡迎旅人進入。

騎入世外桃源地

在部落裡繞了一圈回到蘇花台9線，原本要繼續轉入另一條往金岳部落、碧候部落的宜55鄉道，沒想到這條路受颱風風災影響，路基被山洪沖毀中斷，因此只能續行台9線，改由南澳部落進入。而既然會先到南澳，順路在蘇花公路上南澳著名的烏醋麵先好好填飽肚子，有了力氣與心情，才能繼續往山裡面鑽。

1946年全台劃分行政區域為「平地」、「山地」時，這裡以蘇花公路台9線作為分界，將靠海的大南澳平原，劃屬平地鄉鎮的蘇澳鎮，而靠山側則劃為南澳鄉，屬山地鄉；因此在南澳街上，會有公路兩側的門牌不同，信仰也不同的奇特現象。由於靠海側以前來過多次，因此今日的重心放在靠山側，也就是由南澳

部落往碧候部落方向，計劃探訪這個泰雅族的故鄉。

　　再度離開蘇花公路，進入泰雅族的南澳部落，屬於原住民居住地的特色再次出現，眺望塔、教會以及寬大的校園和巨碩的老樹，悠閒的氛圍下，讓我們忘記剛剛蘇花公路和川流車流共行時的吵雜。

　　在南澳神社遺址前逗留一會，跟**Toby**互相催著誰要爬到最頂端拍照，結果沒人願意上去，因為這裡是遺址，上面為一個可以眺望大南澳的平台，可惜大家都不想多爬一趟，還是繼續往碧候及金岳部落前進吧！

　　由南澳部落往碧候部落，會經過一個羅東林管處南澳原生植物園區，眼尖的**Toby**騎了一半突然回頭喊著：

　　「你看，旁邊是小米耶～」

　　現在正值稻米成熟季節，四處都是黃澄澄的稻香，沒想到在這裡看到與原住民關係密切的小米，算是很恰到好處的景物。我們停下來拍了幾張照片，就當成是今日途中重要的紀念了。

　　在往碧候部落的路旁，一個個護欄上畫上了彩繪，可惜因時間的刷洗，已經不太容易辨識，在網路上看到一篇台灣光華雜誌：「部落再造、泰雅新生——碧候社區」報導中，詳細寫著這些彩繪的由來。但若是以實際所見，文中提到政府在此推動的「社區總體營造」政策，目前作用有限。帶著失望的心情，轉往金岳部落。

　　很意外地，快接近金岳部落時，路旁的景色就開始顯得有些異樣，猶如要進入另一個世外桃源。一到部落前廣場，有些不敢相信自己的眼睛，萬萬沒想到，因颱風坍塌而封閉的宜55鄉道，竟然是通往一個乾淨又有格調的一個美麗部落。

　　進到部落，在廣場一角，有座與蘇花公路旁同名的莎韻之鐘，蘇花公路旁那個莎韻之鐘，是南澳鄉公所於1977年設置，而屬於金岳部落的族人，因為大多是莎韻的親戚，因此感覺上這

個莎韻之鐘似乎較有實際地緣。站在莎韻之鐘前，我跟Toby半開玩笑說：

「妳上去把鐘拉響幾下，搞不好等等莎韻就來了……」

沒想到敲了三響後，旁邊真的來了一位泰雅美女，一問之下才知道她是社區導覽員，今天有不少遊客來此，正忙著協助導覽，向遊客介紹她深愛的故鄉。取得她同意後，特地與這位金岳的莎韻姑娘合影，看著相機中捕捉到的影像，真的覺得，今天的這趟實在收穫豐富啊！

前進美麗東澳灣

由於被我稱為莎韻的導覽員，還有其他導覽服務，無法多聊，我們騎起單車將部落慢慢逛一圈，才依依不捨的原路折返南澳街上，再度進入蘇花公路，準備越往下一站－美麗的東澳灣。

回到蘇花，隨著高度漸升，告別漂亮的大南澳，準備越過烏石鼻山區，進入南澳的最北端。經過很長的一段爬升，在還沒熱量之前，進入陰涼的新澳隧道，穿過隧道，在出口旁看到往大南澳越嶺古道的舊蘇花公路，目前入口有柵欄阻隔，讓我們打消進去瞧瞧的念頭，直接下滑往東澳。

下滑到半途，找到一個好角度可以拍到粉鳥林漁港，通常開車經過蘇花時可以看見下方的海景，但由於路太窄，終究無法停下來，好好一睹高處俯瞰的景致，也唯有騎單車最容易有這個賞景的福利。

抵達東澳灣之後，直接先切往蘇澳鎮東澳里的海岸邊，這段蘇花間優美的海灣，是這次另一個要特別拜訪的景點。來到海岸邊一瞧，果然名不虛傳，一長段幾乎沒有車的水泥道，伴隨著優雅的海灣，通往粉鳥林漁港，騎在上面吹著微涼的海風，我們半開玩笑的說：

「以前總認為蘇花南端的崇德海灣比七星潭還美，現在的問

❶離開東澳灣的爬升中，看到一幅令人驚喜的景象！

題是，這裡好像又比崇德海灣還美耶！」

　　到底孰美孰壯觀，還是有待車友們來親自見證後再做定論吧！

　　漁港聯絡道最底端就是粉鳥林漁港，這漁港位於東澳灣最南端，據說以前有許多鴿子，而鴿子的閩南語稱為「粉鳥」，因此而得名為粉鳥林。港口中停泊的漁船不多，可能今日天候、海像佳，通通都出海捕魚去了，只有些釣客，在漁港外的防坡堤上垂釣，整個漁港和海灣，都沉浸在一股悠閒的氣氛中。我們在此停留過癮後，才準備往蘇花對面的南澳東岳部落，尋訪著名的東岳湧泉。

　　「東岳部落中整齊並充滿泰雅風貌的街道讓人印象非常深刻，今天走過的幾個部落，應該就是金岳部落和這裡最為清爽了！」正邊騎邊回想著今天的收穫時，部落中小朋友，冷不防地踩著滑板車衝出來，看到我們騎著單車，大聲的喊著：「加油！」，超可愛的！

　　順著指標再加上詢問當地居民，很快就找到東岳湧泉，東岳湧泉是因鑿穿隧道工程而意外引出之泉水，由於距離蘇花公路很近，加上現在正值盛夏，整個湧泉區都是遊客。雖然我們沒有下水，但是光站在湧泉口，看著清澈的泉水滾滾流出，陣陣涼氣湧上四周，讓人覺得能騎到這裡實在是太幸福了。

　　逛完湧泉區，等於已經將南澳除了金洋部落外全部走了一圈，這時也該繼續爬上今天第三個坡，準備越往蘇澳，完成除了走訪南澳的泰雅部落外，另一部分的蘇花公路北段路程。

　　在好幾次下午開車途經蘇花，每到經過東澳灣這個角度，總是驚豔於因陽光斜射下的東澳灣，漂亮又具立體感的碧海藍天，但因為是開車，無法停下來好好觀賞。

　　這回我們是騎著單車，適逢下午，陽光很配合地露了臉，所有最佳條件通通到齊，果然讓我們如願，留下離開南澳前最美麗畫面。

❶當騎到與雲同高後，記得停下來看看山看看海！

Youtube影片紀錄

https://www.youtube.com/
watch?v=r58Q6wpsaPo
由部落出發,深訪蘇花、泰雅大南澳
《台灣・用騎的最美》

路線規劃參考

交通接駁
由於出發點是在蘇花公路上的和平,最佳前往的方式是搭兩鐵火車,如果是4+2,可以開至宜蘭的蘇澳,然後改搭兩鐵火車;如果是要由台北直接搭火車,可以參考鐵路局網站,選擇適合之人車同行班次,或單車以攜帶車袋打包搭乘,取得較大的班次彈性。
◎蘇花公路注意安全
全程部落以蘇花公路為主要串接道路,會經過不少隧道,而且道路狹小車輛多,因此務必備妥夠亮的頭燈、尾燈,並結伴同行,增加後方車輛可視度以策安全;行程勿安排於連續豪雨或地震後數日,以免遇到落石坍方的危險。
◎補給
沿途和平、南澳、東澳均有便利超商或商店、飲食店,因此只要備妥現金,不須攜帶太多行李即可輕鬆上路。

行程資訊
火車段 🚌 冬山→和平,約45分鐘。
單車段 🚲 和平→澳花部落(瀑布)武塔部落→南澳部落→金岳部落→東澳冷泉→蘇澳→冬山,約89公里。

時程紀錄

地名	里程(KM)	海拔(M)	方式	時間	備註
台北			🚗 + 🚌	4:40	4+2至宜蘭冬山約70公里,後換搭火車往和平。
冬山火車站				6:02	
和平	–	17		6:55	
				7:10	
澳花部落	5.3	47		7:48	
澳花瀑布	9.2	182		8:43	
武塔部落	35.0	42		10:50	
南澳部落	39.5	35	🚲	11:50	南澳街上午餐
金岳部落	43.0	46		12:25	
粉鳥林漁港	60.9	5		14:30	
東澳冷泉	64.6	27		14:52	
蘇澳	80.2	11		16:25	
冬山火車站	88.8	8		16:50	隔日參加另外活動

附錄

精選部落教會

　　旅行過程中，要了解一個鄉鎮村落的風俗民情，拜訪該地的信仰中心是很自然且必要。

　　我們騎訪部落，自然想多了解部落的信仰與風俗。就如序文中提到，我們開始往山裡面推進後，發覺平地和淺山常見的傳統寺廟通通不見了，取而代之的是屬於西方宗教的基督教堂、天主堂；有了好奇，因此之後每進到部落，總是會留意部落裡的教會。

　　一開始還不太熟悉部落時，先注意的是哪個教派，是基督長老教會？天主堂？還是其他教派的教會；後來比較熟悉了，知道一個部落有兩個教會很常見，例如有基督長老教會，也有天主堂。每次進部落除了四處逛逛之外，總是會以抵達教會代表才是真正地騎抵該部落，當然，也會順手將教會影像留下。

　　初期僅是下意識拍下照片做簡易紀錄，後來隨著造訪不同族群部落，漸漸發覺部落裡的教堂因為不同族外觀會有些差異，有時從風格上一看就可以辨識出是哪一族，讓我們造訪部落的過程增添不少趣味。就這樣不知不覺中，我們已經拍下約兩百六十間部落裡的教堂，若以每個部落平均兩個教會來計算，等於我們已經騎訪約一百多個部落了。

　　記得在太魯閣口一家餐廳吃晚餐時，得知餐廳老闆曾經騎單車環島拜訪五百多間媽祖廟，聊天中知道他為了造訪散佈全台、沒有系統紀錄的廟宇，光是要找出廟的正確位置與路線串聯，就花了不少功夫。而更令人感動的是，他表示若有人也要跟他一樣騎車造訪這些廟宇，他願意無償提供所有的路線圖。這次的互動，讓我興起一個想法，即是完成部落路線計畫的同時，也要將所經過的教會照片分享出來，讓未來有新的車友知道要怎麼走。

　　以下精選十個我騎訪過的教會，我也已經將這些教會放在一個Google Map圖層上，只要掃描QR Code，就可以讓您在造訪部落的同時，得知教會的位置與基本資訊，期盼讓您的旅程有更多的收穫。

完整「騎訪部落教會」地圖：
https://www.google.com/maps/
d/edit?mid=z793yQ36TvGc.
kj9a3KhV1nt4

泰雅族

台灣基督長老教會
田埔教會

田埔部落 🏠 新竹縣尖石鄉秀巒村

不管是要前往司馬庫斯還是要到新光部落、霞喀羅古道養老段，途中一定會經過媲美歐洲景致的田埔部落，每次經過時我們總是會停下腳步多看它幾眼，然後心裡默默地想著：

「與其千里迢迢出國旅遊，不如深訪近在咫尺的部落，得到的感動會更真實而動人啊！」

布農族

天主教潭南聖伯多祿堂
潭南天主堂耶穌像

潭南部落 🏠 南投縣信義鄉潭南村

剛到潭南部落時並沒有特別留意這尊位於部落最高處的耶穌像，而是為了找尋部落裡舊駐在所的遺跡，而意外發現這天主堂就在舊駐在所遺跡的附近。

由於位處部落最高點，耶穌像面向山谷所展現出來的景象令我們非常感動，尤其得知教堂曾在921大地震時倒塌，是經過各方的協助而重建，讓族人信仰凝聚而度過天災帶來的傷痛。

泰雅族

台灣基督長老教會
福山教會

田埔部落 🏠 新竹縣尖石鄉秀巒村

位於巴福越嶺古道和哈盆越嶺古道烏來端的福山部落是我經常造訪的部落，但由於福山教會在部落深處，我們是近幾年才知道正確的位置，知道地方後每次到福山都一定會去看看，因為這裡的景色幽靜如畫，在這裡牽著單車靜靜的走走看看，總是能夠帶著一身神清氣爽下山。

唯一可惜的是，後來才知道飾演電影《賽德克・巴萊》的男主角林慶台先生在此牧會，這張照片裡正在講道的牧師就是他，但當時我們並不知道；後來多次再騎到福山，仍未能親眼見到他，不過來日方長，相信總有一天會看見曾經是電影中的「莫那・魯道」。

排灣族 台灣基督長老教會 達來舊教會

舊達來部落 ⌂ 屏東縣三地門鄉達來村

第一次經過達來教會（達爾達旺教會），被它深具特色的外觀吸引，但當時只是拍照留念，並沒有多家拜訪，實際對這教會印象深刻，是後來為了造訪舊達來石板屋聚落，在舊部落看見斑駁卻顯莊嚴的舊教會建築，又因族人指引而拜訪在新達來的新教堂。

在新教堂看見由漂流木做成的巨型十字架，以及後來了解族人在八八風災後面對殘破家園的心路歷程後，深深地被感動，因此對達來的部落以及教堂印象非常深刻，也是未來一定要再次拜訪的好地方。

賽德克 台灣基督長老教會 靜觀教會

靜觀部落 ⌂ 南投縣仁愛鄉合作村

我們在探訪賽德克族部落的行程中，由台14甲往武嶺半途的翠峰下切，在農路中四處繞著，好不容易越過濁水溪最上游的山谷進入投85線，第一個遇到的賽德克部落就是靜觀部落。看見靜觀教會靜靜地矗立在部落裡，電影《賽德克·巴萊》中族人浴血於族群生存戰爭中的嘶喊，似乎頓時靜默與消散，我們這時看見的，是一個放手迎接未來的部落。

當離開靜觀部落後沿著投85線向霧社前進途中，我們又遇到令人熱淚盈眶的彩虹橋，更讓這次的探索終身難忘，精采度完全破表。

泰雅族 台灣基督長老教會 加拉教會

卡拉部落 ⌂ 桃園縣復興鄉華陵村

位於上巴陵的加拉教會，外觀是以諾亞方舟造型蓋成，船身僅是簡樸的水泥沒有以另外材料附著，完全顯現泰雅原住民的樸實風格。這個船型教會位於高山上，每當午後雲起，方舟就猶如在雲海中有著堅定的方向，讓族人有了心靈休憩地。

我們在這裡巧遇牧會的牧師，經由他的解說，不僅了解了加拉教會改建的過往、卡拉部落原本的位置，並另外得知位於巴福越嶺古道另一頭的福山部落裡的福山教會，未來也會是以船型外觀現身，讓我們隔日巴福越嶺行程，多了一個由上巴陵翻山越嶺造訪另一個興建中船型教會的話題。

布農族 台灣基督長老教會 新美教會

新美部落 ⌂ 嘉義縣阿里山鄉新美村

新美這個位於這個古老的鄒族部落，位於曾文溪上游山區的嘉129線上，我們經過時看見教會，原本只是因為對於它優美且看起來很有歷史的外觀感興趣，打算停下拍個照就離開，結果在這裡遇到網路上認識的車友，他們恰好由高雄來義務幫教堂的鐘更新。

經過他的說明，得知新美教會曾經被火紋身，十幾年前（1997年）部落發生大火，教會遭波及，後來建置了新教堂（在後方）；而前方這座有些斑駁而優雅的是舊教堂，刻意被保留了下來，我們所看見的美感，是浴火重生後的記憶所刻塑而成。

達悟族

台灣基督長老教會
椰油教會

椰油部落 🏠 台東縣蘭嶼鄉椰油村

　　騎訪蘭嶼時，因為部落較少有外人進入，我們不敢多打擾，都只是由環島道路經過，沒有特別繞進部落裡。但是在經過往椰油教會的小巷時，看見這教會實在太驚艷了，趕緊停下來慢慢牽著單車進入巷內觀賞。

　　我想，可能是位於熱帶海洋島嶼，加上達悟人天生熱情所致，蘭嶼每個部落的教會色彩都非常鮮豔，再搭配上他們傳統的圖騰與色彩後，更是出色。每一間教會都值得好好造訪，這樣可以讓自己在這個熱帶島嶼除了藍天大海，多留下一個不一樣的身影。

魯凱族

台灣基督長老教會
霧台教會

霧台部落 🏠 屏東縣霧台鄉霧台村

　　霧台教會早已是大家所稱頌的教會，我們當然也慕名造訪，但更讓我們驚奇的是，第一次進到霧台、神山，發覺這裡跟本就是個魯凱藝術村，部落裡每個人都是天生藝術家。

　　因為魯凱族是貴族式的社會結構，每家每戶都有傳統的圖騰來裝扮，還可以由這些圖騰來辨識居民在部落裡的身份。在這裡，讓我們深深體會，讀萬卷書也要行萬里路，若是事先能對部落多做了解，親臨現場時收穫會豐富得難以想像。

泰雅族

台灣基督長老教會
姬望紀念教會

富世部落 🏠 花蓮縣秀林鄉富世村

　　數不清經過花蓮太魯閣中橫公路入口的牌樓多少次了，每次到這裡，總是匆匆經過，對這裡的印象只是有許多做觀光客生意的商店。

　　在專心騎訪部落，而且會特地找教會拍照後，才知道位於中橫公路入口的牌樓附近的富世部落，有個美麗的教會——姬望紀念教會，它是紀念一位「台灣原住民教會信仰之母」——姬望女士所命名的教會。

　　巧合的是，在富世部落投宿時，得知民宿老闆是協助教會開福音車的信徒，經由他的推薦，我們更深入的拜訪這個位於太魯閣國家公園入口前的美麗教會。而更妙的，也因投宿於富世部落，在附近用餐時得知餐廳老闆才單車環島拜訪全台五百多間媽祖廟回來，讓我們完全拜服於他對信仰的堅持。

　　不管是信仰基督還是媽祖，虔誠的信仰讓我們看見這裡單純的美麗，也獲得珍貴的友誼，有這樣美麗的邂逅。這裡，再也不會是僅是匆匆經過了。

THEME 48 增訂版

單車 部落 縱貫線

不是最近，卻是最美的距離
21條路線穿越台灣南北原鄉
深遊190個部落祕境

國家圖書館出版品預行編目資料

單車.部落.縱貫線-不是最近,卻是最美
的距離:21條路線穿越台灣南北原鄉,
深遊190個部落祕境 / 陳忠利作. --
二版. -- 臺北市:墨刻出版:家庭傳
媒城邦分公司發行, 2020.09
292面; 16.8×23公分. -- (Theme;
48)
ISBN 978-986-289-532-0(平裝)
1.文化觀光 2.部落 3.腳踏車旅行 4.臺
灣遊記

733.6   109012028

作者・攝影
陳忠利

編輯
趙思語

封面設計・美術設計
李英娟

插畫・表格製作・地圖繪製
吳佩娟

執行長
何飛鵬

PCH集團生活旅遊事業總經理暨墨刻出版社長
李淑霞

總編輯
汪雨菁

出版公司
墨刻出版股份有限公司
地址:台北市104民生東路二段141號9樓
電話:886-2-2500-7008　傳真:886-2-2500-7796
E-mail:mook_service@cph.com.tw
讀者服務:readerservice@cph.com.tw
墨刻網址:www.mook.com.tw

發行公司
英屬蓋曼群島商家庭傳媒股份有限公司城邦分公司
地址:台北市104民生東路二段141號2樓
電話:886-2-2500-7718　886-2-2500-7719
傳真:886-2-2500-1990　886-2-2500-1991
城邦讀書花園:www.cite.com.tw
劃撥:19863813
戶名:書虫股份有限公司

香港發行所
城邦(香港)出版集團有限公司
地址:香港灣仔駱克道193號東超商業中心1樓
電話:852-2508-6231
傳真:852-2578-9337

製版・印刷
凱林彩印股份有限公司

經銷商
誠品股份有限公司・聯合發行股份有限公司
金世盟實業股份有限公司

城邦書號
KX0048

定價
420元

ISBN
978-986-289-532-0

2020年9月初版　2021年2月初版2刷